Democracia e representação

Territórios em disputa

FUNDAÇÃO EDITORA DA UNESP

Presidente do Conselho Curador
Mário Sérgio Vasconcelos

Diretor-Presidente
Jézio Hernani Bomfim Gutierre

Superintendente Administrativo e Financeiro
William de Souza Agostinho

Conselho Editorial Acadêmico
Danilo Rothberg
João Luís Cardoso Tápias Ceccantini
Luiz Fernando Ayerbe
Marcelo Takeshi Yamashita
Maria Cristina Pereira Lima
Milton Terumitsu Sogabe
Newton La Scala Júnior
Pedro Angelo Pagni
Renata Junqueira de Souza
Rosa Maria Feiteiro Cavalari

Editores-Adjuntos
Anderson Nobara
Leandro Rodrigues

LUIS FELIPE MIGUEL

Democracia e representação

TERRITÓRIOS EM DISPUTA

© 2013 Editora Unesp

Direitos de publicação reservados à:
Fundação Editora da UNESP (FEU)

Praça da Sé, 108
01001-900 – São Paulo – SP
Tel.: (0xx11) 3242-7171
Fax: (0xx11) 3242-7172
www.editoraunesp.com.br
www.livrariaunesp.com.br
feu@editora.unesp.br

CIP – Brasil. Catalogação na publicação
Sindicato Nacional dos Editores de Livros, RJ

M577d

Miguel, Luis Felipe
Democracia e representação: territórios em disputa / Luis Felipe Miguel. – 1. ed. – São Paulo: Editora Unesp, 2014.

ISBN 978-85-393-0500-1

1. Desenvolvimento econômico – Aspectos sociais – Brasil. 2. Brasil – Condições sociais. 2. Brasil – Política social. 3. Direitos fundamentais – Brasil. 4. Brasil – Política e governo. 5. Democracia – Brasil. 6. Educação – Brasil. 7. Brasil – Política econômica. 8. Desenvolvimento social – Brasil. I. Título.

13-06200   CDD: 338.981
                                                                               CDU: 338.1(81)

Este livro foi apoiado com recursos da chamada
MCT/CNPq/SPM-PR/MDA nº 20/2010.

Editora afiliada:

Asociación de Editoriales Universitarias
de América Latina y el Caribe

Associação Brasileira de
Editoras Universitárias

Sumário

Agradecimentos 7
Introdução: Representação: o nome e a coisa 11

A democracia elitista 27
Os limites da deliberação 63
As dimensões da representação 97
Comunicação e representação 137
A *accountability* eleitoral e seus limites 171
Perspectivas sociais e dominação simbólica 203
Da autorização à *advocacy* 239
Representação e justiça 269
Conclusão: Desigualdades sociais e
representação política 299

Referências bibliográficas 311

Agradecimentos

Ao longo dos anos em que se desenrolou a pesquisa que resultou neste livro, contei com o apoio continuado do Conselho Nacional de Desenvolvimento Científico e Tecnológico (CNPq), na forma de sucessivas bolsas de Produtividade em Pesquisa. Ao CNPq, agradeço também os financiamentos concedidos para diversos outros projetos, por meio de editais específicos. Este livro é resultado direto do projeto "Desafios da teoria democrática numa ordem desigual", que coordenei, apoiado com recursos do Edital MCT/CNPq/SPM-PR/MDA n° 20/2010. A pesquisa beneficiou-se também do apoio concedido aos projetos "Determinantes de gênero, visibilidade midiática e carreira política no Brasil"/"Gênero, mídia e trajetórias políticas no Brasil", coordenado por mim, apoiado com recursos do Edital MCT/CNPq/SPM-PR n° 45/2005 e do Edital MCT/CNPq n° 61/2005; "Carreira política e gênero no Brasil", coordenado por mim, que recebeu recursos do Edital MCT/CNPq/SPM-PR n° 57/2008; e "Justiça, democracia e desigualdades", coordenado por Flávia Biroli, apoiado por recursos da Chamada MCTI/CNPq/MEC/CAPES n° 7/2011.

Na maior parte destes projetos, contei com a interlocução de Flávia Biroli, que discutiu muitas das ideias contidas neste livro, quando não os próprios textos. Permaneço, é claro, como o único

8 LUIS FELIPE MIGUEL

responsável pelo produto final e por seus defeitos, mas este trabalho não seria o mesmo sem o constante diálogo que temos mantido em anos de trabalho em comum. Agradeço igualmente aos outros integrantes do Grupo de Pesquisa sobre Democracia e Desigualdades da Universidade de Brasília, em particular a Carlos Machado, Danusa Marques e Raquel Boing Marinucci – bem como a nosso "sócio correspondente", Luiz Augusto Campos – pelas discussões, em diferentes ocasiões, sobre os temas deste livro.

No Instituto de Ciência Política da Universidade de Brasília, encontro hoje um espaço estimulante para o trabalho intelectual. Agradeço aos colegas, aos estudantes e, em particular, à diretora, Marilde de Loiola Menezes, pelo esforço para a manutenção deste ambiente.

Agradeço ainda a todos os colegas que generosamente contribuíram com meu trabalho, discutindo-o nos diversos encontros e congressos em que apresentei resultados parciais da minha investigação, no Brasil e no exterior. Em particular, gostaria de citar Cicero Araujo, Clara Araújo, Claudia Feres Faria, Raquel Kritsch e Ricardo Fabrino Mendonça, participantes do Simpósio Nacional sobre Democracia e Desigualdades, realizado em Brasília, em abril de 2012.

As ideias presentes neste livro dependeram das contribuições de Regina Dalcastagnè mais do que sou capaz de expressar. Agradeço as críticas, as sugestões, as indicações de caminhos, a leitura atenta de cada versão do texto, desde os *papers* iniciais que um dia seriam incorporados nos capítulos que se seguem. E, por tudo o que há muito além desse trabalho, dedico este livro a ela e a nosso filho, Francisco.

* * *

A maior parte deste livro foi publicada na forma de artigos em periódicos científicos, *papers* em congressos acadêmicos ou capítulos de coletâneas, mas todo o material foi revisto – por vezes com alterações significativas – e atualizado, além de refundido: nenhum

DEMOCRACIA E REPRESENTAÇÃO 9

capítulo consiste apenas em uma versão renovada de texto anterior. As fontes principais incorporadas no texto deste livro, no todo ou em parte, são: "O jornalismo como 'sistema perito'". *Tempo Social*, v.11, n.1, 1999, p.197-208; "Teoria política feminista e liberalismo: o caso das cotas de representação". *Revista Brasileira de Ciências Sociais*, 2000, n.44, p.91-102; "Sorteios e representação democrática". *Lua Nova*, n.50, 2000, p.69-96; "A democracia domesticada: bases antidemocráticas do pensamento democrático contemporâneo". *Dados*, v.45, n.3, 2002, p.483-511 (base do capítulo "A democracia elitista"); "As duas lógicas da ação comunicativa: democracia e deliberação no debate contemporâneo". *Teoria & Sociedade*, n.10, 2002, p.104-43 (base do capítulo "Os limites da deliberação"); "Representação política em 3-D: elementos para uma teoria ampliada da representação política". *Revista Brasileira de Ciências Sociais*, n.51, 2003, p.123-40 (base do capítulo "As dimensões da representação"); "Os meios de comunicação e a prática política". *Lua Nova*, n.55-6, 2002, p.155-84 (base do capítulo "Comunicação e representação"); "Teoria democrática atual: esboço de mapeamento". *BIB – Revista Brasileira de Informação Bibliográfica em Ciências Sociais*, n.59, 2005, p.5-42; "Impasses da *accountability*: dilemas e alternativas da representação política". *Revista de Sociologia e Política*, n.25, p.165-78 (base do capítulo "A *accountability* eleitoral e seus limites"); "Democracia, representação e comunidade", em *Teoria política latino-americana*, livro organizado por Cicero Araujo e Javier Amadeo. São Paulo: Hucitec, 2009; "Perspectivas sociais e dominação simbólica: a presença política das mulheres entre Iris Marion Young e Pierre Bourdieu". *Revista de Sociologia e Política*, n.36, 2010, p.25-49 (base do capítulo "Perspectivas sociais e dominação simbólica"); "Representação democrática: autonomia e interesse ou identidade e *advocacy*". *Lua Nova*, n.84, 2011, p.25-63 (base do capítulo "Da autorização à *advocacy*"); "Consenso e conflito na teoria democrática: para além do 'agonismo'". *Paper* apresentado no 8º Encontro da Associação Brasileira de Ciência Política, em Gramado, de 1 a 4 de agosto de 2012); e "Justiça e representação política em Rawls e Dworkin". *Paper* apresentado no 36º Encontro Anual da Associação Nacional de Pesquisa e Pós-Graduação em Ciências Sociais (ANPOCS), em Águas de Lindoia, de 21 a 25 de outubro de 2012 (base do capítulo "Representação e justiça").

INTRODUÇÃO
REPRESENTAÇÃO: O NOME E A COISA

Onde quer que situemos o início da busca por uma ciência da política – em Aristóteles, em Maquiavel ou em Hobbes, para citar apenas três precursores comumente considerados –, um tema central é a constituição e a manutenção do poder político. Conforme se vai desenvolvendo o esforço de construção do conhecimento sobre a política, antes e depois da emergência da ciência política em sua feição contemporânea, esse tema se desdobra em discussões sobre o problema da *obrigação política*, tão caro à tradição liberal;[1] sobre a *legitimidade* da dominação, na célebre formulação weberiana; sobre a *hegemonia*, que se tornou uma das grandes preocupações do pensamento marxista, cuja referência crucial é, evidentemente, Gramsci (2000 [1932-4]); sobre a *governabilidade*, conceito de enorme penetração, que tem sua origem no pensamento mais conservador (Crozier, Huntington e Watanuki, 1975); e tantas outras.

É legítimo afirmar que, em grande parte da ciência política contemporânea, o tema da formação e da manutenção do poder se transmuta no tema da organização democrática. A partir da Segunda Guerra Mundial, num processo contínuo, a democracia vem ganhando legitimidade universal. Nos países do Ocidente, é o

---

1 Para uma resenha crítica, ver Pateman (1985 [1979]).

12 LUIS FELIPE MIGUEL

único regime político capaz de garantir a aceitação dos governados.

Em todo o mundo, os mais diferentes regimes buscaram adaptar o rótulo de "democrático" para si próprios, gerando uma miríade de democracias adjetivadas, das antigas "democracias populares" do Leste europeu à "democracia islâmica" da Líbia do coronel Muamar Gaddafi; ou, ao menos, afirmavam ser etapas necessárias para a edificação da democracia, como as ditaduras de segurança nacional na América do Sul.

Assim, no campo da teoria política, a teoria da democracia se tornou a preocupação dominante (secundada pela discussão correlata sobre justiça). A democracia também é uma das questões centrais nos estudos empíricos da ciência política, quer de forma direta, quer indireta (estudos sobre eleições, sobre processos decisórios, sobre elites). De maneira talvez um pouco simplificada, mas ainda assim sustentável, pode-se dizer que a democracia é, já há algumas décadas, o horizonte normativo – explícito ou implícito – de quase toda a ciência política.

Falei há pouco das "democracias adjetivadas". Há, em contraposição a elas, uma democracia não adjetivada, o regime político que é geralmente aceito como democrático pelo senso comum e também pelas ciências sociais. No entanto, tal regime se afasta, e muito, do sentido etimológico da democracia e das características da democracia clássica grega, da qual herdamos não apenas a palavra, mas também boa parte do imaginário associado a ela. Por um lado, o povo *não* exerce o poder, a não ser, no máximo, de uma maneira bastante mediada. Por outro, as instituições centrais das democracias contemporâneas – o processo eleitoral e o parlamento como colégio de representantes – são estranhas ao experimento grego. Até o século XVIII, eram consideradas intrinsecamente aristocráticas.[2]

Nossas democracias são, portanto, *representativas*, e constatar a impossibilidade da democracia direta nas sociedades

---

2 Segundo Montesquieu (1951 [1748], p.242), "o sufrágio por sorteio está na natureza da democracia; o sufrágio por eleição está na da aristocracia". O mesmo aparece em Rousseau (1964a [1757]). Sobre esse aspecto, ver Manin (1997).

DEMOCRACIA E REPRESENTAÇÃO 13

contemporâneas é algo banal. Nossos Estados são muito extensos para que todos se reúnam, muito populosos para se imaginar um diálogo que incorpore cada um de seus cidadãos. As questões políticas são complexas demais para que dispensemos a especialização dos governantes e os afazeres privados, por sua vez, absorvem demais cada um de nós, reduzindo ao mínimo o tempo para a participação política. A incorporação de tantos grupos ao *demos* – trabalhadores, mulheres, imigrantes – ampliou a profundidade das clivagens em seu seio, tornando indispensável a existência de alguma forma de mediação. Enfim, seja qual for a justificativa, não resta dúvida de que a representação política é incontornável para qualquer tentativa de construção da democracia em Estados nacionais contemporâneos.[3]

Mas a familiaridade com que a expressão "democracia representativa" é recebida não deve obscurecer o fato de que encerra uma contradição. Trata-se de um governo do povo no qual o povo não está presente no processo de tomada de decisões. De maneira um pouco mais sistemática, é possível observar que a construção de qualquer ordem democrática, qualquer que seja ela, coloca uma série de desafios – e que a exigência de representação implica a incorporação de vários desafios adicionais.

O primeiro desafio próprio a qualquer organização democrática, mesmo no caso de uma democracia direta imaginária, é a relação entre os interesses de indivíduos e grupos em uma sociedade e uma hipotética "vontade coletiva", isto é, como permitir a livre expressão dos interesses em conflito e ainda assim manter uma unidade mínima, sem a qual nenhuma sociedade pode existir. Como diz Claude Lefort, o político refere-se ao "processo crítico por meio do qual a sociedade é ordenada e unificada" (Lefort, 1991 [1986], p.26). Mas é também Lefort quem assinala que o "gesto inaugural" da democracia é "o reconhecimento da legitimidade do conflito" (Lefort e Gauchet, 1971, p.8).[4]

---

3 O que vale, também e *a fortiori*, para as instituições políticas multinacionais.

4 A inspiração para as reflexões de Lefort é, evidentemente, Maquiavel, pioneiro no entendimento do conflito como evidência da ausência de dominação,

14 LUIS FELIPE MIGUEL

O segundo desafio é o fato de que qualquer democracia, mesmo direta, deve lidar com a capacidade diferenciada dos indivíduos de determinar suas próprias preferências e interesses de acordo tanto com os recursos cognitivos de que dispõem, quanto com a posição em que se encontram na sociedade. Ou seja, a igualdade formal de acesso às decisões não resolve os problemas colocados pelas desigualdades reais, atuantes no mundo social.

Não se trata de simplesmente reeditar a denúncia da inutilidade dos "direitos formais" na ausência das condições sociais para seu usufruto, própria de certo discurso marxista – até porque os direitos formais nunca são inteiramente vazios; eles ao menos afirmam normativamente um ideal de equidade, podem ser usados como instrumentos de denúncia da ordem existente e, mais importante ainda, circunscrevem um horizonte ampliado de possibilidades, gerando brechas que podem eventualmente ser utilizadas por aqueles que se encontram em posição subalterna. Mas é preciso entender que existem diferentes potenciais de apropriação dos espaços de participação política, regulados pelas assimetrias sociais. E que essas assimetrias impactam já a produção das preferências – que as análises vinculadas ao *mainstream* da ciência política preferem ver como "dados" prévios, não problemáticos – e a própria disposição para a ação política.

Em terceiro lugar – e encerrando essa listagem sintética – há o desafio gerado pela possibilidade de manipulação da determinação da "vontade coletiva", através do uso estratégico das normas de agregação de preferências. Há uma vasta literatura, na ciência política, dedicada – a partir do paradoxo de Condorcet e do teorema da impossibilidade de Arrow – a demonstrar que qualquer decisão é influenciada pelas regras que levam a ela.[5] Concluiu-se, a partir

---

mas igualmente preocupado com as condições de geração da coesão social (cf. Lefort, 1972).

5 Condorcet demonstrou, já no século XVIII, que, na presença de mais de duas alternativas e mais de duas pessoas votantes, há sempre o risco de que escolhas de indivíduos racionais levem a resultados coletivos irracionais. A partir dele, Kenneth Arrow estabeleceu, no século XX, que a soma das racionalidades individuais não produz uma racionalidade coletiva.

DEMOCRACIA E REPRESENTAÇÃO   15

daí, pela vacuidade de qualquer forma de democracia.[6] Sem aceitar a conclusão, até porque ela só se sustenta no quadro de uma redução da democracia ao momento da decisão pelo voto, é possível admitir que há aqui um problema digno de menção.

São desafios que estão presentes mesmo em situação de "democracia direta". Mas a necessidade de representação política coloca um novo e gigantesco conjunto de problemas, tão ou mais grave que o primeiro. São ao menos quatro problemas fundamentais, estreitamente ligados entre si.

(1) O primeiro problema se refere à *separação entre governantes e governados*, isto é, à constatação de que as decisões políticas são tomadas de fato por um pequeno grupo e não pela massa das pessoas que serão submetidas a elas. Aqui, "governante" não indica apenas quem tem a incumbência de efetivar as decisões coletivas – no sentido em que Rousseau via o governo como um corpo intermediário entre o povo-enquanto-soberano e o povo enquanto massa de indivíduos atomizados, destinado a impor ao povo, no dia a dia, a vontade geral que emanara dele próprio. Quem governa exerce de fato a soberania que pertence nominalmente ao povo.

(2) A *formação de uma elite política distanciada* da massa da população, como consequência da especialização funcional acima mencionada, é o segundo problema. O "princípio da rotação", crucial nas democracias da Antiguidade – governar e ser governado, alternadamente –, não se aplica, uma vez que o grupo governante tende a exercer permanentemente o poder. Na experiência democrática da Grécia antiga era de se esperar que, além da vivência das deliberações na ágora, o cidadão comum viesse a ocupar, em algum momento, um dos muitos cargos públicos preenchidos por sorteio; e que convivesse, entre seus familiares, amigos e vizinhos, com ocupantes desses cargos. Hoje há uma considerável distância entre a massa da população e a elite política.

A situação é agravada pelo fato de que a separação entre governantes e governados tende a seguir, muito de perto, as clivagens

---

6 Cf. Riker, 1982.

16 LUIS FELIPE MIGUEL

com maior impacto na reprodução das desigualdades sociais. A elite política é tipicamente composta por muito mais homens do que mulheres – são nove homens para cada mulher no Congresso Nacional brasileiro do início do século XXI; a desproporção não é tão gritante em alguns outros países, mas é sempre perceptível. As minorias étnicas também tendem a estar severamente sub- -representadas,[7] assim como as minorias sexuais.[8] E o mesmo ocorre com as classes trabalhadoras.[9]

(3) O terceiro problema diz respeito à *ruptura do vínculo entre a vontade dos representados e a vontade dos representantes*, que se deve tanto ao fato de que os governantes tendem a possuir características sociais distintas dos governados quanto a mecanismos intrínsecos à diferenciação funcional, que agem mesmo na ausência da desigualdade na origem social, conforme Robert Michels (1982 [1911]) tentou demonstrar já no início do século XX. Em que pesem as simplificações, o determinismo e o tom demasiado peremptório, a obra de Michels fornece pistas valiosas para a compreensão de parte dos problemas da representação política. Uma nova posição no espaço social – a de representante – leva à produção de novos interesses,

---

7 O principal estudo sobre a presença de negros no Congresso brasileiro ainda é o de Ollie A. Johnson III (2000), que aponta cerca de 3% de parlamentares negros nas últimas legislaturas do século XX. Outra pesquisa aponta 8,5% de negros entre os deputados federais eleitos em 2010 (Unonegro, 2011). Mas os dados não são estritamente comparáveis, já que Johnson fez uma heteroclassificação fenotípica, ao passo que a Unonegro privilegiou a autoidentificação (e enquadrou a pesquisa num discurso triunfalista sobre "poder negro"). E o único indígena a chegar ao Congresso brasileiro foi Mário Juruna, que exerceu mandato de deputado federal entre 1983 e 1987.

8 Clodovil Hernandez, em 2006, e Jean Wyllis, em 2010, foram os dois únicos homossexuais autoidentificados eleitos para o Congresso Nacional brasileiro.

9 Por exemplo, num estudo sobre o parlamento francês do final dos anos 1970, Daniel Gaxie mostra que não há *nenhum* deputado originário das classes populares entre os 266 eleitos pelos partidos de centro e direita; apenas dois no Partido Socialista (total de 102 eleitos); e mesmo entre a bancada do Partido Comunista Francês, com sua política de privilegiar a origem operária, a quantidade de parlamentares originários das classes populares está 23% *abaixo* da quantidade esperada caso fosse repetida a proporção dos diferentes grupos na população economicamente ativa (Gaxie, 1980).

DEMOCRACIA E REPRESENTAÇÃO 17

distintos dos interesses da base. O processo é fortalecido pelos mecanismos de cooptação presentes nas instituições e pela tendência à geração de um espírito de corpo, isto é, de uma nova identidade, distante daquela que caracteriza os representados.

(4) Por fim, no caso da representação de tipo eleitoral, há *a distância entre o momento em que se firmam os compromissos com os constituintes (a campanha eleitoral) e o momento do exercício do poder (o exercício do mandato)*. É a questão que o jornalista Paulo Martins, personagem de *Terra em transe*, coloca com clareza: "Como responderia o governador eleito às promessas do candidato?" (Rocha, 1967). A decalagem não coloca problemas apenas para a "memória" do eleitorado, como é comum dizer. Ainda mais importante é o fato de que as conjunturas políticas são cambiantes e, portanto, os compromissos assumidos hoje podem não ser válidos amanhã, mesmo na ausência de qualquer intenção de manipulação. É por isso, entre outros motivos, que é tão difícil analisar os discursos políticos sob a ótica das "pretensões de validade discursiva" apontadas por Habermas (1989 [1983], p.79). Verdade, correção e sinceridade não são facilmente avaliáveis quando quem fala se coloca na posição de porta-voz de outros e quando o momento da ação se distancia do momento do discurso e encontra um mundo diferente sobre o qual deve agir (cf. Miguel, 2000, p.69-71).

Fica claro, assim, que quem deseja entender os desafios colocados ao aprofundamento da democracia, isto é, à procura de uma maior aproximação com o sentido normativo de autonomia coletiva, precisa entender a dinâmica da representação política e como ela se liga às diferentes assimetrias presentes na sociedade. É esse o tema deste livro. Trata-se de pensar os vieses da representação, de como ela processa e reproduz as desigualdades existentes; e, neste percurso, de prospectar trilhas para a construção de uma *representação democrática*, contraface necessária de uma autêntica *democracia representativa*. Como pretendo demonstrar nos capítulos que se seguem, nenhuma trilha é suave ou segura; e um olhar mais aguçado nos leva a descartar as soluções fáceis que tanto entusiasmo despertam de início, ou ao menos a perceber o quanto elas são eivadas de armadilhas.

18 LUIS FELIPE MIGUEL

O próprio conceito de representação política já carrega um bom número de dificuldades (assim como o de democracia, aliás). Numa obra que hoje se tornou o ponto de partida obrigatório para qualquer discussão sobre o assunto, Hanna Pitkin (1967) observa o quanto o nosso entendimento sobre a representação política é contaminado pela polissemia da palavra "representar". Fazer passar-se por outra pessoa é representar (a atriz representa sua personagem); defender interesses de outra pessoa é representar (a advogada representa sua cliente). Um quadro de Van Gogh representa um vaso de girassóis, indicando-se aí uma relação de mimese com o objeto representado. Mas uma bandeira representa o país sem que se estabeleça qualquer continuidade desse tipo, por mera convenção.

Acrescente-se uma última distinção com inegável repercussão nos debates sobre a representação política: uma amostra aleatória de uma população é representativa, no sentido estatístico. Mas se nós quiséssemos produzir uma antologia representativa da poesia brasileira, por exemplo, escolheríamos os melhores poemas, em vez de mesclá-los com obras medíocres, que espelhariam melhor a média da produção. Isto é, o termo *representativo* inclui também um sentido de escolha por mérito (Pitkin, 1967, p.79-80). Boa parte da teoria da representação dedica-se a recusar a ideia de amostragem, de maneira mais crua na defesa do caráter seletivo das instituições representativas (Sartori, 1994 [1987], v.1, p.193), ou de maneira mais sofisticada, como na obra de Nadia Urbinati (2006), que será discutida no capítulo "Da autorização à *advocacy*".

Essa é também a posição da própria Pitkin, que não esconde sua predileção por uma compreensão da representação política balizada pela *autorização* dos representados e da *accountability* dos representantes diante dos representados. A ênfase em autorização e *accountability* tem sido criticada por diversas correntes da teoria democrática contemporânea, que assinalam tanto o engessamento da relação de representação, que esse modelo ocasiona, quanto os riscos da monopolização das funções representativas por um grupo específico. Ainda que a crítica toque em pontos fundamentais, tende a reduzir autorização e *accountability* a seu momento "formalista",

DEMOCRACIA E REPRESENTAÇÃO 19

para usar a expressão da própria Pitkin, e leva, muitas vezes, a uma despreocupação com a produção de instrumentos de controle dos representados sobre os representantes. Esse é um dos temas centrais deste livro e será retomado, de diferentes ângulos, nos capítulos que se seguem. Num trecho revelador, Pitkin vai além e sinaliza sua simpatia pela ideia de descolamento entre o corpo dos representantes e o universo dos representados. Ela observa que

> em geral, imagens de coisas, especialmente imagens de objetos simples, não (se diz que) os "representam". Nós não apontamos para a imagem de uma árvore ou de uma casa ou de uma mesa e dizemos: "Isso representa uma árvore (uma casa, uma mesa)". É provável que digamos: "Isso é uma árvore". [...] "Isso representa uma árvore" é o que podemos dizer sobre uma mancha colorida ou um rabisco que tenta indicar uma árvore, mas não se parece com uma. (Pitkin, 1967, p.68)

O paradoxo da identidade imediata entre a representação pictórica realista e seu objeto – que possui implicações significativas para uma discussão geral (e não apenas política) do conceito de representação – é enunciado com clareza e ironias ímpares no quadro de René Magritte, que escreve, logo abaixo de um cachimbo (desenhado), a frase *"Ceci n'est pas une pipe"* (isto não é um cachimbo) – e que mereceu uma célebre glosa de Michel Foucault (1988 [1973]). Mas enquanto Magritte está querendo nos dizer que aquilo que aparentemente "é" não passa de uma representação, Pitkin nos diz que cometemos um erro quando não separamos nosso entendimento da representação da relação que estabelecemos com aquilo que, às nossas vistas, não apenas representa, mas "é" o objeto ausente.

O foco na distinção entre representação e objeto representado abre brechas, por um lado, à valorização de uma distinção entre as qualidades dos representantes e as características dos representados, problemática do ponto de vista do ideal democrático. Mas, por outro, chama a atenção para a necessidade de preservar a tensão entre representantes e representados. É essa tensão que permite a crítica e o controle, ou ao menos a esperança de controle, da representação. Sem ela, chegamos ao que Pierre Rosanvallon chama de "exacerbação utópica do princípio representativo", própria do totalitarismo, em que o poder se encontraria completamente identificado à sociedade e operaria uma "lógica de encarnação", pela qual os representantes são entendidos como os próprios representados em um novo corpo (Rosanvallon, 1998, p.306-7). Ou seja: é necessário ter em mente que a representação remete a um objeto ausente – e que ela *não supre* esta ausência.

No caso da representação política democrática, a primeira questão que se coloca é: quem é o objeto ausente? A resposta que logo vem à mente é: o povo. Mas "povo" é um conceito bem mais complexo do que pode parecer à primeira vista. Já no pensamento antigo, há uma ambiguidade que não resolvemos até hoje. *Demos*, o povo, é o conjunto de todos os cidadãos. Mas a democracia vai ser definida como o governo de muitos (não de *todos*), quando não como o governo dos pobres. É Aristóteles quem, após definir a democracia como o governo da multidão, explicita que o verdadeiro critério é a riqueza: ocorre apenas que, como regra, são os pobres, nunca os ricos, que formam a multidão (Aristóteles, 1991 [c. 330 a.C.], p.95).

Mas, na verdade, se nós formos interrogar o sentido de "povo" enquanto categoria sociológica, chegaremos à conclusão de que há, no cerne da democracia, um paradoxo. *Povo* não é uma categoria econômica, como "operariado" ou "classe trabalhadora", por exemplo. Povo é uma categoria política, que reúne as pessoas que estão submetidas a um governo. Desta forma, *povo* se opõe exatamente a *governo*: *povo* e *governo* são antípodas na relação de dominação política própria das mais diversas sociedades humanas. Um "governo do povo" é, assim, uma contradição em termos. Esse paradoxo vai nos acompanhar ao longo deste livro, assim como acompanha as teorias contemporâneas da democracia, que, *grosso modo*, ou o *escamoteam* (passando ao largo das relações de dominação presentes na sociedade) ou o *aprofundam* (revelando as tensões entre igualdade política e dominação social, cruciais para entender nossos regimes políticos).

DEMOCRACIA E REPRESENTAÇÃO 21

A referência ao povo também carrega, sempre, um sentido de unidade. Voltando a Pierre Rosanvallon, o autor contemporâneo que mais se dedicou à compreensão dos usos de "povo" no discurso e no pensamento político, temos que lidar com a distância entre um princípio político, "a afirmação da supremacia da vontade geral", e uma realidade sociológica, que é a ausência de um povo uno (Rosanvallon, 1998, p.12).[10] Para parte importante da filosofia política, é a própria representação que permite vencer essa distância. Thomas Hobbes é o primeiro nome que vem à mente, graças à célebre passagem do *Leviatã* que estabelece que "é a unidade do representante, e não a unidade do representado, que faz que a pessoa seja una" (Hobbes, 1997 [1651], p.137; ênfases suprimidas). Mas é uma percepção que se encontra com igual nitidez em Sieyès, para quem "nada está acima da representação, ela é o único corpo organizado. O povo disperso não é um corpo organizado, não tem um *querer*, nem um *pensamento*, nem nada como *um*" (apud Rosanvallon, 1998, p.38).

A solução do próprio Rosanvallon é destacar a categoria povo em três dimensões: um povo eleitoral, o agregado de indivíduos que se expressa numericamente nas urnas; um povo social, que também não possui unidade, pois é uma "sucessão interrompida de minorias"; e um povo princípio, uno, mas sem substância, pois se constitui da igualdade que funda "o projeto de inclusão de todos na cidade" (Rosanvallon, 2008, p.206-7). É uma solução cujo mérito é evitar a saída mais comum, o procedimentalismo que suprime a questão do sujeito da representação política em vez de enfrentá-la (Rosanvallon, 1998, p.338). Mas que recai, ela própria, na incapacidade de avançar na reflexão sobre a relação entre diferença e unidade e que – ao usar a categoria "minorias" como mera expressão de uma diversidade social, sem referência às assimetrias de recursos – fecha as portas para a discussão das relações de dominação e seu impacto na representação democrática.

Povo, indivíduos, grupos: as três dimensões assinaladas por Rosanvallon balizam as principais respostas alternativas à questão

---

10 Cf. também Rosanvallon (2006, p.119).

22 LUIS FELIPE MIGUEL

que coloquei acima, sobre quem é o objeto ausente da representação. Se, como vimos, a resposta romântica, voltada à ideia de um povo--unidade, não é satisfatória, tampouco o é o caminho próprio do liberalismo, que vê o indivíduo abstrato como fundamento último de toda a ordem social e política.

O respeito ao indivíduo, cujos interesses ganham primazia sobre os da coletividade (pois esta se justifica pelas vantagens que traz para aqueles que a compõem), e a noção correlata de direitos individuais formam o legado mais valioso do liberalismo. Esse *individualismo ético* forma o chão normativo, se não de todo o pensamento político contemporâneo, ao menos de todas as suas correntes mais interessantes. Mesmo as perspectivas que questionam alguns de seus pressupostos, como os feminismos que rechaçam o ideal da autonomia individual em nome da dependência mútua ou algumas leituras mais extremadas do multiculturalismo, raras vezes abandonam por completo suas noções-chave ou promovem de fato um retorno à visão pré-moderna de subordinação dos indivíduos à comunidade.[11]

Mas o individualismo jurídico da ordem liberal – e o individualismo sociológico subjacente a ele – são bem mais questionáveis. Em particular, para o que interessa aqui, supor que a representação política é uma representação de indivíduos (de seus interesses, de suas vontades) traz dois problemas. Primeiro, induz à desconsideração dos processos sociais de formação das preferências, já que os indivíduos *com suas preferências* são a unidade básica de análise. No entanto, no processo de produção das preferências (em geral, mas também as políticas), se manifestam com profundidade muitas das desigualdades entre os grupos sociais. Alguns grupos controlam os recursos materiais e simbólicos que ampliam a capacidade de influência na produção das preferências alheias. Em segundo lugar, faz sumir do nosso horizonte as questões cruciais relativas a como as clivagens presentes no tecido social se traduzem nas instâncias representativas

---

11 Para uma discussão erudita (e por vezes polêmica) da emergência do individualismo moderno, que ele opõe ao individualismo primitivo cristão, de traços bem diversos, cf. Dumont (1983).

DEMOCRACIA E REPRESENTAÇÃO 23

e como a representação política contribui para produzir as identidades coletivas – questões que também atravessam o restante deste livro.

O apelo à categoria "grupo" também não está isento de problemas. Houve um momento em que se podia afirmar, razoavelmente, que um determinado tipo de grupo – as classes sociais – possuía mais relevância que qualquer outro. Ainda assim, restavam discussões sobre como definir as classes e as fronteiras entre elas (Miguel, 1998) e sobre o motivo pelo qual, em países como os Estados Unidos, a política de classes nunca se firmou efetivamente. Hoje, mesmo que as clivagens de classe permaneçam fundamentais para a compreensão das dinâmicas sociais, é ainda menos aceitável acreditar que elas esgotam os pertencimentos políticos ou as dimensões da vida social que devem estar refletidas nos espaços de representação. Então, colocam-se na ordem do dia questões vinculadas à identificação de quais grupos são relevantes e de como se produzem as relações entre eles e os indivíduos que os compõem – sobretudo pelo entendimento de que os pertencimentos de grupo são múltiplos e que cada indivíduo acaba por ocupar múltiplas "posições de sujeito" (Laclau, 1986 [1983]).

São estas as questões que orientam a discussão nos capítulos a seguir – uma discussão sobre o sentido da representação, num mundo social marcado por relações de dominação, tendo a ideia de democracia como horizonte normativo. No capítulo "A democracia elitista", discuto a vertente hegemônica da teoria democrática atual, que se baseia numa compreensão da natureza humana que nasceu para negar a possibilidade da própria democracia: o elitismo. A adaptação da democracia às premissas elitistas é, segundo tento demonstrar, o principal elemento que reduz a ambição do projeto democrático e o acomoda a uma ordem social marcada pela distinção cortante entre a minoria que governa e a maioria que é governada.

No capítulo "Os limites da deliberação", enfoco a principal alternativa teórica à vertente elitista, a chamada "democracia deliberativa". A despeito de avanços na compreensão da dinâmica política, sobretudo no que se refere à produção das preferências, o deliberacionismo permanece incapaz de incorporar adequadamente o peso das desigualdades sociais na democracia. Ao final do capítulo,

24 LUIS FELIPE MIGUEL

esboço, de forma muito inicial, diretrizes para uma reconstrução normativa do sentido da democracia.

O capítulo "As dimensões da representação" se debruça sobre o conceito de representação política. Após discutir a atual crise de legitimidade das instâncias representativas, observo que é necessário alargar o entendimento da representação política. Além de seu momento "formal", de delegação do poder decisório, ela possui duas outras dimensões, referentes, uma, à constituição da agenda e do debate políticos e, outra, ao processo de formação das preferências e das identidades coletivas.

No capítulo "Comunicação e representação", o foco é colocado no papel dos meios de comunicação de massa. Eles transformaram de forma profunda a prática política, e afetam o funcionamento da representação não apenas no que se refere à dimensão da produção da agenda, mas em todos os seus aspectos. A mídia não é, como boa parte da ciência política ainda tende a considerar, um elemento periférico da política contemporânea. O controle do fluxo de informações e a capacidade de difusão de representações do mundo social são centrais para o entendimento tanto da dinâmica da competição entre as elites políticas quanto da relação entre representantes e representados.

O capítulo seguinte tem como título: "A *accountability* eleitoral e seus limites". Promessa de controle dos representados sobre os representantes, a *accountability* tem dificuldade de se realizar de maneira efetiva, tanto pelas influências de interesses especiais quanto por características das próprias instituições representativas. Por isso surgem propostas de mecanismos inovadores que minimizam ou eliminam o papel da *accountability*, como cotas eleitorais ou a utilização de sorteios. No entanto, conforme argumento, a solução não é abrir mão da supervisão dos representados sobre os representantes, mas ampliá-la.

Já no capítulo "Perspectivas sociais e dominação simbólica", investigo mais profundamente o conceito de "perspectiva social", a principal base teórica para a introdução de cotas eleitorais, indicando algumas de suas limitações. A ênfase na presença de uma multiplicidade de perspectivas nos espaços decisórios, própria de parte da

DEMOCRACIA E REPRESENTAÇÃO   25

literatura crítica às limitações das formas de representação atuais, tende a minimizar o papel dos interesses na conformação das disputas políticas e a obscurecer as pressões uniformizadoras que o campo político exerce sobre aqueles que se aproximam de suas posições centrais. Sem negar relevância e utilidade à noção de perspectiva social, julgo que ela resolve menos problemas do que muitas vezes se imagina.

Em direção oposta à da política de presença que as cotas buscam efetivar, a outra alternativa discutida pela teoria política para os impasses da representação funda-se na ideia de *advocacy*, discutida no capítulo "Da autorização à *advocacy*". Nele aponto os problemas relacionados a essa opção, que costuma dar pouca importância ao problema da desigualdade de poder entre representantes e representados e não contribui para aprofundar a discussão sobre a relação, que não é automática, entre representação e democracia.

No capítulo "Representação e justiça", discuto a relação entre representação e justiça a partir da crítica às concepções de dois importantes filósofos do liberalismo igualitário, John Nozick e Ronald Dworkin. Defendo a ideia de que um critério de justiça válido para a representação política é externo a ela: é o modelo de representação que contribui para combater as formas de injustiça presentes no tecido social como um todo.

O capítulo conclusivo – "Desigualdades sociais e representação política" – retoma as questões centrais que atravessam todo o volume e avança na discussão sobre o local da representação política numa sociedade desigual. Representação e democracia são "territórios em disputa", como diz o subtítulo do livro, porque tanto podem se concretizar em arranjos que favorecem a perpetuação das assimetrias e das relações de dominação quanto podem ampliar o custo de sua reprodução e, assim, contribuir para combatê-las. A teoria política não é um lugar neutro; ao contrário, é partícipe desta disputa, sem que isso signifique engajamento cego, redução da complexidade do real ou abandono do rigor na produção do argumento. Pelo menos, essa é a via que este livro aspira seguir.

* * *

Acrescento aqui uma observação sobre o uso dos gêneros feminino e masculino ao longo deste livro. Numa primeira versão, optei pelo uso do feminino em todas as circunstâncias em que me referia, no âmbito de uma discussão teórica, a um ser humano qualquer, bem como a alguma categoria mista de pessoas. Minha ambição era pôr em questão a naturalidade com que o masculino é entendido como sendo o genérico da humanidade.

No entanto, no caso da língua portuguesa, esse esforço é bem mais custoso do que no inglês, já que é difícil produzir uma sentença sem que as marcas de gênero estejam presentes. A opção pelo feminino universal também exigia uma série de exceções, sob pena de mascarar a realidade histórica de dominação masculina e de monopólio da esfera política pelos homens. Não há sentido em falar numa "cidadã ateniense", uma vez que as mulheres não tinham acesso à cidadania em Atenas; em "eleitoras brasileiras" dos anos 1920, quando o direito de voto era privilégio dos homens; ou mesmo nas "deputadas francesas" da década de 1970, para designar o conjunto de quem exerceu mandato na Assembleia Nacional, pois, das 1478 cadeiras das três legislaturas somadas, elas ocuparam apenas 36. O mesmo ocorria nos momentos em que buscava trabalhar dentro da reflexão de algum autor. O indivíduo universal da maior parte do pensamento ocidental é masculino, algo que a reflexão do feminismo já demonstrou há décadas, e simplesmente adotar o feminino seria desconsiderar essa realidade.

Como resultado, meu texto original bem intencionado tornou--se confuso e cansativo para quem o lia. Derrotado pela língua portuguesa e pela história, voltei ao uso do masculino para sinalizar o comum aos dois gêneros, mas deixo, ao menos, o registro do meu incômodo com essa solução.

A DEMOCRACIA ELITISTA

A representação é um fenômeno primário, fundante da própria política. Nas disputas políticas, as pessoas buscam falar em nome de outros, isto é, colocam-se na posição de *representantes*. O crescente reconhecimento desse fato leva, no entanto, a dois problemas interligados (discutidos com maior cuidado no capítulo "Da autorização à *advocacy*"). Em primeiro lugar, acredita-se que a representação é integralmente coextensiva à política, como se qualquer ação política trouxesse obrigatoriamente uma reivindicação de representação. Em segundo lugar, assume-se que toda representação possui um fundamento democrático. No entanto, há diferentes possibilidades de representação na política e muitas delas passam ao largo da democracia. Uma ditadura pode ser a efetiva representante de seu país em fóruns internacionais, assim como uma rainha representa simbolicamente a nação sem ter se submetido a um processo democrático de escolha ou autorização. Aliás, a *ausência* de tal processo pode ser uma condição necessária para que a representação simbólica se dê de forma efetiva (uma vez que o procedimento de escolha tende a dar espaço para a manifestação de disputas e discordâncias).

Neste livro, o foco está na representação democrática, o que torna necessário, então, investigar o sentido da democracia. Não é tarefa fácil, já que se trata de uma palavra em disputa. Há mais de sessenta anos, no mundo ocidental e, a partir dele, no resto do globo, a democracia se tornou o horizonte normativo da prática e do discurso políticos. Os diferentes grupos empenhados em ostentar esse rótulo promovem sua ressemantização, adequando seu significado aos interesses que defendem. A teoria política se vincula a esses embates – algumas vezes, mais, outras vezes, menos – e se digladia com definições incompatíveis entre si.

A despeito dessas polêmicas, é possível falar de uma concepção dominante de democracia, aquela que é evocada de forma automática pelo senso comum (incluído aí o senso comum acadêmico). Mas é uma concepção cindida em duas. De um lado, a ideia de "governo do povo", que corresponde ao significado etimológico da democracia. É a herança dos gregos, que nos legaram a palavra e parte do imaginário associado a ela. Do outro lado, a democracia está ligada ao processo eleitoral como forma de escolha dos governantes. O principal traço comum aos regimes que são considerados democráticos é a realização de eleições periódicas e livres para o governo – "livres" significando, em geral, a ausência de violência física e de restrições legais à apresentação de candidaturas, com outras influências desvirtuantes a começar pelo poder econômico e pela mídia, sendo tidas como desagradáveis, mas não a ponto de deslegitimar o processo.

Essas duas faces do conceito de democracia se mostram, em alguma medida, incompatíveis. Em primeiro lugar, a própria instituição da eleição era vista, da Antiguidade ao século XVIII, como oposta ao ordenamento democrático, que pressupunha a igualdade entre os cidadãos e, portanto, devia utilizar o sorteio como forma de escolha dos governantes. Mais importante, porém, é o fato de que, em nenhum dos regimes hoje aceitos como democráticos, o povo realmente governa. As decisões políticas são tomadas por uma minoria fechada, via de regra mais rica e mais instruída do que as cidadãs e os cidadãos comuns, e com forte tendência à hereditariedade.

Tudo isso está longe da concepção normativa que a palavra "democracia" continua a carregar: uma forma de organização política baseada na igualdade potencial de influência de todos os

DEMOCRACIA E REPRESENTAÇÃO 29

cidadãos, que concede às pessoas comuns a capacidade de decidirem coletivamente seu destino. Está longe, também, da experiência clássica. Sobre a Atenas dos séculos V e IV a.c., é possível dizer que, em alguma medida, o povo governava – se entendemos por "povo" o conjunto dos cidadãos, que não incluía a maior parte da população (mulheres, escravos e metecos). As principais decisões políticas eram tomadas pela assembleia popular, que era soberana.

Não estou querendo dizer que o modelo grego seja aplicável nas condições contemporâneas, menos ainda que as limitações no acesso à cidadania não tivessem importância política; ao contrário, a exigência de inclusão, com a ampliação do conflito latente de interesses no seio do *demos*, é a faceta mais valiosa dos regimes políticos de tipo ocidental contemporâneos e, ao mesmo tempo, coloca à replicação da experiência ateniense obstáculos ainda maiores do que os devidos à expansão do território e da população.

Também não quero afirmar que, na Ática, não houvesse uma liderança com influência desproporcional na condução dos negócios públicos. Sólon, Clístenes e Péricles dão nome a períodos inteiros da experiência democrática ateniense, o que é revelador da importância de que se revestiam. Observo apenas que, naquele contexto, a palavra "democracia" designava um conjunto específico de instituições, voltadas, muitas delas, a permitir a participação efetiva dos cidadãos na tomada das decisões políticas. Instituições como a assembleia popular e o preenchimento de cargos por sorteio permitiam uma presença muito maior do homem comum no processo decisório, e obrigavam os próprios candidatos à liderança a uma supervisão muito mais estrita dos populares. Em especial, ninguém estava condenado a ser liderado, já que o instituto da isegoria garantia a todos direito igual à fala no espaço decisório, isto é, na ágora. Mais do que uma forma de liberdade de expressão, tal como a entendemos hoje, ou seja, como mera liberdade negativa, a isegoria representava o direito de ser escutado durante o processo de tomada de decisão.

O ponto relevante, aqui, é que o conceito de democracia precisa ser reconstruído, uma tarefa tanto mais complexa quanto mais se tem ciência das contribuições múltiplas e contraditórias acumuladas pela teoria política. Em outro momento, esbocei uma classificação das teorias da democracia, com o intuito de ajudar a mapear a "selva" de textos e doutrinas disponíveis (Miguel, 2005). Não pretendo voltar a ela. Meu objetivo, neste e no próximo capítulo, é apresentar uma leitura crítica das duas principais correntes da teoria democrática contemporânea – a vertente hegemônica, que descrevo como "elitista", e a chamada democracia deliberativa.

A vertente hegemônica é, em geral, caracterizada como a "democracia liberal", mas o rótulo é abrangente demais – afinal, o liberalismo é a base comum de quase toda a teoria política contemporânea. O conflito potencial entre liberalismo e democracia é um problema teórico (e prático) de primeira grandeza: como compatibilizar o exercício da soberania popular com a preservação de direitos individuais inalienáveis, que se impõem mesmo contra a vontade da maioria? O fato de essa tensão permanecer como central na reflexão política contemporânea denota que, ao menos no plano normativo, não desejamos abrir mão da democracia, nem do liberalismo. Praticamente todas as leituras importantes da democracia, no debate atual, são, em alguma medida, herdeiras do liberalismo.

Até porque, em que pese a tensão descrita no parágrafo anterior, democracia e liberalismo compartilham um entendimento igualitário. Da mesma forma que o ideal democrático incorpora a noção de que todos têm direito igual a participar no processo de tomada de decisão e a ter opiniões e interesses levados em consideração, o ideal liberal se funda numa crença da igual capacidade de cada um buscar o próprio interesse e governar a própria vida. Historicamente, desdobramentos tanto da democracia quanto do liberalismo levaram à redução do âmbito de quem se credenciava a essa igualdade, excluindo grupos de acordo com sexo, raça, classe, orientação sexual e outros; mas o ideal normativo permanecia presente (e pôde ser mobilizado na luta contra essas exclusões).

Assim, o que caracteriza a vertente hegemônica da teoria democrática não é tanto seu caráter liberal, que pouco a diferencia, mas seu caráter elitista. Os regimes democráticos contemporâneos são entendidos e vividos a partir de pressupostos – sobre a natureza

DEMOCRACIA E REPRESENTAÇÃO   31

humana e sobre a organização das sociedades – emprestados de uma corrente teórica que nasceu para afirmar a impossibilidade das democracias: a chamada "teoria das elites".

Os fundadores dessa corrente – Gaetano Mosca, Vilfredo Pareto e Robert Michels – não escondiam sua oposição aos movimentos democráticos e socialistas presentes na virada do século XIX para o XX. Sua obra revela a apreensão com a atuação desses movimentos e procura demonstrar que seus objetivos igualitários são ilusórios. Segundo eles, sempre vai haver desigualdade na sociedade, em especial a desigualdade política, isto é, sempre existirá uma minoria dirigente e uma maioria condenada a ser dirigida, o que significaria dizer que a democracia como "governo do povo" seria uma fantasia inatingível. É exatamente essa visão que – sobretudo a partir da teoria de Joseph Schumpeter, publicada nos anos 1940 – se torna a base da tendência dominante da teoria democrática e penetra profundamente na concepção atual sobre a democracia.

O pensamento elitista, na sua feição contemporânea, nasce em oposição às correntes igualitárias da modernidade. Ao longo dos séculos XVIII e XIX, ergueu-se um importante corpo de reflexão política que afirmava a possibilidade e a necessidade de maior igualdade nas sociedades, expresso em pensadores como Rousseau, Fourier, Proudhon ou Marx, que, de diferentes maneiras, propugnavam uma sociedade equitativa. Mas o fantasma da igualdade não estava encarnado apenas em teorias. Na Europa começava a haver, de fato, uma democratização da vida social, sobretudo desde que a classe operária irrompeu com face própria na cena política, com a Revolução de Fevereiro de 1848, na França. Antigos privilégios foram questionados e perderam sustentação legal. O direito ao voto foi paulatinamente estendido até se alcançar o sufrágio universal masculino. No campo das mentalidades, os indivíduos da plebe passavam a se considerar iguais aos da nobreza, a deferência do povo em relação às classes superiores diminuía. Em suma, as estruturas aristocráticas foram sendo corroídas.

Uma das análises mais perspicazes do processo foi feita por Alexis de Tocqueville, no clássico *A democracia na América*, cujos

32 LUIS FELIPE MIGUEL

dois volumes foram publicados originalmente em 1835 e 1840. Tocqueville não era um simpatizante da igualdade. Ao contrário, como integrante da nobreza francesa e como discípulo de Montesquieu, valorizava o papel "equilibrador" que a aristocracia desempenharia na sociedade. Mas ele via como inevitável o progresso da igualdade, que parecia, segundo a sua famosa expressão, comandado pela própria Providência Divina. Esse avanço era um fato durável, universal, imune à interferência humana. Mesmo medidas voltadas para contê-lo terminavam por auxiliá-lo (Tocqueville, 1992 [1835-40], p.6). Percorrer os Estados Unidos (a América do título), o país onde a igualdade estava mais desenvolvida, era conhecer o futuro da Europa.

Para Tocqueville, "igualdade" e "democracia" são quase sinônimos. Não é possível haver um sem o outro; a igualdade leva necessariamente à democracia. Sem ser democrata, Tocqueville julga necessário aprender a conviver com ela, considerada por ele o regime político do futuro. Não interessa, aqui, discutir a acurácia da descrição que o nobre francês faz dos Estados Unidos do século XIX, um país bem menos igualitário do que ele afirma, a começar pela presença da escravidão, instituição sobre a qual discorre, mas que parece julgar que está "à parte" na sociedade estadunidense. O importante é que *A democracia na América* apreendeu o movimento de democratização existente no seu tempo e projetou sua irresistível vitória final, num quadro apavorante para aristocratas menos serenos do que seu autor.

É nesse momento, quando a desigualdade é questionada, que se reerguem as vozes dos que afiançam que ela é "natural" e "eterna" – o que talvez seja a definição mais simples do elitismo. No seu sentido corrente, o elitismo pode ser descrito como a crença de que a igualdade social é impossível, de que sempre haverá um grupo naturalmente mais capacitado detentor dos cargos de poder. Não se trata de ideia nova: o sonho de Platão na *República*, com a divisão de castas (de acordo com a capacidade de cada uma), reflete essa visão, bem como a crença de Aristóteles na existência de "escravos por natureza". A palavra "natureza" é crucial: para o elitismo, a desigualdade é um fato *natural*. Isto está na raiz da atração que esse pensamento tem sobre aqueles que ocupam posições de elite. Em vez de estarem nestas posições como fruto do acaso, de contingências ligadas à estrutura da sociedade e aos padrões de dominação nela vigentes, seriam recompensados por seus méritos intrínsecos. Se uma pessoa pensa que tem acesso a determinados bens materiais ou culturais, inatingíveis para boa parte da população, como uma recompensa por suas qualidades inerentes, isto lhe dá um reconfortante sentimento de superioridade, acompanhado do desprezo pelas que não são tão boas. Ela poderia pensar diferente; que estar na universidade, por exemplo, num país de analfabetos, significa que foi privilegiada por uma série de circunstâncias – e então, em vez da sensação de superioridade, poderia vir um sentimento de *responsabilidade* social. Mas é muito mais gratificante, para o indivíduo que pertence à elite, olhar para a balconista da loja, para a operária, para a engraxate e pensar "puxa, como sou superior" do que refletir que um pequeno acidente de percurso poderia inverter as posições.

A fruição estética é extremamente importante para gerar esse sentimento de superioridade: o intelectual que lê Proust e ouve Bach menospreza a massa que consome programas de auditório e livros de autoajuda. Isto seria fruto de uma sensibilidade mais apurada, inata. Daí provém o fascínio que muitos artistas e escritores sentiram pelo elitismo, inclusive em sua versão mais extrema, fascista. Ezra Pound, T. S. Eliot, W. B. Yeats, Salvador Dalí, Louis Ferdinand Céline, Knut Hamsun são apenas alguns nomes de uma longa lista. Há um poema de D. H. Lawrence que reflete bem a postura; um dos versos afirma: "A vida é mais vívida em mim do que no mexicano que conduz minha carroça". Não é (como poderia ser) uma discussão sobre a desigualdade social, sobre os bens materiais e culturais a que Lawrence tinha acesso, e que enriqueciam sua vida, mas o carroceiro não. É uma exaltação da própria superioridade intrínseca, como o início do poema deixa claro, comparando a "vividez" da vida em diversas espécies animais e vegetais. A diferença entre o poeta e o trabalhador mexicano, portanto, seria tão natural quanto a que

34 LUIS FELIPE MIGUEL

separa o dente-de-leão da samambaia ou a serpente da borboleta.[1] No entanto, a sensibilidade estética também não é um dom "natural", mas algo construído; mais ainda, a diferença de sensibilidade estética é socialmente usada como forma de construir as distinções sociais (Bourdieu, 1979).

Lawrence escrevia no começo do século XX. O final do século XIX e o início do seguinte foram momentos em que o elitismo de boa parte dos intelectuais se mostrou mais evidente. Não por acaso, é o período em que a ameaça de uma vitória política das classes trabalhadoras se faz mais presente (entre, digamos, a Comuna de Paris, em 1871, e a acomodação social-democrata com o capitalismo, nas décadas que se seguiram à Primeira Guerra Mundial). Mais do que a simples afirmação da desigualdade, os escritos da época revelam ódio contra a "plebe ignara" e um marcado sentimento de distância, como se pertencessem a outra espécie.

À parte dos teóricos políticos das elites, analisados em seguida, dois pensadores canalizaram e expressaram com especial clareza essa apreensão das classes superiores: o alemão Friedrich Nietzsche e o espanhol José Ortega y Gasset. Um autor simpático a Nietzsche definiu seu pensamento político como sendo uma "justificação complexa e incomum" da exploração, da dominação e da escravidão (Ansell-Pearson, 1994, p.19); para John Rawls (1971, p.325), ele é um exemplo da vinculação ao "princípio da perfeição", isto é, à ideia de que a sociedade deve se organizar de forma a permitir que os "grandes homens" realizem obras excepcionais. Já Ortega y Gasset vê a civilização ocidental ameaçada pelo nivelamento social, pela "rebelião das massas", como diz o título de seu livro mais famoso (1987 [1937]).

O primeiro ponto relevante da filosofia de Nietzsche é seu *irracionalismo*. Ele pergunta: Por que valorizamos a verdade? Por que a inverdade ou a incerteza não são melhores (Nietzsche, 1992 [1886], p.9)? É a reação contra o iluminismo; no final do século XIX,

---

1 Os versos de Lawrence são citados em Carey (1993 [1991], p.18). O livro de Carey é uma excelente discussão sobre o elitismo dos intelectuais. Para o caso brasileiro, ver Dalcastagnè (2000, 2002).

DEMOCRACIA E REPRESENTAÇÃO   35

começava-se a perceber que o império da razão não era libertador, como acreditavam os filósofos iluministas; que muitas injustiças podiam ser desculpadas com argumentos racionais. Além disso, a linguagem é traiçoeira. Longe de construírem uma trilha para a compreensão, as palavras são pedras no caminho para a verdade (Nietzsche, 2004 [1881], p.43). O filósofo se vê, assim, na circunstância de ter que atingir seu público usando um meio que ele mesmo entende como impróprio. O estilo de Nietzsche é coerente com sua recusa da razão e sua desconfiança em relação à linguagem. Ele é obscuro, metafórico, ambíguo, porque busca atingir não (ou não prioritariamente) a razão de quem o lê, mas seus instintos e suas intuições. As palavras devem estar deslocadas de seus sentidos correntes para que não bloqueiem o acesso ao conhecimento.

No lugar da razão, Nietzsche vai colocar a *vontade* como fundamento que deve guiar as ações humanas: a *vontade de poder* (ou *vontade de potência*, de acordo com a tradução). É o princípio afirmativo da vida, o desejo que todos têm de se impor diante do meio (necessariamente hostil). Para o filósofo alemão, o objetivo que guia a ação dos organismos vivos – ou das sociedades – não é a mera autoconservação, como muitos pensaram, mas a procura da própria superação, o "tornar-se mais" (Nietzsche, 1918 [1901], v. 2, p.121-36). Em seu sistema moral, essa vontade não é apenas o princípio da vida, mas a qualidade que concede o direito à própria vida. Contentar-se com a permanência é trair esse impulso vital básico.

Ocorre que alguns homens teriam mais *vontade de poder* e, portanto, deveriam governar. A maioria, dotada dessa qualidade com menos intensidade, seria medrosa e não conseguiria impor sua vontade. Só lhe restaria obedecer. Assim, para Nietzsche (1992 [1886], p.103), a sociedade é naturalmente dividida em vencedores e perdedores e a democracia é, portanto, uma aberração, uma "decadência ou diminuição" do homem. Ela significa que a maioria fraca e covarde vai impor sua vontadezinha medíocre sobre os grandes homens, cuja poderosa vontade deveria triunfar. É "imoral", ele diz, julgar que todos são iguais, que as mesmas regras valem para

36 LUIS FELIPE MIGUEL

todos: a *hierarquia* precisa ser respeitada. Além de uma aberração, a democracia é um contrassenso, pois os fortes de vontade de poder jamais se submeteriam à maioria medrosa. Apavorado com a ameaça de nivelamento social, Nietzsche parece não perceber que, de acordo com seu raciocínio, trata-se de algo *impossível*, sob qualquer aspecto. Uma solução parcial para esta impossibilidade está no fato de que, junto com o avanço da democracia, vem a disseminação da moralidade – que ele define como sendo "o instinto de rebanho no indivíduo" (Nietzsche, 2001 [1882], p.142). Os fortes *não podem* se guiar por regras morais de bondade ou altruísmo, já que devem estar comprometidos apenas com a própria vontade do poder. Sua característica distintiva é a capacidade de "deixar sofrer" (Nietzsche, 1992 [1886], p.102). Nesse sentido, estão "além do bem e do mal".[2] A imposição da moral convencional, necessária apenas "para o rebanho", sobre o puro egoísmo dos superiores, mina sua vontade de poder, portanto destrói as bases de sua superioridade e da hierarquia social. Ao colocar em xeque, diante do próprio indivíduo superior, a diferença que o separa dos inferiores, torna-o vulnerável ao sentimento de culpa. A capacidade de causar dor sem maldade ou sentimento de injustiça depende da percepção de uma enorme distância entre nós e os outros seres: por isso, "matamos um mosquito [...] sem qualquer remorso" (Nietzsche, 2000 [1878], p.67). O discurso igualitário impede que os superiores vejam o restante da humanidade como mosquitos.

A exigência da universalização da moral convencional mostra que os fracos não estão mais tão submissos quanto deveriam, e desejam impor condições a seus superiores. É aquilo que Nietzsche chamou de "revolta dos escravos" e que indicava como o grande

---

2 Uma notável antecipação do argumento de Nietzsche (e, sob outro aspecto, de Ortega y Gasset) está na divisão da humanidade proposta por Raskólnikov, entre pessoas "extraordinárias" e "ordinárias", as primeiras tendo direito ao crime, as últimas condenadas à obediência da lei. O fato de que um dos eixos de *Crime e castigo* seja precisamente evidenciar o absurdo dessa doutrina mostra como tais ideias já se encontravam disseminadas décadas antes da formulação de Nietzsche (ver Dostoiévski, 2001 [1866], p.268-74 e passim).

DEMOCRACIA E REPRESENTAÇÃO   37

problema da época. Os fortes precisavam mostrar que sua vontade de poder não havia fraquejado e deviam esmagar essa revolta.

Sem entrar na polêmica da relação de Nietzsche com o nazismo, é importante observar em que aspectos seu pensamento foi apropriado pelo hitlerismo. A ideia da "vontade de poder" inspirou a geopolítica de Ratzel e Kjellen, que viam o Estado como um organismo vivo e, portanto, procurando "tornar-se mais". Isto, por sua vez, inspirou a doutrina nazista do *Lebensraum*, o "espaço vital", sustentação ideológica do expansionismo alemão. A divisão entre a minoria poderosa com vontade de poder e a maioria fraca e covarde ganhou uma roupagem racista mais explícita, mas continuou essencialmente a mesma. O próprio Nietzsche mantinha uma posição ambígua em relação ao antissemitismo, mas há trechos em que relaciona a "revolta dos escravos" a uma "revolta judia", que procurava impor aos senhores a moralidade judaico-cristã (Nietzsche, 1998 [1887], p.28). A busca do *Übermensch* (o "Além-do-Homem" ou Super-homem, segundo as traduções), o ser humano superior que abandonou toda a moral (Nietzsche, 2011 [1883-5]), ganhou contornos pseudocientíficos com a introdução da eugenia.[3] Nietzsche e o fascismo, como os pensadores elitistas em geral, compartilhavam de uma visão profundamente antidemocrática; exaltavam e naturalizavam as desigualdades e viam como perniciosa a participação popular na política. Por isso, Nietzsche pôde ser apropriado pelo nazismo; por isso, Mosca, Pareto e Michels, os teóricos elitistas políticos clássicos, simpatizavam com o fascismo (e foram usados para legitimá-lo).

José Ortega y Gasset parece um Nietzsche moderado. *A rebelião das massas* reúne artigos escritos entre 1920 e a metade dos anos 1930; na época, chegou a ser considerado como equivalente (em

---

3 Como observou Gramsci, a ideia do indivíduo sobre-humano que, por isso mesmo, transcendia a moral convencional, era corrente na cultura popular da época e, em especial, na literatura de folhetim; assim, "muito da suposta 'super-humanidade' nietzschiana tem como origem e modelo doutrinário não Zaratustra, mas *O Conde de Monte Cristo*, de A. Dumas" (Gramsci, 2001 [1933-4], p.56).

38 LUIS FELIPE MIGUEL

importância) ao *Contrato social*, de J. J. Rousseau, ou a *O capital*, de K. Marx, mas hoje é bem menos respeitado. Trata-se de uma obra importante historicamente, por exprimir uma determinada posição política e sensibilidade intelectual, mas sem qualquer brilho teórico significativo. Ortega (1987 [1937], p.37) parte da observação de um fenômeno cotidiano, a presença física do povo em locais antes reservados às elites. Trens, concertos, museus, tudo parecia estar lotado, como consequência do rompimento de certas barreiras que separavam a massa dos "superiores". Na verdade, por trás da teorização do pensador espanhol está uma irritação simples, egoísta: a de quem sai para jantar e encontra o restaurante lotado.[4]

Já foi visto, anteriormente, como a diferença da sensibilidade estética era importante para as elites afirmarem sua superioridade; o fato de a massa almejar a fruição artística era uma das principais causas da irritação de Ortega, que enfatizava que a grande obra de arte deveria ser acessível apenas a poucos (Ortega y Gasset, 1942 [1925]).[5] A posição oposta, democrática, é expressa na mesma época por Vladimir Maiakóvski, que manifesta seu maravilhamento quando, na Rússia revolucionária, a poesia chega ao povo e ele vê "dois mujiques grandes como elefantes" discutindo versinhos (Maiakóvski, 1984 [1927], p.183-4).[6]

Para Ortega, a massa se define por uma característica psicológica, pertence a ela quem não se incomoda em ser igual os outros; à massa se opõem os "seletos", aqueles que exigem mais de si. Há aí a típica

---

4 Uma ilustração satírica desta sensibilidade aparece numa tirinha da série *Dilbert*, de Scott Adams. O advogado se dirige aos jurados: "OK, digamos que, hipoteticamente, meu cliente tenha matado todas aquelas pessoas. É provável que vocês não conhecessem nenhuma delas. E da próxima vez que vocês estiverem parados numa longa fila, perguntem a si mesmos: eu estaria melhor agora se houvesse menos pessoas?" (é a tira de 20 de outubro de 1990, disponível no site <http://www.dilbert.com>; acesso em 20 de junho de 2012).

5 Para uma manifestação contemporânea de uma sensibilidade similar, cf. Vargas Llosa (2012).

6 Uma terceira posição, a da Escola de Frankfurt, julga que a massificação rebaixa a obra de arte, numa crítica da indústria cultural que não está isenta de elitismo.

DEMOCRACIA E REPRESENTAÇÃO 39

visão aristocrática, que vê na desigualdade um bem em si mesmo.
Essas características seriam individuais e inatas; nada têm a ver
com a situação social ou econômica, nem podem ser alteradas pela
educação, que serve para fornecer conhecimentos, mas que não cria
o espírito (Ortega y Gasset, 1987 [1937], p.38-9 e 70). Desta forma,
as hierarquias sociais são naturalizadas e, portanto, legitimadas.
Tudo estava bem enquanto as massas eram "disciplinadas" e
"se satisfaziam com seu papel". A rebelião atual é "não conhecerem
mais seu lugar". Segundo Ortega (1987 [1937], p.128), o destino da
massa é ser comandada, mas hoje ela se revolta contra o destino. Dois
são os pontos fundamentais: as massas perderam a noção da existência de superiores e perderam a ciência de que há atividades especiais
(como a política) que exigem dons específicos e nas quais, portanto,
elas não devem interferir.[7] O perigo que surge daí é a "hiperdemo-
cracia", em que inferiores desbancam superiores. Ele vai aproximar
esse processo da política totalitária, o homem-massa se identifica
com o Estado e quer dele fazer tudo (Ortega y Gasset, 1987 [1937],
p.131-2). Aqui, ele apresenta uma tese que será comum às teorias
elitistas da democracia, a de que o excesso de presença popular na
cena política é um passo certo para o totalitarismo.

Com base na crença da desigualdade natural, o que Ortega y
Gasset propõe é uma limitação da democracia. Uma vez que as
diferenças são inatas, devem ser institucionalizadas. Em sua obra,
há uma reveladora defesa dos privilégios, direitos "privados" con-
quistados pelos indivíduos superiores e mantidos por seu esforço,
em contraposição aos direitos humanos universais, concedidos sem
que nada seja exigido em troca (Ortega y Gasset, 1987 [1937], p.81).
As massas rebeladas desejam eliminar todos os privilégios. Por isso,
precisam ser contidas.

---

7 Uma terceira questão está ligada à inconsciência, por parte das massas, de
que são *devedoras* da minoria seleta, na medida em que seu bem-estar material dependeria do gênio de uns poucos "homens superiores". Visão similar,
incorporando a perspectiva de uma "espiral das expectativas ascendentes", é
encontrada em Hayek (1990 [1944], p.44).

40 LUIS FELIPE MIGUEL

Pensadores como Nietzsche e Ortega y Gasset formularam os princípios filosóficos do elitismo, com a afirmação da desigualdade natural e a crença de que sua contestação era o principal sinal da crise do mundo contemporâneo. Mais ou menos na mesma época, surgia a teoria política das elites, que procurava demonstrar, com pretensa base científica, a inevitabilidade da dominação das minorias e a impossibilidade da democracia. Seus fundadores foram o engenheiro, economista e sociólogo franco-italiano Vilfredo Pareto e o jurista e sociólogo italiano Gaetano Mosca, que disputaram entre si o título de pioneiro da corrente; um pouco mais tarde, viria a contribuição do sociólogo Robert Michels, alemão de nascimento e italiano por adoção.

A principal obra sociológica de Pareto é o *Tratado de sociologia geral* (1935 [1916]). Sua ambição é criar uma ciência perfeitamente neutra e experimental, tendo a química por modelo. Por isso, empreende a tarefa de buscar os "átomos" e "moléculas" da ação em sociedade – e encontra-os na psique humana. A sociologia de Pareto é, na verdade, uma psicologia política. Um pressuposto básico é que as ações humanas têm, quase todas, caráter irracional, sendo guiadas por partículas eternas e imutáveis da personalidade (os "átomos" que procurava), às quais dá o nome de "resíduos". As razões para a ação, longe de serem sua causa, são apenas justificativas *a posteriori*, que Pareto chama de "derivações".

Ele identifica 52 tipos de resíduos, que cada indivíduo possuiria em combinações variáveis (Pareto, 1935 [1916], v.2, p.516-9). É importante sublinhar que Pareto *não* os vê como construtos teóricos, mas como elementos naturais que ele apenas detecta. Numa manobra típica do pensamento paretiano, a classificação dos resíduos passa do complexo para o esquemático. Primeiro, os 52 tipos são transformados em seis classes, das quais quatro são desprezadas. Restam os resíduos da classe I ("instintos de combinações") e da classe II ("permanência dos agregados"). Depois, de forma quase imperceptível, eles deixam de ser átomos de comportamento para se tornarem traços definidores de personalidade. Há pessoas classe I e pessoas classe II; as primeiras são conciliadoras e astutas, as segundas intransigentes e violentas. Assim, o modelo "científico" de Pareto se reduz ao velho tropo das raposas e dos leões, presente no pensamento clássico e retomado na Renascença, entre outros por Maquiavel.

Dentro deste contexto, é possível inserir o conceito de elite. Pareto afirma que elite é o nome dado ao grupo dos indivíduos que demonstram possuir o grau máximo de capacidade, cada qual em seu ramo de atividade. Cada um desses ramos possui algumas pessoas que são as mais bem-sucedidas, e a reunião delas forma a elite (Pareto, 1935 [1916], v.3, p.1421-3). Ele acredita que seu conceito é neutro e não valorativo. Uma grande cirurgiã e uma grande financista fariam parte da elite em seus respectivos setores, da mesma maneira que o ladrão mais habilidoso ou o pistoleiro de melhor pontaria. Pelo conceito paretiano, a elite se define através das qualidades intrínsecas de seus integrantes, ao contrário do uso corrente do termo, que incorpora a *capacidade de influência*. De acordo com esse uso, uma gênia isolada, que nunca publicou nada, não poderia estar na elite intelectual, já que possui influência reduzida ou nula. Na visão de Pareto, ela pertenceria objetivamente a essa elite, mesmo que não fosse reconhecida como tal; suas elites, a princípio, não precisam ter qualquer repercussão na sociedade.

A existência das elites revelaria a desigualdade – natural – entre as pessoas, da qual a desigualdade social seria um mero efeito. Pareto insiste em que, mesmo num sistema de castas fechado, como o indiano, há brechas para que os melhores indivíduos das classes inferiores subam; ainda mais numa sociedade como a ocidental, na qual ele vê uma mobilidade excessivamente rápida entre as classes. Essa é a questão central da teoria elitista no debate contra os igualitaristas. Já que a desigualdade é natural, fruto dos diferentes talentos, seria impossível eliminá-la, para não dizer injusto. Além disso, Pareto aplaina diferenças fundamentais presentes na sociedade ao tratar as diferentes elites como se fossem idênticas. Segundo ele, a mendiga que faz ponto na frente da igreja matriz, e portanto é a mais bem--sucedida na sua atividade, é tão "de elite" quanto a bilionária que ganha rios de dinheiro com a especulação financeira.

42 LUIS FELIPE MIGUEL

Entretanto, Pareto introduz uma distinção essencial no seio da elite: a que separa a elite governante, que exerce o poder político, de todo o resto, a elite não governante. A existência de um grupo minoritário que monopoliza o governo é, para ele, uma constante universal das sociedades humanas. Outra constante é a rotação entre os integrantes desse grupo. É a teoria da "circulação das elites", provavelmente a principal contribuição de Pareto à sociologia política.

Para o bom andamento do governo, haveria necessidade tanto da astúcia quanto da disposição para o uso da força; isto é, a elite governante deve possuir tanto indivíduos da classe I quanto da classe II, raposas e leões. Para se perpetuar, esse governo deve cooptar os indivíduos talentosos que existam na sociedade. Ora, os leões, justamente por serem leões, não são dados a compromissos, e não aceitarão a cooptação, que ocorre em geral para postos (a princípio) subalternos. Só as raposas ascenderão ao poder, causando um desequilíbrio. Em primeiro lugar, haverá um governo formado total ou majoritariamente por indivíduos da classe I, que preferem usar apenas a astúcia e vacilam em empregar a força. A segunda consequência é um acúmulo de leões privados de poder, mas desejosos de alcançá-lo, formando uma "contraelite". Chega um momento em que a pressão é grande demais, os indivíduos da classe II promovem uma revolução e instauram um governo leonino (Pareto, 1935 [1916], v.3, p.1431).[8] E o processo se reinicia.

Assim, existem *duas* circulações de elites. A primeira, paulatina, é a cooptação dos "melhores" de baixo (e, imagina-se, a excreção dos "piores" de cima). Mas esse processo tende a se falhar, privilegiando a classe I, o que provocaria a circulação de segundo tipo, revolucionária. Como resultados dessa visão da história, é importante citar:

(1) uma perspectiva essencialista, isto é, há um fundamento imutável das relações humanas e do processo histórico. A afirmação da impossibilidade de uma organização social em que não haja uma minoria dominante é o traço definidor das teorias das elites.

---

8 Um excelente resumo crítico da teoria paretiana da circulação das elites está em Bottomore (1974 [1964], cap.III).

DEMOCRACIA E REPRESENTAÇÃO **43**

No momento em que Pareto escrevia, tratava-se de uma tentativa de contestação "científica" às promessas, que também se queriam "científicas", do movimento democrático e socialista; (2) a ideia de que todas as mudanças políticas são, apesar das aparências, repetições do mesmo processo, a luta dos leões contra as raposas. Assim, discutir as transformações nas estruturas sociais, a economia ou a ideologia seria inútil. Seja a Revolução Francesa, a Revolução Russa ou a subida de Mussolini ao poder, trata-se apenas de mais um capítulo da luta entre pessoas da classe I e da classe II; (3) os únicos agentes políticos relevantes são a elite e a contraelite. A massa é incapaz de intervir no processo histórico. Se parece que o faz, está sendo manobrada por outro grupo; (4) uma vez que nenhum governo persiste sem sua cota de leões, o uso da força deve ser aceito como inevitável na sociedade (Pareto, 1935 [1916], v.3, p.1431). Há aqui uma polêmica contra aqueles que se escandalizavam com o uso da repressão, pelo Estado, contra seus adversários (isto é, contra o movimento operário). Fiel à visão essencialista da história, Pareto afirma que, como *sempre* se usou a violência, ela deve continuar sendo usada da mesma maneira. Da teoria se passa à naturalização, quer dizer, à *legitimação* da repressão.

O que desejo aqui não é *refutar* as ideias de Pareto. Caso fosse esse o objetivo, seria necessário observar que seu uso das fontes históricas é enviesado, que sua concepção da sociedade e do ser humano é simplificadora ou, ainda, que, ao tratar de temas como o uso da violência, ele aplaina diferenças significativas para daí extrair a "essência trans-histórica" que seu argumento requer. O que interessa é perceber que todo o esforço intelectual de Pareto está voltado à demonstração de que qualquer ordenamento democrático é ilusório. Portanto, é no mínimo curioso que uma visão de mundo próxima à sua sirva de base para uma tentativa de reconstruir – e não de demolir – a teoria democrática.

A obra de Mosca leva a conclusões semelhantes, embora de forma mais sutil e matizada. Ele também julga inevitável a existência de uma classe dirigente, expressão que usa em lugar de elite. Para ele, o domínio da minoria sobre a maioria é uma constante universal

(Mosca, 1939 [1896], p.50). A chave para entender esse fenômeno é que a minoria é organizada, enquanto a maioria, justamente por ser tão numerosa, está fadada à desorganização. Se quiser se organizar, precisará constituir uma minoria dirigente dentro de si. O fato de ser organizada torna, segundo Mosca, a minoria *mais numerosa* do que a maioria (Mosca, 1939 [1896], p.53). Ou seja, o membro da maioria que se insurgir estará sempre isolado contra a classe dirigente, que age em bloco.

Portanto, ao contrário de Pareto, Mosca não está preocupado em determinar quais são as pessoas mais habilidosas ou qualificadas. Ele despreza as explicações psicológicas, vinculando o domínio da minoria a uma questão organizativa. O passo seguinte, em sua teoria, é a discussão da *legitimação*: a minoria se faz passar, diante da maioria, como dotada de certa qualidade superior (Mosca, 1939 [1896], p.53). Assim, o exercício do poder é justificado em nome de princípios morais universais. Tais princípios mudam historicamente, de acordo com a transformação material na sociedade. Era a valentia, nas sociedades inseguras do passado, quando o gozo da vida e dos bens dependia de força militar própria e os guerreiros governavam. Em seguida, com o aumento da produtividade da terra e a redução da insegurança, a base do poder passa a ser a propriedade rural, e assim por diante. Trata-se de uma perspectiva materialista, que, em vez da luta entre "resíduos", apresenta o conflito contínuo entre antigas fontes de poder que querem se manter, e novas, que desejam emergir.

Como a de seu rival, a teoria de Mosca também investe contra as ilusões do movimento operário, que se propunha reunir a maioria da população e levá-la ao poder. Impossível, segundo ele, já que a maioria nunca governa, no máximo pode entronizar outra minoria. Portanto, é uma teoria conservadora, partilhando daquilo que Albert Hirschman (1992 [1991], p.43-72) chamou de "tese da futilidade": não adianta tentar mudar o mundo, já que, em sua essência, ele permanece sempre o mesmo. E também pode ser considerada antidemocrática, na medida em que condena como impossível qualquer forma de governo do povo.

Ao contrário dos outros dois, o terceiro teórico clássico das elites, Robert Michels, tinha simpatia pelo socialismo e pelo movimento operário. Por isso, foi estudar a social-democracia alemã (SPD). Aliás, antes de estudá-la, *ingressou* no partido, militou, participou de vários de seus congressos. Seu livro mais importante, *Sociologia dos partidos políticos* (1911), já mostra o desencanto com o socialismo. Mais tarde, Michels mudou-se para a Itália e aderiu ao fascismo.

Enquanto Pareto e Mosca não se detinham em casos concretos (faziam grandes teorizações e depois pinçavam na história os exemplos que julgavam adequados), Michels adotava o percurso inverso. A partir de um único estudo de caso, o SPD [Partido Social-Democrata alemão], ele fez uma grande generalização. O núcleo de sua tese é que toda organização caminha para a burocratização. Aqui, ele fica com Mosca: a massa, o grande número, é incapaz de se organizar. Quando resolve fazê-lo, deve fatalmente constituir um pequeno comitê para dirigi-la. Isto é a burocratização: no lugar de um movimento espontâneo de massa estabelece-se algo com uma hierarquia, que vai precisar de regras, de disciplina.

A burocratização assume uma característica especial, que é a oligarquização. Para que a organização aja com eficiência, é necessária a criação de um quadro de funcionários que se dediquem em tempo integral a ela. Ora, essa nova posição funcional gera novos interesses ligados a ela e diferentes daqueles da base da organização. O operário que se torna um quadro profissional do partido não é mais um operário: é um burocrata ou um líder político. Para os militantes da base, a organização é um meio para alcançar um determinado fim, no caso a revolução socialista. Para o funcionário, a organização se torna um fim em si, já que seu ganha-pão está no partido (Michels, 1982 [1911], p.223).

Segundo Michels, isto levaria inexoravelmente ao abandono dos ideais revolucionários. Primeiro, porque seus líderes já alcançaram uma posição privilegiada na sociedade. Depois, porque uma tentativa revolucionária poderia causar a dissolução do partido (e a perda do ganha-pão). O poder, diz Michels (1982 [1911], p.219), é sempre conservador. A essa construção teórica, ele deu o nome de "lei de ferro da oligarquia". Segundo ela, toda organização gera uma minoria dirigente, com interesses divergentes dos de sua base. Embora os caminhos traçados sejam diferentes, a conclusão é idêntica à de Mosca: só a minoria pode governar.

Ao contrário de Pareto e de forma mais profunda que Mosca, Michels dá importância à relação entre elite e base. Ele – mas não os outros – introduz a dimensão da discussão sobre a representação política. Suas oligarquias não são minorias autoinstituídas que exercem o poder político por conta de qualidades distintivas que as colocam em posição superior de forma quase automática. Elas têm sua força ligada à importância de uma base social, que lhes dá ou em algum momento lhes deu sustentação e que é a razão original para ocuparem posições de poder.

Assim, Michels tocou em um ponto crucial para a implementação da democracia: a relação entre representantes e representados. Sua teoria é útil para analisar o desgaste atual dos partidos políticos, passível de ser creditado aos vícios que ele descreveu. Experiências organizativas que procuraram contornar esses problemas, como a busca da rotatividade das lideranças e da participação direta pelos Verdes alemães (Poguntke, 1992) ou, no Brasil, o recurso permanente às consultas à base no Partido dos Trabalhadores (PT), parecem comprovar Michels. A menor oligarquização gerava menor eficiência e as práticas alternativas foram sendo deixadas de lado à medida que a organização conquistava mais posições, tornava-se mais relevante no jogo político e, em suma, tinha mais a perder. Alguns sugerem que os partidos têm cedido lugar a novos movimentos sociais, mais ágeis e representativos. Mas, pela lei de ferro, os movimentos sociais, conforme ganham peso, oligarquizam-se da mesma forma.

A tese de Michels possui pontos de contato com o pensamento de Max Weber, que, no entanto, é mais complexo. Weber (1993 [1918], p.113) afirmava a "inevitabilidade" do líder político profissional, produto da racionalização e da especialização do trabalho político no campo das eleições de massa. Portanto, ele também coloca a

DEMOCRACIA E REPRESENTAÇÃO   47

impossibilidade de formas de "governo pela base" e de democracia direta, julgando insuperável a divisão entre governantes e governados. Mas, embora tenha influenciado Michels, não aceitava a "lei de ferro da oligarquia", que julgava demasiado simplista. Na verdade, existem dois mecanismos diferentes em funcionamento: do lado de Michels, o egoísmo dos dirigentes (uma visão um tanto simplista e limitada da natureza humana); do de Weber, as exigências impessoais da racionalização e da eficiência.

Além disso, Weber faz uma distinção entre o funcionário (mesmo partidário) e o líder político. É a célebre distinção entre o burocrata, dono do saber e da técnica, mas que não assume a *responsabilidade*, e o político, que se caracteriza justamente por ser diretamente *responsável* por seus atos (Weber, 1985 [1919], p.79). Weber observa (e lamenta) a "infiltração" de funcionários dos partidos nas chapas de candidatos ao parlamento, mas a capacidade de liderança política em seu modelo teórico, diferentemente da burocracia, permanece essencial. Para Michels, ao contrário, não há distinção entre líder político e burocrata, todos sendo igualmente pessoas que se beneficiam da estrutura partidária e, portanto, oligarcas.

Michels também desenha de maneira demasiado dicotômica a distinção entre a elite oligárquica e sua base de massa, não levando em conta, na sua generalização final, nem a estrutura hierárquica piramidal, própria dos partidos políticos e de outras organizações de massa, nem o papel de outras lideranças internas à margem da hierarquia institucional. Dirigentes e base não se limitam a duas posições polares, mas formam um *continuum* em que há, portanto, circulação de informações e desafios potenciais internos que tornam mais matizada e complexa a independentização da direção.

Para encerrar esse breve inventário das insuficiências da formulação de Michels, vale ressaltar que ele não dá nenhum espaço a mecanismos horizontais de coordenação. Mesmo se aceitarmos que toda organização leva à produção de uma hierarquia, o seu funcionamento – dirigido e facilitado, ou mesmo proporcionado, pela hierarquia – exige cotidianamente formas de coordenação horizontal entre seus integrantes. Até em estruturas com uma cadeia de

48 LUIS FELIPE MIGUEL

comando altamente formalizada e vertical, como é o caso do exército, esse tipo de coordenação é imprescindível. Ou seja, o retrato de uma base atomizada, desprovida de qualquer meio de supervisão ou de ação autônoma, à mercê de uma direção que se oligarquiza, é uma enorme simplificação.

O aporte de Michels para as discussões sobre os problemas da representação política não é desprezível; ele contribui para iluminar as assimetrias que as relações entre representantes e representados geram por si mesmas, e não deixa esquecer que a representação é uma relação de poder. No entanto, sua ênfase em inclinações humanas universais é redutora; ele perde de vista os processos sociais de distribuição das competências políticas e, em especial, a estrutura de incentivos que o campo político oferece. Organizações burocrático-oligárquicas são vantajosas nas disputas políticas que ocorrem hoje. No entanto, é possível imaginar ordenamentos alternativos que reduzam ou anulem tais vantagens. Michels é útil para evitar a aceitação ao pé da letra da superfície igualitária da política democrática concorrencial que temos, mas contribui para outro tipo de acomodação ao não perceber a possibilidade da busca de alternativas.

Assim, os teóricos elitistas clássicos representam um momento do debate sobre a igualdade entre os seres humanos, cujo quadro abreviado pode ser traçado da seguinte forma: a ordem estamental medieval afirmava a *desigualdade* entre os indivíduos, fundada na natureza e na vontade divina. Contra ela, o liberalismo vai propugnar que todas as pessoas são iguais. O pensamento socialista, então, denuncia que a igualdade formal, própria do liberalismo, é inócua diante da permanência de profunda desigualdade material. Em oposição ao socialismo, a teoria elitista vai dizer que a igualdade é impossível. Há uma concordância quanto ao diagnóstico sobre as sociedades contemporâneas, com a constatação de que a igualdade liberal é a mera fachada da desigualdade efetiva; mas a ênfase é dada à polêmica contra a bandeira socialista de uma nova forma de organização, material e politicamente igualitária, que a teoria das elites apresenta como ilusória.

Os teóricos elitistas miraram no socialismo, mas acabaram acertando também a democracia, denunciando como fantasiosa qualquer ideia de governo da maioria. Porém, numa reviravolta notável, uma importante corrente da teoria democrática vai tomar o argumento elitista como pressuposto. É a tese da "democracia concorrencial", cujo pai é o economista austríaco Joseph Schumpeter. Não se trata apenas de uma corrente, entre outras, da teoria democrática. É a corrente amplamente dominante, enraizada no senso comum; é um divisor de águas, pois, a partir dela, qualquer estudioso da democracia tem que se colocar, em primeiro lugar, *contra* ou *a favor* das teses schumpeterianas. Entre aqueles que foram influenciados por elas, de diferentes maneiras, estão nomes do peso de Giovanni Sartori, Robert Dahl e Anthony Downs.

Vários fatores contribuíram para o sucesso de Schumpeter. Em primeiro lugar, estabelece uma nova visão da relação entre democracia e participação política popular. A sua teoria democrática foi exposta em *Capitalismo, socialismo e democracia*, publicado em 1942; nove anos antes, Adolf Hitler havia chegado ao poder. Para alguns analistas, o mal da república de Weimar, que havia permitido o avanço do nazismo, foi o "excesso de participação". Por outro lado, os regimes totalitários da Alemanha e da União Soviética promoviam a mobilização das massas (embora sem sua participação efetiva). A presença popular na política passou a ser associada mais ao totalitarismo que à democracia.

Em 1945, ocorreu a derrota dos países do Eixo e, logo em seguida, o início da Guerra Fria. Os Aliados haviam lutado em nome da "democracia", palavra que foi reivindicada tanto pelo bloco soviético quanto pelo estadunidense. Em vez de "ditadura do proletariado", como afirmava o leninismo ortodoxo, os regimes do Leste europeu se autoclassificavam democracias populares. No Ocidente, o problema era demonstrar que existia uma verdadeira democracia, apesar da evidente ausência do governo do povo. Ao redefinir a democracia de modo a excluir o que antes era seu principal critério, a teoria de Schumpeter se prestava bem a esse fim. Assim, embora esse autor e os schumpeterianos gostem de se

50 LUIS FELIPE MIGUEL

apresentar como neutros e descritivos – em contraste com a visão "ideológica" dos autores críticos dos regimes políticos ocidentais –, sua empreitada intelectual possuiu um significativo caráter justificador do *status quo*.

Capitalismo, socialismo e democracia é a única obra sociológica de Schumpeter. A reformulação da teoria democrática está restrita a três capítulos (do XXI ao XXIII), sem dúvida os mais lidos do livro. Ele começa demolindo o que chama de "doutrina clássica da democracia", na verdade um *mix* não muito equilibrado de autores clássicos e senso comum, que une Rousseau ao utilitarismo. Já foi demonstrado que a doutrina clássica é um mito, que Schumpeter reuniu e distorceu autores incompatíveis entre si para gerar um espectro contra o qual lutar (Pateman, 1992 [1970], p.9-34). Seja como for, em linhas gerais, a "doutrina clássica" é a seguinte: a democracia é o método para promover o bem comum através da tomada de decisões pelo próprio povo, com a intermediação de seus representantes (Schumpeter, 1976 [1942], p.250). Um primeiro ponto a ser criticado nessa definição é a própria noção de bem comum. Schumpeter observa que, para cada indivíduo, o bem comum poderá significar uma coisa diferente. Sua perspectiva, portanto, é a da sociedade como um composto de indivíduos atomizados, sem a possibilidade de construção de vontades coletivas.

A rigor, a impugnação da ideia de bem comum não invalida a doutrina clássica, já que em seu lugar é possível colocar a "vontade da maioria", expressa na votação. Mas há aí uma premissa oculta, própria da filosofia utilitarista: a de que cada um define por conta própria em que consiste o seu próprio bem. Por isso, o processo democrático seria indicado, em vez de, por exemplo, um regime vinculado a um déspota esclarecido e bondoso. O ponto crucial da crítica schumpeteriana está aqui: as pessoas *não sabem* determinar o que é melhor para elas quando estão em jogo questões públicas. Não há uma vontade do cidadão, só impulsos vagos, equivocados, desinformados (Schumpeter, 1976 [1942], p.253). Segundo o economista austríaco, o indivíduo médio desce para um patamar mais baixo de racionalidade quando entra no campo da

DEMOCRACIA E REPRESENTAÇÃO **51**

política. Em suma, mesmo que possa cuidar bem dos seus negócios pessoais, não sabe tratar de assuntos públicos.[9]

A aparente comprovação empírica para as afirmações de Schumpeter apareceria na mesma época, através da obra de outro austríaco imigrado para os Estados Unidos, o sociólogo e estatístico Paul Lazarsfeld. Num estudo de campo sobre a campanha para as eleições presidenciais de 1940 (nas quais Franklin Roosevelt conquistou seu terceiro mandato), realizado, em conjunto com Bernard Berelson e Hazel Gaudet, numa pequena cidade do estado de Ohio, ele mostrou que, mesmo em período eleitoral, as pessoas não são ativas, participantes, interessadas ou informadas. Elas decidem seu voto de forma irracional, seguindo padrões tradicionais ou por motivos afetivos. Um estudo similar, realizado oito anos mais tarde, em outra cidade estadunidense, chegou à mesma conclusão (Lazarsfeld, Berelson e Gaudet, 1969 [1944]; Berelson, Lazarsfeld e McPhee, 1954). Ou seja, a democracia representativa *não* encontra eleitores e eleitoras como seu modelo ideal esperaria. Os cidadãos não sabem decidir, não estão dispostos a se informar e não se preocupam em avaliar as consequências de seus atos.

Uma diferença importante entre as duas abordagens é que Lazarsfeld procurava demonstrar que a influência dos meios de comunicação de massa sobre o eleitor era praticamente nula, pois o voto refletia predisposições anteriores. Schumpeter, ao contrário, julga que a massa é sempre manipulada pela propaganda política. Embora não haja referência direta, essa postura refletia o sucesso da máquina publicitária nazista, vista, por muitos intelectuais da época, como paradigma da nova forma de fazer política. Um exemplo é o livro do psicólogo russo Serge Tchakhotine, publicado poucos anos antes da obra de Schumpeter, cujo enfoque está claro a partir do título: *O estupro das massas pela propaganda política* (Tchakhotine, 1952 [1939]).

---

9 As classes dominantes escapam a esse problema, já que os negócios públicos são de seu interesse particular: estabelecem contratos com o Estado, ocupam cargos etc. (ver Bourdieu, 1979, p.518).

52 LUIS FELIPE MIGUEL

Para Schumpeter, a propaganda política possui uma diferença crucial em relação à comercial: a impossibilidade de ser testada.

A imagem da mulher mais bonita que jamais existiu vai se provar, no longo prazo, incapaz de sustentar as vendas de um cigarro ruim. Não há qualquer salvaguarda igualmente efetiva no caso das decisões políticas. Muitas decisões de importância fatídica são de tal natureza que é impossível para o público experimentá-las quando quiser e a um custo moderado. (Schumpeter, 1976 [1942], p.263)

Ou seja, o eleitorado estaria incapacitado de aprender com os próprios erros, uma vez que as conjunturas políticas são mutáveis, e estaria condenado a sempre ser presa das campanhas demagógicas. As conclusões a que Schumpeter chega são baseadas numa visão de *natureza humana*. As pessoas são egoístas, incapazes de se preocuparem com os interesses coletivos (mesmo quando eles as afetam). Ou seja, não adianta mudar as instituições, já que a causa da apatia e da desinformação não está nelas, mas nos próprios indivíduos. Mas se o indivíduo é ruim, a massa – aqui Schumpeter se baseia nos trabalhos, hoje desacreditados, de Gustave Le Bon – é pior, cega, age irracionalmente, levada por seus preconceitos. E não é por estar disperso pelos vários locais de votação que o eleitorado deixa de ser uma massa.

Mais tarde, Mancur Olson (1971 [1965], p.11) vai argumentar que a incompetência do cidadão comum para a tomada de decisões políticas decorre não de sua irracionalidade, como julga Schumpeter, mas de sua racionalidade. Para ele, o indivíduo racional é aquele que faz o cálculo de custo-benefício em suas ações. Como o peso do voto individual, numa eleição, é ínfimo, simplesmente *não vale a pena* cobrir os custos (em termos de esforço, tempo e mesmo dinheiro) de obter informações. De uma forma ou de outra, ambos chegam à mesma conclusão: o povo não sabe tomar decisões políticas.

Enterrada a "doutrina clássica", como crê Schumpeter, surge a necessidade de uma nova teoria da democracia. Em seu núcleo não está mais o governo do povo, mas a *competição entre elites*.

DEMOCRACIA E REPRESENTAÇÃO 53

Numa passagem famosa, que sintetiza seu esforço conceitual, ele define que "o método democrático é aquele arranjo institucional para chegar a decisões políticas em que os indivíduos adquirem o poder de decisão por meio de uma luta competitiva pelos votos do povo" (Schumpeter, 1976 [1942], p.269). O que ocorre, portanto, é a aceitação do dogma essencial dos elitistas – a maioria é incapaz de governar – e a produção de um conceito de democracia que se adapte a ele. A democracia fica resumida ao processo eleitoral, que Schumpeter julga compatível com quaisquer formas de restrição do direito de voto (um ponto que os schumpeterianos posteriores modificarão). Ele enfatiza a importância da liberdade para a apresentação de candidaturas, mas, numa nota de rodapé cínica, explica que usa a expressão "no mesmo sentido de que qualquer pessoa é livre para instalar uma nova fábrica têxtil" (Schumpeter, 1976 [1942], p.272). Ou seja, trata-se de uma liberdade formal, cuja efetivação só é viável para aquelas que possuem determinados recursos (tanto econômicos quanto culturais).

O modelo desenhado por Schumpeter é um retrato bastante fiel dos regimes políticos ocidentais, que permite que eles se apresentem como verdadeiras democracias. Mas é, de fato, um rebaixamento do ideal democrático. Significa a negação da possibilidade de qualquer forma substantiva de soberania popular. A participação do cidadão comum é reduzida ao mínimo, ao ato de votar; Schumpeter condena qualquer manifestação popular, até mesmo o simples envio de cartas aos representantes, como uma intromissão indevida dos governados nas ações dos governantes. Como observou um comentarista, é uma visão de democracia inspirada nos cartazes pregados nos ônibus: "Não fale com o motorista enquanto o veículo estiver em movimento" (Catephores, 1994, p.15).

Ao mesmo tempo, o momento central da democracia concorrencial, a eleição, é desprovido de qualquer conteúdo, pois não indica a vontade do povo, nem mesmo a da maioria. Até a salvaguarda dos direitos individuais, função que os "democratas protetores" do século XVIII atribuíam ao direito de voto, é desprezada. Para Schumpeter, o método eleitoral parece ter sobretudo um caráter

54   LUIS FELIPE MIGUEL

legitimador, importante desde que outros modelos de dominação política, em especial as monarquias hereditárias, perdiam legitimidade. Ao votar, o povo não decide nada, mas pensa que decide, e por isso se dispõe a obedecer aos governantes.[10] É importante assinalar que a legitimidade do modelo depende basicamente de sua vinculação com o significado etimológico da democracia. A ressemantização promovida com a virada schumpeteriana permite colher certos frutos simbólicos da democracia-enquanto-governo-do-povo, sem que se procurem arranjos institucionais voltados para realizá-la.

A principal inspiração oculta para a teoria de Schumpeter parece ser a obra de Thomas Hobbes. Como o filósofo inglês do século XVII, ele combina os elementos – à primeira vista discrepantes – de origem popular do poder e plena independência de ação para os governantes. O ponto de partida de Hobbes é um estado natural marcado pela ausência de um poder superior, no qual os indivíduos vivem em situação de conflito potencial permanente. Embora seja exagero ver em Schumpeter algo análogo à hobbesiana "guerra de todos contra todos", sua percepção da sociedade também é atomística, na medida em que vê cada indivíduo como preso a seus interesses privados e nega a possibilidade de construção de vontades coletivas. O processo eleitoral cumpre, na versão schumpeteriana, papel similar ao do pacto de instauração da sociedade; é o momento da transferência de poder dos indivíduos isolados para os governantes. A partir daí, cabe ao cidadão o dever de obediência, uma obediência que se julga livremente consentida, pois nasceu de um presumível ato de vontade.

É significativo observar que tanto para Hobbes como para Schumpeter a principal preocupação não é com a liberdade ou a autonomia dos integrantes da comunidade, mas com a estabilidade política – que, para o filósofo inglês, se confunde com o tema da "segurança" ou da "paz civil". Ele julgava que apenas um poder

---

10   O que se liga à *irracionalidade*, apresentada por Schumpeter como uma característica da ação do indivíduo comum na esfera pública, em contraste com a motivação *racional* para a formação do contrato na narrativa de Hobbes. Devo esta observação a Luiz Henrique Vogel.

DEMOCRACIA E REPRESENTAÇÃO   55

soberano absoluto impediria o renascimento dos conflitos entre os súditos. No caso do Leviatã democrático de Schumpeter, a discussão é um pouco mais complexa. Ele percebe a vinculação entre estabilidade e legitimidade governamentais. Sua democracia é um método desprovido de qualquer conteúdo substantivo; mesmo o momento central da democracia concorrencial, a eleição, não indica a vontade do povo, nem mesmo a da maioria.

No entanto, a democracia possui efeitos potencialmente desestabilizadores, devidos em parte à ocorrência de eleições periódicas. Ao contrário de Hobbes, Schumpeter inclui em seu sistema a renovação da delegação de poder, de tempos em tempos, como condição necessária de reatualização da legitimidade das instituições (e, portanto, da manutenção da obediência dos governados). Mas mesmo o mero processo eleitoral possui um caráter subversivo, permitindo que, eventualmente, a população imponha determinadas prioridades aos donos do poder. Trata-se de uma preocupação recorrente no pensamento conservador, que gostaria de limitar o alcance e a abrangência das decisões do eleitorado. Hayek, por exemplo, propôs mandatos parlamentares de quinze anos, além de considerar que as estruturas básicas do mercado deveriam ser impermeáveis a decisões dos representantes escolhidos.[11]

Um ponto crucial do legado de Schumpeter é a mudança na compreensão do processo eleitoral, que deixa de ser um *meio* para a realização da democracia (o governo do povo) para ser a democracia *em si*. O outro ponto é a exaltação da apatia política, tema desenvolvido por autores posteriores. Para Seymour Lipset, a baixa participação política demonstra que o regime democrático vai bem, que possui alto grau de aprovação. Ele chega a afirmar que, em sistemas de voto facultativo, quanto maior a taxa de abstenção eleitoral, mais firme está a democracia (Lipset, 1963 [1960], p.227). Samuel Huntington é mais sutil: não é a apatia que é um bem, mas

---

11 Hayek propõe um sistema bizarro, no qual os cidadãos votariam uma única vez para o parlamento, no ano em que completassem 40 anos. Os representantes seriam escolhidos também entre aqueles que estavam completando 40 anos e teriam um mandato de quinze anos, obviamente não renovável (Hayek, 1973).

56 LUIS FELIPE MIGUEL

a participação que é um mal. O excesso de participação aumenta os conflitos sociais, põe em risco a continuidade do sistema, gera um excesso de demandas que o Estado é incapaz de processar (Huntington, 1975a [1968]). No celebrado relatório à Comissão Trilateral, Huntington (1975b) chegou à conclusão de que, justamente por causa disso, as democracias são "ingovernáveis": cada vez que o Estado atende a uma demanda popular, incentiva a apresentação de novas e mais extravagantes exigências.[12] Ingovernável, mas indispensável como fator de legitimação, a democracia estava numa encruzilhada.

Em suma, para essa corrente de pensamento, a apatia demonstra a satisfação com o sistema político, impede o acirramento das diferenças na sociedade e diminui as pressões sobre o Estado. O resultado é maior *estabilidade* (ou "governabilidade", para usar o jargão da ciência política). De forma quase imperceptível, promove-se um deslocamento de valores com a estabilidade sendo erigida em meta da organização política no lugar do ideal democrático de autonomia.

A visão de Schumpeter é profundamente desencantada quanto às possibilidades de a democracia cumprir quaisquer de suas promessas fundamentais – governo do povo, igualdade política, participação dos cidadãos na tomada de decisões. Vários dos autores inspirados por ela, no entanto, fizeram esforços para aproximar essa teoria dos valores democráticos básicos. Anthony Downs, por exemplo, declarava se basear nos "brilhantes *insights*" de Schumpeter (Downs, 1957, p.29), mas concluía que a combinação entre eleitores pouco interessados e políticos competindo pelo voto representava a mais perfeita forma de governo do povo.

Para tanto, ele transformava uma das premissas do economista austríaco, postulando que os cidadãos têm interesses identificáveis e são capazes de perceber se eles estão sendo bem atendidos ou não. Como o governante precisa do voto de todos para permanecer no poder, o *seu* interesse objetivo é realizar os interesses dos outros (e, assim, manter sua confiança). O modelo possui graves fragilidades,

---

12 Essa questão é discutida no capítulo "As dimensões da representação".

DEMOCRACIA E REPRESENTAÇÃO   57

pois se baseia numa visão demasiado esquemática do comportamento tanto dos cidadãos comuns quanto dos políticos, e elimina do modelo os grandes intermediários do jogo político, como os grupos de interesse corporativo, financiadores de campanha e meios de comunicação.[13] Downs procurou demonstrar que, dado o mecanismo da competição eleitoral, o desinteresse dos cidadãos pela política *não* significa que suas vontades deixarão de ser levadas em conta pelos governantes. Já Giovanni Sartori, vinculado à denúncia schumpeteriana da irracionalidade do cidadão comum, julga que a baixa participação política é a chave para a realização da democracia como "meritocracia" ou processo seletivo dos mais aptos a governar (Sartori, 1994 [1987]).

A demonstração da impossibilidade de realização da democracia, num espírito próximo ao de Schumpeter, mas de maneira mais formalizada, está no cerne da influente obra de William Riker (1982). Ele enfatiza, por um lado, a dependência das decisões em relação aos sistemas eleitorais, isto é, que a manipulação dos mecanismos decisórios afeta os resultados. Por outro, aponta as patologias da racionalidade coletiva, em especial o chamado "paradoxo de Condorcet", mencionado no capítulo anterior, que mostra como um conjunto de indivíduos racionais pode chegar a decisões coletivas incoerentes. A conclusão é que a ideia de um governo do povo é sempre ilusória. Conforme já foi demonstrado, o edifício teórico de Riker se sustenta na premissa duvidosa, crucial também para Schumpeter, de que a democracia se resume ao ato de votar (Mackie, 1988). Quando outros ingredientes são acrescentados, como a *discussão*, tal como fazem os teóricos da democracia deliberativa, os problemas "insolúveis" apontados por Riker são, em grande medida, superados.

A vinculação com o legado schumpeteriano é bem mais complexa na teoria pluralista de Robert A. Dahl, que influenciou de modo decisivo a concepção liberal dominante de democracia. Nela, a

---

13 Cf. Przeworski (1995 [1990], p.37-9); Pizzorno (1993); Miguel (2002).

58 LUIS FELIPE MIGUEL

presunção do desinteresse do eleitorado é relativizada. Para Dahl, os cidadãos são, sim, apáticos quanto à maioria das questões da agenda política, mas podem se mobilizar quando um de seus interesses específicos é colocado em questão. Se não podemos contar com o governo do povo ou mesmo com o governo da maioria, podemos ao menos ter um sistema político que distribua a capacidade de influência entre muitas minorias. As eleições ocupam uma posição central num ordenamento poliárquico não porque introduzem um "governo de maiorias de qualquer maneira significativa, mas [porque] aumentam imensamente o tamanho, o número e a variedade de minorias cujas preferências têm que ser levadas em conta pelos líderes quando fazem escolhas políticas" (Dahl, 2006 [1956], p.132).

O pluralismo guarda problemas comuns às teorias liberais, a começar pelo isolamento da esfera política em relação ao restante do mundo social. As desigualdades presentes na sociedade são vistas como congeladas do lado de fora de uma arena política impermeável a elas, o que sustenta as ficções dos "cidadãos iguais perante a lei" e dos "contratos entre pessoas livres e iguais". No entanto, as desigualdades materiais e simbólicas transbordam para a arena política, contribuindo para impedir que determinados grupos tenham acesso pleno a ela ou nela sejam capazes de promover eficazmente seus interesses.

Além disso, a percepção pluralista da democracia promove a redução da política a um processo de escolha, no qual, por uma premissa metodológica, considera-se que todos os cidadãos são guiados por um "entendimento esclarecido de seus interesses" (Dahl, 1989, p.182). É um movimento que distancia Dahl dos elitistas, por sustentar que os cidadãos comuns têm a capacidade de compreender e definir aquilo que desejam. A negação de tal premissa levaria à legitimação de ditaduras paternalistas, que dariam aos indivíduos aquilo que, embora eles não soubessem, mais bem corresponderia a seus "verdadeiros" interesses. Porém, com esse movimento, a denúncia do paternalismo deságua na cegueira em relação à construção dos interesses, isto é, das vontades e identidades coletivas. Esse momento é suprimido da política; em seu lugar, resta uma agregação

DEMOCRACIA E REPRESENTAÇÃO **59**

mecânica de preferências preexistentes. O aspecto comunicativo da atividade política é esvaziado. São os democratas deliberativos que vão desenvolver essa crítica, conforme será visto no próximo capítulo. Em todas essas correntes de pensamento, permanece a intenção de adequar uma compreensão de democracia em que o componente antes central, o governo do povo, é deixado de lado. Samuel Huntington, que afirma sem rodeios que eleições são "a essência da democracia", sumariza da seguinte forma as discussões sobre teoria democrática a partir da metade do século XX:

> Por algum tempo depois da Segunda Guerra Mundial, travou-se um debate entre aqueles que, na linha clássica, definiam democracia segundo fonte [das decisões] ou propósito e o crescente número de teóricos que aderiam ao conceito processual de democracia, à maneira schumpeteriana. Nos anos 1970 o debate tinha terminado e Schumpeter vencera (Huntington, 1994 [1991], p.16).

Não é bem assim, claro. Houve e há esforços notáveis de construção de novos modelos de democracia que põem em xeque a redução schumpeteriana. Mas não é menos verdade que ela ocupa um lugar central nas discussões sobre a questão. Mesmo aqueles que defendem uma democracia mais autêntica e vinculada a seu sentido original precisam lidar, em primeiro lugar, com o legado de Schumpeter. Por vezes, seus esforços são desdenhados como "prescritivos" enquanto a verdadeira ciência, aí incluída a "ciência política", deve ser descritiva e isenta de valores (Sartori, 1994 [1987]; Huntington, 1994 [1991], p.16). Sem discutir a possibilidade de tal isenção no discurso científico em geral (e nas ciências sociais em particular), cabe notar que a distinção é enviesada. A corrente inaugurada por Schumpeter está tão carregada de valores quanto suas adversárias. Ao aplicar o rótulo, politicamente prestigioso, de "democracia" aos regimes eleitorais do Ocidente, ao virar do avesso o conceito de democracia para adequá-lo a tais regimes e ao negar a possibilidade de qualquer avanço em direção a um regime mais participativo, ela cumpre um relevante papel legitimador do *status quo*. Isto é, possui um inocultável caráter político conservador.

O significativo é que essa teoria da democracia, hoje predominante, tenha adotado, como visto, os pressupostos de uma corrente de pensamento destinada precisamente a combater a democracia: o elitismo. O principal ideal da democracia, a autonomia popular, entendida no sentido preciso da palavra, a *produção das próprias regras*, foi descartado como quimérico. No lugar da ideia de poder do povo, colocou-se o dogma elitista de que o governo é uma atividade de minorias. A descrença na igualdade entre os seres humanos – que, tradicionalmente, era vista como um quase sinônimo da democracia – levou, como corolário natural, ao fim do preceito do rodízio entre governantes e governados.

Não se trata de negar os elementos positivos presentes nos regimes eleitorais, em geral herdeiros do liberalismo. Ainda que as condições necessárias para seu pleno usufruto estejam muitas vezes ausentes, as liberdades e os direitos individuais (de consciência, expressão, imprensa, associação, manifestação, movimento etc.) não podem ser desdenhados como apenas "formais", eles criam um ambiente político incomparavelmente melhor do que em regimes em que estão ausentes. E, como Guillermo O'Donnell (1999, p.582-8) procurou mostrar, mesmo a concepção mínima de democracia em Schumpeter acaba por exigir tais liberdades e direitos, como consequência lógica de sua postulação. Mas continua faltando muito, quase tudo, para se chegar perto daquilo que, até o século XIX, era entendido por democracia, tanto por seus partidários quanto por seus muitos adversários: um regime em que o poder político está, *de alguma maneira*, nas mãos do povo comum.

O consenso que cerca hoje a democracia contribui para essa situação. Até a segunda metade do século XIX, o discurso predominante era antidemocrático; por exemplo, Disraeli, quando primeiro-ministro britânico, justificava um projeto de ampliação do direito de voto, afirmando que se tratava de um "bastião contra a democracia" (apud Hirschman, 1992 [1991], p.81). Não é difícil perceber que o consenso favorável à democracia cresce conforme seu

DEMOCRACIA E REPRESENTAÇÃO **61**

conteúdo se dilui e, ao contrário do que esperava Marx e temiam os políticos da burguesia, fica evidenciada a compatibilidade entre o sufrágio universal e a dominação da maioria pela minoria.

Ao dar fundamento teórico aos regimes eleitorais autodenominados como democracia, Schumpeter e seus seguidores tentam neutralizar aqueles que reivindicam um regime mais participativo e igualitário. Mas a ideia de "governo do povo" – no sentido da igualdade efetiva na tomada das decisões públicas – insiste em permanecer à tona, ao menos como um parâmetro normativo que revela quão pouco os regimes ocidentais realizaram as promessas do rótulo que carregam. Por trás das "democracias realmente existentes" de hoje, domesticadas, que aceitam todas as desigualdades sociais, o ideal democrático continua mantendo potencial subversivo.

O chamado "deliberacionismo" – uma dentre as múltiplas vertentes teóricas que procuram apresentar uma alternativa à democracia elitista, capaz de preservar melhor os valores fundantes do ideal democrático – ganhou preeminência a partir dos anos 1980. Seu foco nas trocas comunicativas e no processo de produção das preferências representa um saudável alargamento de horizontes em relação à doutrina liberal hegemônica. No entanto, os deliberacionistas têm dificuldade de manejar categorias essenciais para o entendimento da política como conflito, interesse, dominação e poder, o que limitou o alcance de sua mirada crítica e permitiu uma crescente acomodação à ordem vigente. É o que pretendo demonstrar no próximo capítulo.

OS LIMITES DA DELIBERAÇÃO

A mais fundamental das deficiências da abordagem schumpeteriana da democracia, conforme foi discutido no capítulo anterior, está ligada à percepção atomística da vida social e da política, que deixa de fora os processos de produção das vontades individuais e coletivas. De acordo com a corrente dominante da teoria democrática, a democracia é, na melhor das hipóteses, um método de agregação, pelo mecanismo eleitoral, de preferências individuais consideradas como preexistentes e formadas na esfera privada. Na pior das hipóteses, tais preferências são consideradas irrelevantes, uma vez que os cidadãos não conseguem ter vontades efetivas em relação às questões públicas. Mesmo no primeiro caso, a democracia é desprovida de sentido, dados os fenômenos de formação de ciclos de votação e de voto estratégico, conforme tentou mostrar Riker (1982). Fica claro que nenhuma teoria democrática substantiva pode ser construída sem que se amplie seu alcance para além do mero momento eleitoral.

Não se trata de algo circunscrito à teoria. As limitações da democracia eleitoral se tornaram patentes, nos países centrais, a partir dos anos 1960, quando os índices de comparecimento às eleições começaram a baixar consistentemente e ocorreram explosões de insatisfação, sobretudo entre estudantes, trabalhadores e integrantes

64   LUIS FELIPE MIGUEL

de várias minorias. Nos anos 1970, uma florescente tendência do pensamento político procurou retrabalhar a concepção de democracia, privilegiando a participação política popular.[1] Alguns críticos, como Giovanni Sartori, julgaram que eram tentativas de retorno à democracia direta, portanto ilusórias e irrealizáveis. Na verdade, os autores "participacionistas" propunham modelos bem mais complexos, que conservavam a representação política, mas combinavam-na com a gestão direta na base, esperando que esta última exercesse efeitos benéficos sobre a primeira.

Através da participação efetiva nos locais de moradia, trabalho ou estudo, surgiriam oportunidades para a obtenção de informações sobre o mundo à volta, com um conhecimento mais efetivo sobre o funcionamento da política e da sociedade. O resultado seria, em primeiro lugar, uma maior autonomia coletiva, devido ao controle assumido sobre esferas importantes da vida cotidiana. Mas também era esperada a melhoria na qualidade da "macropolítica". Graças à aprendizagem propiciada pela participação direta, os cidadãos estariam mais bem capacitados para tomar decisões e, em especial, para eleger, supervisionar e dialogar com seus representantes. A accountability, que tende a funcionar precariamente na democracia eleitoral, seria aprimorada com o treinamento oferecido pela participação na base. A compreensão desse vínculo entre os níveis micro e macro, que recupera o caráter educativo da atividade política apontado por pensadores como Rousseau e Stuart Mill, é essencial para que o modelo participativo ganhe sentido.

Fica claro, desde já, que o modelo guarda uma completa incompatibilidade com a propriedade privada dos meios de produção. Uma vez que o trabalho é um dos espaços fundamentais da vida de mulheres e homens, nele também deve ser exercida a autonomia; mas a propriedade privada implica a subordinação dos trabalhadores aos detentores do capital – não é concebível num sistema capitalista

---

1 Entre os exemplos mais significativos estão Pateman (1992 [1970], 1985 [1979]), Macpherson (1978 [1977]), Bachrach (1980) e Mansbridge (1983 [1980]).

DEMOCRACIA E REPRESENTAÇÃO 65

que as decisões sobre produção, investimentos, salários, gestão do trabalho e preços sejam deixadas nas mãos dos empregados.

Ao mesmo tempo, a democracia participativa também não combina com o planejamento centralizado. Mesmo que o plano central fosse fruto de uma ampla discussão na sociedade, como não ocorria no sistema soviético, no âmbito de cada empresa ele surgiria como uma decisão heterônoma (Gorz, 1988, p.57-8). Desta forma, os teóricos da democracia participativa inclinavam-se por um regime autogestionário, que concedesse aos trabalhadores o poder dentro da própria empresa, e às empresas as decisões sobre sua própria condução. A essa conclusão chegaram tanto autores que partiam de uma posição liberal, como Robert Dahl (1990a [1985]), quanto aqueles que vinham de vertentes mais radicais, como Carole Pateman (1992 [1970]).

A corrente participacionista fazia uma aposta, talvez excessiva, na disposição das pessoas para o envolvimento político, julgando que a apatia presente seria efeito apenas da ausência de oportunidades e do desestímulo estrutural. Estudos sobre processos de tomada de decisão em nível local revelaram certas desfuncionalidades, bem como a permanência de desigualdades, que a teoria em geral ignorava.[2] O entusiasmo com experiências de autogestão, em especial com as que ocorriam na Iugoslávia, recuou à medida que se obtiveram dados mais acurados sobre seu real funcionamento (Pateman, 1989, p.168-9).

A partir dos anos 1980, a corrente participativa perdeu espaço e cedeu o posto de principal alternativa à visão hegemônica da democracia para uma nova vertente teórica: a chamada "democracia deliberativa", cujas principais matrizes são as filosofias de Jürgen Habermas e, em menor medida, de John Rawls. O filósofo pós--frankfurtiano alemão e o filósofo liberal estadunidense divergem em origem, trajetória, preocupações e estilo; mas têm em comum o apreço pela razão humana e a crença de que, dadas as circunstâncias adequadas, ela pode nos orientar em direção à superação dos nossos

---

2 Cf. Mansbridge, 1983 [1980].

66   LUIS FELIPE MIGUEL

dilemas morais e à correta fundamentação das normas que regem nossa vida em comum.

Os democratas deliberativos incorporam parte significativa do ideal participacionista; no entanto, apresentam uma nova ênfase dos mecanismos discursivos da prática política. Segundo a síntese de Joshua Cohen, julgam que as decisões políticas devem ser tomadas por todos que estarão submetidos a elas, através do "raciocínio público livre entre iguais" (J. Cohen, 1998, p.186).[3] Trata-se de um esforço importante para avançar na compreensão do sentido da democracia, que transcende o pretenso empirismo da vertente hegemônica, schumpeteriana, por levar em conta, como diz o próprio Habermas, "o sentido normativo genuíno da compreensão intuitiva da democracia" (Habermas, 1997 [1992], v.II, p.18).

Em primeiro lugar, a corrente rompe com a percepção da democracia como simples método para a agregação de preferências individuais já dadas. Longe de constituírem elementos prévios, as preferências são construídas e reconstruídas por meio das interações na esfera pública, em especial do debate entre os envolvidos. Em segundo lugar, há a ênfase na igualdade de participação, um aspecto constitutivo do sentido clássico da democracia, mas relegado a plano secundário pelas vertentes hegemônicas da teoria democrática contemporânea. Por fim, a *autonomia* – isto é, a produção das normas sociais pelos próprios integrantes da sociedade – é resgatada como o valor fundamental que guia o projeto democrático.

Da mesma forma que a democracia participativa, a deliberativa se apresenta como um modelo normativo que produz a crítica da política vigente a partir de um parâmetro ideal. Esse ideal, porém,

---

3 Para definições paralelas, cf. Dryzek (2001, p.662) e Benhabib (1996, p.68-70). James Bohman, por sua vez, apresenta uma definição mais complexa, na qual a deliberação pública é "um processo dialógico de troca de razões com vistas a resolver situações problemáticas que não podem ser arranjadas sem coordenação e cooperação interpessoal", enfatizando que "não é tanto uma forma de discurso ou argumentação quanto uma atividade conjunta e cooperativa" (Bohman, 1996, p.27). A formulação diferente e a ênfase no caráter prático, no entanto, não ocultam a centralidade do discurso racional e da busca por soluções consensuais.

DEMOCRACIA E REPRESENTAÇÃO **67**

remete a uma matriz histórica (ou pseudo-histórica), a "esfera pública burguesa" descrita por Habermas em sua influente tese de 1962. A partir de uma reflexão sobre o surgimento da opinião pública, na França, na Alemanha e, sobretudo, na Inglaterra dos séculos XVIII e XIX, o filósofo apresenta uma visão da "boa política", caracterizada pela discussão livre das questões de interesse coletivo (Habermas, 1984 [1962]). Os cafés ingleses são o emblema desse mundo; neles, os estranhos – homens, uma vez que as mulheres não ingressavam nestes espaços – conversavam entre si, em pé de igualdade, sem distinções de *status* ou de posição, assumindo que os problemas públicos interessavam a todos e podiam ser discutidos, de forma legítima, pelos cidadãos privados. A imprensa funcionava como elo entre os múltiplos debates travados nos diferentes cafés ou salões. Contra o pano de fundo desse ideal normativo, Habermas lamenta a decadência atual da esfera pública, manipulada por estratégias publicitárias.

Em obra posterior, Habermas substituiu o conceito de esfera pública pela teoria análoga, porém mais abstrata, da ação comunicativa. O ideal normativo que guia sua reflexão é a ação voltada para o entendimento mútuo, por meio do diálogo, em oposição à ação estratégica, que procura apenas o sucesso e utiliza caracteristicamente operadores sistêmicos como o poder e o dinheiro. Mas, quando elabora sua teoria da ação comunicativa, o filósofo alemão trabalha em tal grau de abstração que, a rigor, não é possível falar numa teoria da democracia. A sua preocupação específica com a política – vista de início sob uma perspectiva integralmente negativa, como um dos instrumentos de colonização da vida cotidiana, o "mundo da vida" – só vai aparecer na última obra importante de Habermas, *Direito e democracia*, lançada na Alemanha em 1992, na qual ele também recupera o conceito de esfera pública e o integra num modelo normativo de funcionamento da democracia.

No entanto, nesse momento o impulso crítico de sua obra já está esvaziado. Habermas vai abandonar a preocupação com a colonização do mundo da vida pelos operadores sistêmicos – dinheiro e poder – que coordenam, de maneira crescente, as relações interpessoais. A

68 LUIS FELIPE MIGUEL

ação comunicativa passa a ser vista como garantidora, em última instância, da integração da sociedade, num modelo em que as tensões entre os diferentes tipos de racionalidade e as esferas sistêmica e do mundo da vida tornam-se bem mais brandas (ou mesmo desaparecem), dando lugar a uma perspectiva mais harmônica, de mera diversificação funcional (Habermas, 1997 [1992], v.I, p.45).[4] Como observou John Dryzek, Habermas inscreve-se no movimento mais geral, dentro da corrente deliberativa, de acomodação com o constitucionalismo liberal. Em *Direito e democracia* verifica-se uma "reconciliação" com "fatos [pretensamente] imutáveis do mundo moderno", vinculados à estrutura político-econômica, e a possibilidade de mudança é restrita ao ordenamento legal (Dryzek, 2000, p.24).[5] Isso levaria Habermas, por exemplo, a estabelecer um modelo pelo qual a opinião pública gera influência, que se transforma em "poder comunicativo" através de eleições; este, por sua vez, se torna "poder administrativo", por meio da legislação (Habermas, 1997 [1992], v.I, p.189-90). É, no mínimo, duvidoso se uma percepção tão estilizada do processo político será capaz de captar pelo menos uma parte de sua dinâmica real (Dryzek, 2000, p.25-6). O jogo de forças é despido de todas as suas condicionantes estruturais e o que sobra é uma versão mais sofisticada dos manuais escolares de civismo. Em suma, a aceitação acrítica da fixação de uma esfera política isolada das restantes esferas sociais é a própria capitulação diante do constitucionalismo liberal.

Ao contrário do que julga Dryzek, tal movimento não é uma "virada" imprevista no pensamento de Habermas, mas o aprofundamento de um traço já presente em sua obra desde a tese sobre a esfera pública. A idealização da esfera pública burguesa dos séculos XVIII e XIX demonstra uma notável insensibilidade ao problema da exclusão de grupos sociais. Trabalhadores e mulheres, para citar

---

4 Para uma crítica focada neste ponto, cf. D. Cook, 2001.

5 James Bohman prefere ver, nos últimos escritos de Habermas, um "crescente pessimismo" quanto à possibilidade de aprofundamento da democracia, mas trata-se de generosidade sua: acomodação é um termo mais adequado (Bohman, 1996, p.14).

DEMOCRACIA E REPRESENTAÇÃO **69**

os exemplos mais evidentes, estavam ausentes da esfera pública burguesa. Habermas não deixa de perceber e anotar tal ausência. Mas ela aparece como algo contingente e não como estruturadora de características centrais da esfera pública burguesa setecentista e oitocentista. Trata-se de grave equívoco, pois a abertura para o diálogo e o espírito de *fair play* – que parecem comandar as discussões sobre questões de interesse comum – só são possíveis na medida em que estão eliminados, de antemão, os principais focos de tensão social, como a distribuição da riqueza entre proprietários e não proprietários ou a organização da vida doméstica.

Assim, Habermas reproduz, em seu modelo da esfera pública, as premissas dos teóricos liberais do contrato social. A igualdade substantiva não é importante, uma vez que todos podem discutir *como se* fossem iguais, isto é, a produção de direitos formais de cidadania surge como condição suficiente para a efetivação do debate público ideal. As condições de acesso à esfera pública não são tematizadas, o que permite deixar de lado, como secundária, a exclusão dos trabalhadores e das mulheres. No entanto, da mesma forma que se demonstrou para o contratualismo liberal, tais condições de acesso são cruciais e moldam a configuração de toda a sociedade. A esse respeito, é essencial a contribuição de Carole Pateman, que colocou em xeque a noção liberal do *contrato* como instrumento que gerava obrigações livremente consentidas, porque fruto de acordo entre partes que são de antemão aceitas como "livres e iguais". O contrato funciona, muitas vezes, dado seu caráter ostensivamente voluntário, como a objetivação e a legitimação de relações de desigualdade e dominação; nesse caso, o contratante assume, como obrigação autoinstituída, aquilo que é apenas reflexo da falta de opção.[6]

Essa linha divisória entre o mundo da economia (desigual) e o da política (igualitário) é uma das marcas do pensamento liberal, presente no ordenamento jurídico contemporâneo. Suas origens, no entanto, podem ser buscadas em Aristóteles (1991 [c. 330 a.C.],

---

6 Cf. Pateman, 1985 [1979], 1988; e também os ensaios sobre sua obra reunidos em O'Neill, Shanley e Young [eds.], 2008.

70 LUIS FELIPE MIGUEL

p.109-10), para quem ricos e pobres tendiam a desvirtuar o sentido da igualdade política. Os primeiros julgavam que, por serem superiores na riqueza, deveriam sê-lo também no poder; os últimos acreditavam que, sendo iguais no poder, tinham direito à igualdade também na riqueza.

Hannah Arendt apresenta uma versão mais sofisticada, argumentando que os problemas sociais, entre os quais se inclui a desigualdade material, degradam a política, que deixa de ser a expressão da ação humana em coletividade para se tornar um mero "meio de atingir outra coisa" (Arendt, 1987 [1958], p.242). A emergência da "questão social", com a procura pela satisfação das necessidades materiais mais prementes da população pobre, é apresentada como a causa da corrupção das revoluções, a começar pelo Terror na Revolução Francesa: "a revolução havia mudado de rumo, não visava mais à liberdade, seu objetivo passara a ser a felicidade do povo" (Arendt, 2011 [1963], p.94).

A liberdade surge, assim, como uma categoria puramente metafísica, que não se conecta às condições efetivas de vida. Embora critique o idealismo arendtiano, afirmando que não se pode reduzir a política "à práxis daqueles que conversam entre si, a fim de agirem em comum" (Habermas, 1980 [1976], p.115), Habermas chega a uma posição basicamente idêntica. Os homens proprietários em sua idealizada esfera pública burguesa estão bem situados para conversar entre si e agir em comum, pois as vozes que poderiam discordar estão ausentes.

O ponto é capital, já que os principais desafios lançados às democracias eleitorais contemporâneas partem exatamente da necessidade de *inclusão* política; fato este percebido, já nos anos 1970, por teóricos conservadores como Samuel Huntington. No famoso relatório à Comissão Trilateral sobre a "ingovernabilidade" das democracias, mencionado no capítulo anterior, o cientista político estadunidense observa que o excesso de demandas que sobrecarrega os governos está ligado à mobilização de grupos sociais antes inertes. No caso dos Estados Unidos, a inclusão dos negros na vida política, a partir do movimento pelos direitos civis, é apontada como uma das

DEMOCRACIA E REPRESENTAÇÃO **71**

principais razões da crise da governabilidade (Huntington, 1975b, p.114). Se é possível discordar dos valores esposados por Huntington, para quem justiça, igualdade e autonomia devem sempre estar subordinadas a uma "estabilidade" que nada mais é do que a perpetuação do domínio de uma minoria, é difícil, por outro lado, negar validade a sua constatação de que ampliar a participação tensiona o sistema político, embora isso ocorra não tanto pela ampliação das "demandas" a serem processadas, como ele afirma, mas pela introdução do conflito de interesses em pontos onde, antes, um dos grupos estava silenciado.

Inclusão, no entanto, significa a capacidade efetiva de apresentação de demandas e a exigência de atenção às suas necessidades, e não apenas a franquia eleitoral. O direito de voto foi uma conquista importante de grupos antes marginalizados, como trabalhadores, mulheres e minorias raciais, mas revelou-se compatível, no longo prazo, com a manutenção do caráter impermeável das instituições políticas às suas demandas. De alguma maneira, a expansão do sufrágio contribuiu para neutralizar reivindicações mais radicais, em especial do movimento operário, deslegitimando formas mais eficazes de mobilização política. Afinal, para que organizar motins e barricadas, se era possível manifestar-se de maneira "pacífica e democrática" nas eleições (Hirschman, 1983 [1982])?[7] A eleição, além disso, atomiza os cidadãos chamados a participar na qualidade de indivíduos privados – com o reforço simbólico da "cabina indevassável", apelos normativos de "vote de acordo com sua consciência" etc. –, reduzindo a efetividade das identidades coletivas

---

7 A preocupação de Hirschman é analisar o tipo de satisfação que a participação política pode proporcionar. Embora as campanhas eleitorais possam ser vividas coletivamente, o voto propriamente dito é uma forma individualizada, pouco intensa e pouco expressiva de participação – portanto, gera pouco envolvimento e pouca satisfação. Seria possível acrescentar a influência de dois outros mecanismos, bem conhecidos da ciência política, que contribuem para moderar as reivindicações dos grupos dominados, quando canalizadas pelas instituições representativas: a tendência centrípeta da competição eleitoral e os fortes incentivos à barganha na ação parlamentar.

72   LUIS FELIPE MIGUEL

muito mais cruciais para a ação política dos grupos dominados do que para a dos dominantes.

Assim, quando Dahl (1971) apresenta liberalização (entendida como competição eleitoral) e participação (também eleitoral) como os dois eixos da democratização, ele gera uma definição mínima, elegante e operacional, mas paga o preço de deixar muita coisa importante do lado de fora. Trata-se de um recuo em relação ao modelo, mais complexo, de oito condições para a realização da democracia, que apresentara quinze anos antes (Dahl, 2006 [1956]). A questão não é, como por vezes se menciona, acrescentar uma "terceira dimensão" à poliarquia dahlsiana, como um grau mínimo de segurança social ou a elegibilidade (Weffort, 1992; Santos, 1998), por mais importantes que possam ser. A questão é perceber que um elemento capital da democracia é a capacidade que os diferentes grupos sociais têm de avançar na afirmação dos próprios interesses, algo que não é garantido apenas por regras institucionais, mas depende das condições de acesso ao debate público, da existência de fóruns próprios em que possam exercitar seu autoentendimento e, num nível ainda mais básico, do usufruto de condições materiais mínimas que propiciem o engajamento na atividade política.[8]

O projeto habermasiano tem dificuldade em lidar com a ideia de interesse, o que será discutido em seguida. Além disso, seu modelo comunicativo não se preocupa com a questão da inclusão. Não que Habermas não perceba a exclusão política vigente nas sociedades contemporâneas: ele a percebe, a indica e a condena de forma explícita, segundo um critério ético. Mas desenvolve sua teoria sobre o modelo utópico da "situação de fala ideal", em que a exclusão, por definição, não pode ocorrer. Tal situação é caracterizada por três regras: (1) qualquer contribuição pertinente ao debate pode ser apresentada; (2) apenas a argumentação racional é levada em conta; e (3) os participantes procuram atingir o consenso.

A regra (1) garante a ausência de repressão, já que não é possível censurar a participação no debate, e também a ausência de exclusão,

---

8   Cf. o capítulo "As dimensões da representação".

DEMOCRACIA E REPRESENTAÇÃO **73**

já que a discussão está franqueada a todos que possam contribuir para ele. Dois problemas evidentes emergem desa formulação. O primeiro e menor deles se refere à qualificação de "pertinente" quanto às contribuições aceitáveis no debate. Ora, boa parte de qualquer debate gira sempre sobre a pertinência ou não de determinados fatos ou especulações: a posição dos astros é pertinente para o esotérico, não para o cético. Ou há quem determine *a priori* a pertinência de cada contribuição, e aí temos um critério de exclusão, ou é necessário abandonar a qualificação e reconhecer que toda contribuição é válida até prova em contrário. O segundo problema, que é o decisivo e será desenvolvido em maior detalhe adiante, diz respeito à capacidade subjetiva que grupos e indivíduos em diferentes posições na estrutura social têm de produzir "contribuições pertinentes" a diferentes debates.

A regra (2) é uma regra de igualdade; na medida em que apenas a argumentação racional é levada em conta, está neutralizada a diferença de autoridade, de riqueza, de *status* ou qualquer outra. É claro que isto *nunca* ocorre: no mundo real, os debates sempre são desvirtuados por diferenciais de poder, de autoridade e mesmo de acesso à fala. E a regra (3) é uma condição de efetividade do debate, indicando que os participantes estão dispostos a assimilar o argumento dos outros e a não se prender a posições prévias.

Habermas está ciente de que seus critérios não são preenchidos na vida real e expõe a situação de fala ideal como um ideal normativo (se bem que não arbitrário). O problema é que, na maior parte de sua obra, ele não apresenta nenhuma ponte entre o ideal e a realidade. Sua "fala ideal" se assemelha, em certa medida, à "posição original" de John Rawls (em que um "véu da ignorância" afasta todas as desigualdades): um artifício que produz uma situação em que todos são abstratamente iguais, elidindo o desafio de como gerar uma sociedade igualitária a partir de uma condição de radical desigualdade.

A situação de fala ideal não é arbitrária – e essa é uma diferença importante em relação à posição original de Rawls – porque, para Habermas, a ausência de repressão, a igualdade entre os falantes e a busca pelo consenso são inerentes à natureza da linguagem. A "ação comunicativa", direcionada para o entendimento mútuo, está presente em potencial em cada ato de fala. É a *alternativa* à linguagem (o uso da força) que prescinde do entendimento mútuo. As características igualitárias e mesmo emancipatórias da linguagem apareceriam sobretudo no "mundo da vida", isto é, nas relações interpessoais cotidianas que escapam à mediação do dinheiro e do poder.

Há aqui um importante limite do ideal habermasiano. Inspirado num modelo de relações entre indivíduos, ele tem dificuldade de reconhecer a legitimidade da ação de *grupos* na arena política. Um grupo politicamente significativo tende a ser definido em termos de interesses compartilhados (ainda que a discussão mais recente procure matizar essa observação, falando de interesses em potencial ou, então, que os interesses não são necessariamente compartilhados, apenas a "perspectiva social" que os funda). Isto já fere, de imediato, a busca desarmada pelo consenso que está no coração do projeto de Habermas.

Desde os anos 1990, autores vinculados à teoria deliberativa têm tentado enfrentar esse problema. James Bohman, em particular, procurou romper com o ideal de imparcialidade dos "teóricos kantianos da democracia" (Habermas e Rawls), admitindo a possibilidade de uso público da razão mesmo quando os discursos são interessados. No entanto, os constrangimentos que a formulação de Bohman impõe aos participantes, que devem ser capazes de aceitar as razões alheias e permanecer abertos à "interpretação mútua", aproximam-se do discurso imparcial que tentava criticar (Bohman, 1996, esp. p.45-6 e 93-4).

A dificuldade do projeto habermasiano para lidar com grupos possui, ainda, outra fonte, além do ideal de exilar o interesse da arena política. Sua ação comunicativa se funda expressamente no modelo da comunicação face a face, tal como ocorreria nos espaços do mundo da vida. É uma comunicação gerada pelo convívio entre indivíduos como tais, isto é, que não se apresentam como representantes ou porta-vozes de grupos específicos. De fato, em nossa vida cotidiana, embora tenhamos consciência de que o indivíduo A é negro e o indivíduo B é branco, e mesmo que preconceitos sobre

DEMOCRACIA E REPRESENTAÇÃO **75**

o caráter de negros e brancos influenciem nossa atitude, não imaginamos que A e B estejam "representando" seus grupos raciais, no sentido político do termo, nem esperamos que pautem suas ações pela promoção dos interesses de grupo.

O problema é que a comunicação face a face é um modelo impróprio para o entendimento da política, *exatamente por descartar a questão da representação*. Nas sociedades contemporâneas, com sua complexidade e dimensões, a representação é ineludível; e é esse o fato que torna complexa a construção de qualquer ordem democrática que supere a mera transferência da soberania popular para uma elite, por intermédio da autorização eleitoral.

Sem representação, o desafio crucial da vinculação entre vontade popular e decisões políticas está eliminado – e, portanto, o problema da construção da democracia, embora não fique resolvido, é consideravelmente simplificado. Mas esse salto não é concebível, e a representação deve permanecer. Duplamente, aliás: há representação tanto na tomada de decisões (a representação política em sentido estrito), quanto no próprio debate público.

Essa questão torna a comunicação face a face um modelo pouco relevante para a construção da ordem política. Além disso, ela está marcada por uma série de desigualdades ignoradas pela idealização habermasiana. As diferentes posições sociais dos interlocutores contaminam a situação de fala que, portanto, é marcada por assimetrias. *Status*, dinheiro, poder ou o domínio do padrão linguístico culto condicionam, de formas muito sutis, o acolhimento dado à intervenção de cada um dos falantes, ainda que, na aparência, não agridam as exigências do "livre debate entre iguais". Como observou Pierre Bourdieu (2012, p.179-80), a interação comunicativa tanto manifesta quanto dissimula relações estruturais que não se esgotam nela.

Os problemas da comunicação face a face formam apenas um dos muitos flancos do ideal deliberativo. A crítica mais evidente (e, por isso, mais explorada na literatura) diz respeito à impossibilidade prática de efetivação de um debate envolvendo todos os interessados, em sociedades extensas e populosas como as contemporâneas. É o problema típico das fantasias de ressurgimento da democracia

76 LUIS FELIPE MIGUEL

direta, das quais o deliberacionismo inicial pareceu, por vezes, ser uma vertente. Trata-se de um traço marcante na obra de Habermas.

Ele vê com suspeita todas as formas de mediação, incluindo tanto a representação política quanto os meios de comunicação de massa (Peters, 1993), compartilhando do que Iris Marion Young chama de "identificação errônea da mediação com a alienação" (Young, 1990a, p.233).

São dois os recursos que Habermas utiliza para escapar à mediação. Primeiro, a elevada abstração de sua construção teórica, que permite fugir ao enfrentamento das limitações (inclusive físicas) das sociedades reais. Depois, a distinção entre a estrutura administrativa (onde são tomadas as decisões e operam os mecanismos representativos) e a esfera pública discursiva, que é o polo carregado de positividade e que aparentemente prescindiria da representação, efetivando-se numa multiplicidade de locais e momentos.

As respostas de outros teóricos deliberacionistas ao desafio das questões de escala também são insatisfatórias.[9] Cohen diz simplesmente que trabalha em um nível de tal generalidade que objeções de caráter prático não se aplicam (J. Cohen, 1997, p.84). Aqueles que procuraram gerar modelos efetiváveis de democracia deliberativa postulam, em geral, a redução drástica da população a ser abrangida, restringindo o espaço da deliberação a fóruns já constituídos de representantes, quando não a órgãos como a Suprema Corte dos Estados Unidos ou mesmo a "elites capazes e virtuosas" (Bell, 1999, p.82); ou ainda a pequenas comunidades discursivas autoinstituídas, como as formadas nas "redes sociais" na internet. Com isso, abre-se mão de tratar de questões centrais, como o vínculo entre representantes e representados ou o impacto das assimetrias que fazem que algumas pessoas se disponham a participar da discussão política e outras não.

Há, ainda, a alternativa de enfatizar o aspecto "interno" do processo deliberativo, pelo qual cada indivíduo procura considerar as razões de todos os outros dentro de sua mente (Goodin, 2000).

---

9 Parte dessas respostas é discutida em Dryzek, 2001.

DEMOCRACIA E REPRESENTAÇÃO   77

Embora engenhosa, esta última solução compromete o funcionamento do principal benefício da deliberação coletiva: o contato com
argumentos e perspectivas alheios, o que exige interação real, e não
apenas imaginária. O problema da escala é uma faceta do irrealismo que contamina
boa parte da teoria deliberacionista. Ao postular e trabalhar com
determinadas "condições ideais", os obstáculos do mundo real
somem como em um passe de mágica. É o caso, notadamente, da
desigualdade material e do controle dos meios de comunicação de
massa. Outra faceta se liga à valorização do consenso. Para os deliberacionistas, a busca da concordância também é uma característica
própria da ação discursiva; conforme diz Carol Gould, "o *telos* do
discurso, o que caracteriza seu objetivo e seu método, é a concordância. [...] Diversidade pode ser a condição original de um discurso
polivocal, mas a univocidade é seu princípio normativo" (Gould,
1996, p.172).[10] Independentemente da avaliação que se faça desta
observação sobre a natureza do discurso, ela representa um ponto de
partida pouco confiável para a compreensão dos embates políticos,
que possuem um acentuado caráter agonístico onde o êxito vale mais
do que a harmonia.

Trata-se de um movimento mais amplo que o próprio deliberacionismo. Habermas e, ao lado dele, Rawls são os principais
responsáveis, mas não os únicos, pelo que pode ser chamado de uma
"virada consensualista" na teoria democrática, a partir das últimas
décadas do século XX. Percepções da política e da democracia que
enfatizam o valor, a necessidade e a possibilidade do consenso
ganharam preeminência, deslocando em primeiro lugar as narrativas
centradas na ideia de dominação, mas também acabando por atingir
o pluralismo liberal até então em posição hegemônica. E o fenômeno
não se verifica, como se poderia esperar, em teorias de integração
social, na esteira, por exemplo, do funcionalismo sistêmico ou do

---

10 Para um entendimento oposto sobre a natureza do discurso, cf. Bakhtine, 1978
[1975].

78 LUIS FELIPE MIGUEL

behaviorismo. Está presente nas visões que se apresentam como emancipatórias e herdeiras do pensamento crítico.

Enquanto teorias como as de Parsons ou de Skinner viam o consenso social como o resultado de mecanismos de adaptação e acomodação dos indivíduos a uma determinada ordem, as novas leituras julgam que ele é atingido exatamente quando os constrangimentos sociais são suspensos. O consenso seria uma possibilidade sempre em aberto (dada a faculdade da razão, que nós compartilhamos), quando não o objetivo implícito de toda interação humana.

No caso de Rawls, o foco está no valor da imparcialidade, apresentado graficamente por meio do "véu da ignorância", que impede que cada pessoa conheça sua posição na sociedade, incluindo também seus talentos, suas características pessoais e suas preferências (Rawls, 1971). Com isso, está eliminada a base para a produção de interesses diferenciados, portanto para o conflito de interesses. A parcialidade – o fato de que vemos o mundo a partir de uma posição particular e de que tendemos a desenvolver interesses associados a essa posição – é o mal a ser superado. Não vou aqui empreender a crítica ao valor da imparcialidade, um ideal inalcançável, no mais das vezes, a serviço de camuflar a imposição de uma perspectiva dominante e mais bem equipada para circular socialmente como universal.[11] O importante é que, no modelo de Rawls, não sobra espaço para o conflito político.[12]

O caminho de Habermas é diverso. A afirmação da superioridade do julgamento imparcial é mais matizada e menos central em seu pensamento. Mais importante é o entendimento, já indicado, de que o consenso é um objetivo presente, ainda que nem sempre declarado, em todas as trocas comunicativas. O que caracteriza o agir comunicativo, na tipologia de Habermas, é a busca do entendimento entre os participantes, em contraste com a ação instrumental ou com a ação estratégica, voltadas para o sucesso na consecução de objetivos

---

11 Cf. Young, 1990a.
12 Desenvolvo essa questão no capítulo "Representação e justiça".

DEMOCRACIA E REPRESENTAÇÃO   **79**

definidos de antemão.[13] Assim, o requisito de imparcialidade, em Habermas, é mais complexo do que em Rawls. A posição original anula as diferenças entre os indivíduos e, como já observaram inúmeros críticos de Rawls, seu suposto caráter dialógico é enganador: o diálogo entre razões abstratas idênticas é, na verdade, um solilóquio.[14] Já Habermas julga que a abertura para a fala do outro é um pressuposto implícito da comunicação – sem essa abertura, por que falar? – e que a exigência de atenção exclusiva ao argumento racional bloqueia a busca pela satisfação pura e simples dos próprios interesses. Com Habermas, mas não com Rawls, é possível trilhar um caminho que substitui a procura da imparcialidade pela inclusão das múltiplas posições sociais, como faz, por exemplo, Young (2000). Assim, em lugar de uma única perspectiva que tudo abarca, porque não está situada (o indivíduo sob o véu da ignorância), propõe-se uma miríade de perspectivas que coletivamente tudo abarca porque estão situadas em todas as posições.

Mas, ainda no caso (improvável) de uma sociedade na qual todos dialogassem desinteressadamente, é plausível afirmar que o consenso não seria obtido. Uma das características fundantes da modernidade, como bem mostrou Weber, é o conflito entre valores divergentes, irredutíveis uns aos outros, sem que haja uma maneira objetiva de determinar qual valor é o mais elevado. Michael Löwy observa que, no modelo de Habermas, seria como se

os conflitos de interesses e de valores entre classes sociais, ou a "guerra dos deuses" na sociedade atual, entre posições morais, religiosas ou políticas antagônicas, pudessem ser resolvidos por um simples paradigma de comunicação intersubjetiva, de livre

---

13 Cf. Habermas, 2003 [1981], v.I.
14 Uma leitura diversa é apresentada por Okin, que lê a posição original como um artifício que faz com que cada um se coloque simultaneamente em todas as posições. Com isso, mais até do que a razão, é a *empatia* que move o modelo rawlsiano (Okin, 1989, p.21-2). Ainda que instigante, essa interpretação encontra pouca sustentação textual no próprio Rawls. Agradeço a Flávia Biroli pela lembrança deste ponto.

80 LUIS FELIPE MIGUEL

comunicação racional. É como se a atividade comunicativa pudesse ser inteiramente separada da atividade instrumental (a produção econômica, o poder político etc.). (Löwy, 1992, p.126)[15]

Acreditar que a "livre discussão pública" pode resolver tal conflito é uma ilusão racionalista; e tal ilusão alimenta o sonho do consenso que dirige a empreitada teórica de Habermas. Entretanto, nem todos os democratas deliberativos partilham dessa valorização exclusiva do consenso. Gutmann e Thompson (1996) julgam que a deliberação reduz a zona de discordância sobre questões polêmicas, mas não a ponto de eliminá-la, gerando sobretudo respeito mútuo entre os defensores de posições divergentes. John Dryzek acredita que a meta é um consenso – palavra que ele evita, preferindo usar "concordâncias operativas" (workable agreements) – mitigado, em que todos convergem quanto ao curso de ação a ser seguido, "mas por diferentes razões" (Dryzek, 2000, p.170).

Ainda são apostas que parecem excessivas. Outras revisões, porém, podem exigir de menos. Para Bohman, o êxito da deliberação pública é medido pelo grau em que os participantes "reconhecem que contribuíram e influenciaram o resultado final, mesmo quando discordam dele" (Bohman, 1996, p.33). Ora, além de fundado num reconhecimento subjetivo, que pode se mostrar equivocado ou manipulado, seu critério ignora a possibilidade da influência negativa: um grupo está influenciando uma decisão se ela é modificada para impedir que ele alcance seus objetivos ou realize seus interesses.

É diferente a posição de Bernard Manin, que defende a ampla participação na discussão como um método valioso de legitimação justamente por escapar da exigência (implícita) de unanimidade presente na vontade geral de Rousseau (e mesmo nas decisões tomadas pela regra da maioria, uma vez que elas perdem legitimidade à medida que são menos unânimes): "uma decisão legítima não

---

15 Uma extensa discussão do ponto está em Lukes (1982).

DEMOCRACIA E REPRESENTAÇÃO 81

representa a *vontade* de todos, mas é aquela que resulta da *deliberação de todos*" (Manin, 1987, p.352).[16]

Por outro lado, num texto de crítica ao deliberacionismo, Ian Shapiro observa que o processo deliberativo pode mostrar, com maior clareza, divergências de interesse que não eram percebidas como tão intensas, aprofundando, em vez de reduzir, as tensões políticas (Shapiro, 1999, p.31). O resultado não seria uma aproximação do consenso, como previsto, mas uma divisão mais séria, que precisará ser administrada –para a qual a teoria não apresenta nenhuma receita.

Por fim, em vez de promotor da emancipação, o ideal deliberativo pode se revestir de um caráter profundamente conservador. A exigência de consenso, em especial, paralisa a ação política, preservando o *status quo*.[17] Mas a própria deliberação também pode ser paralisante e protelatória. Por exemplo, convites para que representantes de movimentos sociais participem de fóruns deliberativos podem implicar a legitimação de instituições injustas, levar à desmobilização e ao abandono de formas de intervenção mais eficazes e ser, muitas vezes, uma via de cooptação. Na verdade, o ativismo político – historicamente, o principal meio de promoção dos interesses dos grupos dominados – com frequência exige a interrupção do processo deliberativo e a adoção de medidas imediatas (Young, 2001).

Como reação a esse tipo de crítica e como fruto do debate interno à copiosa literatura da teoria deliberativa, ocorreram movimentos na direção de trazer a teoria para perto do chão, desinflando seus elementos utópicos. A exclusividade do argumento racional foi flexibilizada, reconhecendo-se como legítima a introdução, no

---

16 Não custa lembrar que, para Rousseau, a vontade geral é por definição unânime, ainda que sua expressão, na tomada coletiva de decisões, possa estar turvada pela influência das vontades particulares.

17 Uma ilustração prototípica de medida destinada a gerar consenso está na definição do "ótimo de Pareto" (situação em que *ninguém* é prejudicado e pelo menos um indivíduo recebe algum benefício). Medidas que buscam reduzir desigualdades sociais dificilmente cumprem tais requisitos.

82 LUIS FELIPE MIGUEL

debate político, de outras formas discursivas, tais como o testemunho, a retórica, a saudação e mesmo a fofoca (Young, 2000; Dryzek, 2000, 2010). A ideia de uma grande esfera pública, aberta a todos, é substituída pela de um "sistema deliberativo" que congrega uma multiplicidade de espaços mais restritos. E mesmo a negociação e a barganha ganham espaço num modelo em que o consenso deixa de ser tão central (Elster, 1998a; Gambetta, 1998).

Mas a redução da voltagem utópica do deliberacionismo implica uma crescente aproximação e acomodação com a ordem liberal, do que é expressão o próprio Habermas, quando enfim se insere nessa discussão. Em *Direito e democracia*, o filósofo alemão trata a opinião pública como a fonte do poder político, num processo em que o público se manifesta por meio das eleições e o parlamento, responsivo a ele, decide levando em conta a sua vontade (Habermas, 1997 [1992], v.I, p.185-90). Nesse segundo momento, a democracia deliberativa deixa de ser uma contestação para se tornar uma justificação da ordem liberal. Deixados de lado o contraste estilístico e a profundidade da pegada filosófica, a narrativa de Habermas sobre o funcionamento das democracias representativas liberais não se encontra muito distante daquela de, por exemplo, um elitista liberal como Anthony Downs (1957).

Nesta periodização estilizada do deliberacionismo, o terceiro momento corresponde a uma revalorização das esferas da sociedade civil como espaço de efetivação das práticas deliberativas. Mas as exigências do processo deliberativo continuam bem esvaziadas, numa reação cada vez mais extremada às críticas ao utopismo de suas primeiras formulações. Além da prevalência do argumento racional e da busca pelo consenso, as regras de igualdade e liberdade são flexibilizadas. Em troca, vigora um requisito de "reciprocidade" (eu devo levar em conta o que os outros falam), em geral entendido de forma bastante frouxa. A impotência decisória da deliberação, traço que já se encontra presente desde o primeiro momento, é enfatizada. Como resultado, constata-se que vivemos cercados de arenas deliberativas, que se tornam praticamente um rótulo aplicado a qualquer espaço em que ocorra a conversação entre duas ou mais pessoas. Trata-se de um movimento que também encontra sua inspiração em Habermas, novamente em *Direito e democracia*, por meio de esferas públicas em todo canto: nos bares, encontros na rua ou concertos de rock (Habermas, 1997 [1992], v.II, p.107). A rigor, até a democracia pode ser dispensada – processos deliberativos são vistos em curso mesmo nas instituições políticas da ditadura chinesa (Dryzek, 2010).

Como uma de suas principais teóricas observou com honestidade ímpar: "a teoria da democracia deliberativa não é uma teoria em busca de prática; antes, é uma teoria que pretende elucidar, melhor do que outras, alguns aspectos da lógica das práticas democráticas existentes" (Benhabib, 2007 [1994], p.75). O que sobra das formulações iniciais é o apreço por mecanismos de redução do conflito e de aproximação ao consenso nestas "práticas existentes".

Muitas correntes do deliberacionismo focado na sociedade civil têm se aproximado das formulações da "teoria do reconhecimento" de Axel Honneth, mas que apresenta outra faceta da guinada consensual na teoria democrática.[18] No título e subtítulo de seu livro mais famoso, fala-se de "luta" pelo reconhecimento e da "gramática moral dos conflitos sociais" (Honneth, 2009 [1992]). Mas ele vê o conflito como sintoma, a ser superado, de um processo deficiente de integração social.

Numa percepção marcadamente idealista, o móvel para o conflito social não são as divergências de interesses, mas o sentimento de injustiça provocado pela ausência de reconhecimento pela outra pessoa.[19] Mesmo as lutas por redistribuição material devem ser entendidas como sendo, em primeiro lugar, clamores por reconhecimento (Honneth, 2003, p.113-4). Embora a moldura teórica venha sendo estendida sistematicamente para a compreensão de movimentos sociais, inclusive pelo próprio Honneth, seu modelo é a subjetividade individual, incorporando uma leitura psicanalítica da relação entre bebê e mãe como a primeira luta por reconhecimento

---

18 Por exemplo, Tully (2004) e McBride (2005).

19 Não discuto aqui os problemas relacionados à construção social do sentimento de "injustiça" e da adequada reação de "indignação", que, no entanto, são centrais para a crítica a Honneth.

84 LUIS FELIPE MIGUEL

(Honneth, 2009 [1992], p.170). E o horizonte normativo do reconhecimento vai muito além da mera reciprocidade: implica a capacidade de colocar os desejos e as necessidades da pessoa reconhecida acima dos seus próprios (Honneth, 2007, p.337).

Rawls, Habermas e Honneth são a linha de frente da percepção de que o conflito de interesses é um mal a ser extirpado; uma sociedade bem ordenada deve ser capaz de produzir suas normas com o mínimo de atrito, seja pela vigência da imparcialidade, seja pela abertura ao argumento alheio, seja pelo altruísmo generalizado. Trata-se de uma postura que guarda um forte componente antipolítico, com a nostalgia de uma comunidade harmônica que o confronto próprio das disputas políticas (e cuja manifestação aberta é uma das características da democracia) não permitiria que florescesse.[20]

Apesar de tudo, o modelo deliberativo incorpora alguns avanços significativos em relação à versão schumpeteriana da democracia, em especial pela atenção expressa aos aspectos comunicativos da interação política e pelo reconhecimento do problema decisivo da formação das preferências. Mas, por conta da dificuldade de articular a igualdade política com a desigualdade econômica, acaba esbarrando nos mesmos limites da democracia liberal. *Mutatis mutandis*, o que Claus Offe e Helmut Wiesenthal disseram em seu artigo seminal sobre os obstáculos diferenciados para a promoção dos interesses coletivos de patrões e de trabalhadores, no quadro institucional do liberalismo, permaneceria em vigor numa hipotética "democracia deliberativa".

Offe e Wiesenthal observaram que a democracia liberal, ao construir uma sociedade de indivíduos singulares e fazer deles a origem da soberania, cria impedimentos à afirmação daqueles interesses que precisam ser gerados de forma coletiva. É o caso, em especial, dos interesses da classe operária, em oposição aos do patronato. Embora cada patrão possa perseguir diferentes objetivos, como indivíduo ou como empresa, todos têm em comum a necessidade de extrair mais-valia (e realizá-la como lucro), um passo necessário para a

---

20 Cf. Miguel, 2000.

DEMOCRACIA E REPRESENTAÇÃO 85

busca ulterior de qualquer outra meta. Portanto, há um interesse identificável de forma imediata e comum a todos, não obstante a concorrência no mercado. A situação dos trabalhadores é mais complexa. Salários mais altos não formam um objetivo unívoco, tal como o lucro, porque concorrem com outros benefícios, como redução da jornada ou melhores condições de trabalho. Há também uma tensão contínua entre a busca por vantagens localizadas ou por uma transformação radical, muito mais significativa do que o dilema burguês de comprar a paz social ou aumentar a taxa de exploração. Além disso, cada trabalhador individual pode preferir abandonar sua posição nas relações de produção e tornar-se patrão, mas, por motivos lógicos, esse não pode ser um projeto coletivo de toda a classe.

Ou seja, o trabalhador está submetido a inúmeras pressões cruzadas (melhoria individual *versus* melhoria coletiva, identidade como produtor *versus* identidade como consumidor, prioridade a salários mais altos *versus* prioridade a melhores condições de trabalho, melhorias limitadas imediatas *versus* aposta na revolução e assim por diante), de uma maneira que o burguês não está (Offe e Wiesenthal, 1984 [1980], p.89). Como não se pode esperar que uma "consciência de classe" brote espontaneamente, a ação sindical e política dos trabalhadores depende de processos coletivos de formação de interesses e identidades – que, no entanto, estão na contramão das instituições da democracia liberal.

O resultado é que o problema da ação coletiva – que assume a feição característica do chamado "dilema do prisioneiro" – está colocado de forma muito mais aguda para a classe operária do que para a burguesia. Não por conta do tamanho dos grupos, como queria Mancur Olson, alvo principal do artigo de Offe e Wiesenthal, mas sobretudo pelas diferenças estruturais ligadas às posições de classe; em particular o fato de que a venda da força de trabalho implica a aceitação de uma relação de subordinação para o próprio trabalhador. A aparente neutralidade da democracia liberal favorece, por seu viés individualizante, a expressão de preferências mais unívocas, como as da classe dominante.

Os democratas deliberativos percebem esta lacuna e se propõem superar os problemas do liberalismo. Offe e Wiesenthal mesmo apontam a importância de processos dialógicos de construção de identidades coletivas e formulação de preferências. Mas os mecanismos de deliberação pública também possuem vieses e favorecem o atendimento de determinado tipo de interesse. Os grupos dominantes – isto é, aqueles que possuem maior capital econômico ou cultural – são, uma vez mais, privilegiados.

Mais do que postular a superioridade da ação comunicativa e exorcizar a ação estratégica ou, ainda, fantasiar um espaço em que a racionalidade pura dos indivíduos dialogue consigo mesma até alcançar o consenso, é necessário entender que desigualdades estruturais desequilibram as interações entre os diferentes agentes sociais. No que diz respeito aos vieses da deliberação pública ligados a desigualdades socialmente estruturadas, é possível identificar três dimensões de sua manifestação: (1) capacidade de identificação dos próprios interesses; (2) capacidade de utilização das ferramentas discursivas; e (3) capacidade de universalização dos próprios interesses.

O primeiro ponto está ligado ao próprio conceito de "interesse", crucial para o entendimento das práticas políticas e alvo de tantas polêmicas. O conceito não encontra solução satisfatória em nenhuma das estratégias mais correntes dos que tentam defini-lo. Não é possível depreender um interesse "objetivo" a partir das condições sociais do agente, como quer o marxismo convencional. A história do século XX demonstrou os riscos políticos da crença num interesse independente da consciência dos indivíduos e, assim, identificado por algo ou alguém supostamente mais capaz: o Partido, que realizava o projeto da classe operária, ainda que à revelia dos operários.

A interpretação das condições sociais é motivo de polêmica e a própria sociedade não é transparente, nem para o agente, nem para o observador. Também não é aceitável afirmar um interesse único universal – a maximização da própria satisfação, segundo a doutrina utilitarista –, ignorando as condições sociais de geração das preferências. Estas são construídas em um processo que depende tanto dos recursos cognitivos de que dispõe o sujeito quanto de códigos

DEMOCRACIA E REPRESENTAÇÃO   87

sociais compartilhados. Por fim, a resposta liberal padrão, mais uma vez de raiz utilitarista, segundo a qual a cada indivíduo cabe definir seus próprios interesses, sem intervenção externa, descarta qualquer possibilidade de crítica dos constrangimentos cognitivos e da manipulação ideológica aos quais as pessoas estão submetidas.

Tais dificuldades não indicam que o melhor caminho seja descartar a noção de interesse (como fazem, por outros motivos, algumas concepções deliberativas), mas sim que é necessário entender os interesses como *produtos* sociais. Grupos subalternos ou dominados têm menor condição de produzir autonomamente seus próprios interesses por conta de diversos mecanismos cumulativos. São mais suscetíveis às pressões cruzadas, evidenciadas por Offe e Wiesenthal para a classe trabalhadora, mas presentes também em outros grupos subalternos, dificultando a determinação de um interesse unívoco (em especial, o dilema entre assimilação individual e avanço coletivo).

Além disso, os grupos subalternos têm menor acesso aos espaços de produção social de sentido, em especial (mas não só) o aparelho escolar e os meios de comunicação de massa. Isto significa que eles estão constrangidos a pensar o mundo, em grande medida, a partir de códigos emprestados, alheios, que refletem mal sua experiência e suas necessidades. Estreitamente ligado a isso há o fato de que esses grupos possuem menor disponibilidade de tempo e espaços próprios nos quais poderiam refletir sobre seus interesses e construir projetos políticos coletivos – o que corresponde exatamente ao motivo que leva Nancy Fraser (1992) a indicar a necessidade de "contrapúblicos subalternos", em relativo isolamento da esfera pública mais ampla.

Por fim, os grupos dominados possuem uma perspectiva limitada do mundo social, própria de uma vivência à qual é negada a possibilidade de participação nas principais tomadas de decisão, tanto políticas quanto econômicas, enquanto os dominantes ficam a cavaleiro do restante da sociedade (Bourdieu, 1979, p.520).[21] É o

---

21 O reconhecimento deste fato explica a ênfase no caráter educativo da participação política dada à ampliação dos horizontes que ela propiciaria, um dos traços distintivos da corrente participacionista, desde seus precursores (ver, por exemplo, Stuart Mill, 1995 [1861]).

88 LUIS FELIPE MIGUEL

que se pode chamar de "efeito Fabrizio del Dongo", a personagem de Stendhal que, como soldado raso, engajado no exército de Napoleão, atravessa os combates de Waterloo sem ter certeza de que está mesmo participando de uma batalha. De fato, o soldado não tem a visão do general, que acompanha com seu binóculo o movimento das tropas. O que não quer dizer que sua perspectiva ao rés do chão não seja significativa, dinâmica, em alguns sentidos até mais rica que a de seus superiores. Falta-lhe, porém, um sentido de *totalidade*.

A diferença na perspectiva sustenta a exigência moral de dar aos grupos subalternos espaço para participarem na tomada de decisões, como afirma Iris Marion Young (1997, cap.3; 2000, cap.3). No entanto, uma política inclusiva não supre, por si só, a exigência de igualdade, como discuto no capítulo "Perspectivas sociais e dominação simbólica". Pelos motivos apontados, os dominados têm menor capacidade de produzir de forma autônoma seus interesses. Numa situação de deliberação coletiva, mesmo com as garantias utópicas da "liberdade" e "igualdade" na discussão, as diferenças na situação social podem levar os grupos subordinados à adoção de "preferências adaptativas",[22] ou seja, eles se limitariam a escolher uma alternativa entre outras, sem a possibilidade de apresentar novas opções.

A assimetria é agravada pela inferioridade dos grupos dominados no manejo eficaz das ferramentas discursivas exigidas, o que corresponde ao segundo viés do ideal democrático-deliberativo. Tal incapacidade se deve, em alguma medida, à predisposição social para a aceitação do discurso de alguns agentes, em preferência ao de outros. Como diz Lynn Sanders:

> Embora os deliberadores sempre decidam desconsiderar alguns argumentos, quando essa desconsideração é sistematicamente associada aos argumentos apresentados por quem nós já sabemos que está sistematicamente em desvantagem, nós deveríamos pelo menos reavaliar nossas suposições sobre o potencial democrático da

---

22 Cf. Sunstein, 1991; Knight e Johnson, 1997.

DEMOCRACIA E REPRESENTAÇÃO   89

deliberação. Ele não exige apenas igualdade de recursos e a garantia de igual oportunidade para articular argumentos persuasivos, mas também igualdade na "autoridade epistemológica", na capacidade de despertar reconhecimento pelos seus argumentos. (Sanders, 1997, p.349)

Ao contrário do que prevê o ideal deliberativo, a identidade do emissor, nas situações concretas de fala, não é irrelevante para a consideração dada a seu discurso. As diferentes posições na sociedade conferem diferentes graus de eficácia discursiva a seus ocupantes. Pesam, sobretudo, o reconhecimento social de cada posição e a capacidade de impor sanções negativas ou positivas, fatores estreitamente associados ao exercício do poder político e econômico. Até mesmo as discussões no ambiente científico, que por vezes são apresentadas como uma espécie de modelo, não fogem a essa regra. Títulos, posições de poder, respeitabilidade pelos pares – diferentes formas de capital simbólico, enfim – dão pesos diversos aos falantes.

Ainda quando a identidade do falante é ignorada, a fala carrega marcas que a valorizam ou a desvalorizam: prosódia, sintaxe, sotaque (e o mesmo pode ser dito, *a fortiori*, da linguagem escrita). Sintetizando diversos estudos empíricos sobre a questão, Susan Bickford apresenta o conceito de "modos de falar", que amalgama quatro fenômenos linguísticos: estrutura, qualidade da voz, disposição afetiva e enquadramento (Bickford, 1996, p.97-8). A *estrutura* se liga à lógica da argumentação e à gramática, com a valorização superior da obediência à norma culta e do uso adequado de silogismos, ambos índices da posse de capital cultural. A *qualidade da voz* inclui elementos como sotaque (com a desvalorização das marcas das regiões periféricas, como o Nordeste brasileiro, ou das classes subalternas, como o *cockney* britânico) e tom. Pesquisas citadas por Bickford mostram que as vozes mais graves são percebidas como possuindo maior autoridade, o que prejudica a atenção à expressão das mulheres. A *disposição afetiva* indica o envolvimento passional ou, ao contrário, o distanciamento em relação ao conteúdo da fala. Em muitas ocasiões, a fala "objetiva e racional" é contraposta favoravelmente à expressão mais emocional ou apaixonada, o que, por exemplo, deprecia o discurso de quem se manifesta contra injustiças. Por fim, o *enquadramento* tem a ver com a segurança ou hesitação do falante. A fala hesitante, que pode caracterizar quem se apresenta aberto aos argumentos alheios e sem uma posição fechada, é vista como sinal de deferência (isto é, de subalternidade) ou de insegurança.

Trata-se de problema que não recebe resposta adequada dos teóricos deliberativos; afinal, "preconceito e privilégio não surgem nos cenários deliberativos como razões más e não são revidados por bons argumentos. Eles são demasiado furtivos, invisíveis e perniciosos" (Sanders, 1997, p.353). A visão racionalista do processo político leva a ignorar ou a minimizar o caráter de *impermeabilidade* à discussão racional de boa parte dos obstáculos que impedem a efetivação do seu próprio ideal. É infundada a crença de John Dryzek de que "mecanismos endógenos" à deliberação racional exorcizam seus inimigos: o discurso intolerante, a aversão à diferença, o autointeresse mesquinho (Dryzek, 2000, p.169-72). Ela pressupõe que intolerantes, xenófobos, racistas e egoístas estariam abertos à discussão. E pressupõe, também, que tais comportamentos nocivos manifestam-se sempre em suas formas extremas, abertas, ostensivas – e, portanto, sujeitas à interpelação alheia.

O preconceito contribui para que determinados grupos tenham dificuldade em participar de maneira eficaz do processo deliberativo. Mas é ainda mais importante o fato de que o acesso à discussão é condicionado pela posse de certas competências que permitem o desenvolvimento da capacidade de formulação de argumentos racionais. Aqueles indivíduos que não as desenvolveram estão mal posicionados para o processo deliberativo e como que condenados a permanecer à margem. Não se trata do dom inato de alguns, como afirma quem acredita na impossibilidade da igualdade, e sim do treinamento naquelas formas de discurso consideradas socialmente como mais legítimas; um treinamento que, em última análise, depende da posse de um capital econômico que permita ao indivíduo subtrair-se por longo tempo da obrigação de garantir a própria

DEMOCRACIA E REPRESENTAÇÃO 91

subsistência. Segundo Bourdieu, estão em questão as "condições econômicas e sociais de aquisição da competência legítima e da constituição do mercado onde se estabelece e se impõe essa definição do legítimo e do ilegítimo" (Bourdieu, 1996a [1982], p.30). Ainda que a razão seja convencionalmente considerada um atributo humano, ou mesmo "o" atributo humano, aquele que nos diferencia dos outros animais, o discurso argumentativo racional não é uma mera derivação desse predicado universal. Ao contrário, ele é um modelo específico, culturalmente determinado, com suas próprias regras. O privilégio concedido ao argumento racional se torna, assim, uma camisa de força imposta àqueles grupos que poderiam recorrer, de modo mais eficaz, a outras formas de expressão. Ou, de acordo com a fórmula de Iris Marion Young, uma modalidade de "exclusão interna" que permite incorporar formalmente grupos ou indivíduos ao debate, mas que não lhes dá oportunidade de uma atuação efetiva (Young, 2000, p.53-7).[23]

É o que alimenta a ideia de que outros modos de discurso, como a retórica ou o testemunho, sejam incorporados ao ideal deliberativo, conforme apontado antes. A discussão parece um tanto bizantina, uma vez que, independentemente do salvo-conduto dos teóricos deliberativos, o argumento racional, a retórica e a narrativa estão ligados de forma indeslindável nos discursos reais. E não muda o fato de que os outros modos de expressão podem ser importantes no debate, mas o argumento racional possui uma legitimidade simbólica maior e, portanto, também uma maior eficácia.

O terceiro viés do ideal da democracia deliberativa corresponde a um aspecto específico do problema da eficácia discursiva: a capacidade diferenciada de "universalização" dos próprios interesses. Uma das vantagens alegadas do procedimento deliberativo é que ele obriga o uso do vocabulário do bem comum. Não é razoável entrar numa discussão dizendo "quero porque é melhor para mim",

---

23 Bourdieu (1979, p.133) fala na "censura" velada que exclui a possibilidade de falar com autoridade. Entre os principais teóricos deliberacionistas, o ponto é discutido sobretudo por Bohman (1996, p.112-23).

92 LUIS FELIPE MIGUEL

argumento com pouca possibilidade de gerar a simpatia ou a adesão dos interlocutores. É necessário apelar a normas universais de justiça ou a benefícios coletivos.

No entanto, isto não significa, como por vezes os teóricos deliberativos pareciam pensar, que o interesse egoísta está banido. O fato de uma preferência vinculada a benefícios particulares se traduzir num discurso universalista, sem deixar de ser autointeressada, é banal e constatável nos embates políticos cotidianos. A defesa do capitalismo pelos capitalistas, por exemplo, raras vezes é feita em nome dos privilégios de que usufruem. Em geral, apela-se à prosperidade geral, à inovação tecnológica, à criação da abundância e de novas oportunidades, enfim, a subprodutos da busca do lucro que terminariam por beneficiar a todos.

Mas os grupos dominados têm menor capacidade de traduzir seus interesses numa retórica universalista. Isto se deve, em primeiro lugar, à premência de suas demandas específicas, que os faz exigir mudanças imediatas com beneficiários e prejudicados muito evidentes, como é o caso das políticas redistributivas ou de ação afirmativa. Deve-se, também, ao fato de que os interesses de tais grupos se colocam contra as visões de mundo hegemônicas, e precisam realizar o esforço extra de desnaturalizar categorias sociais e propor modelos de sociedade alternativos. O resultado é que a retórica universal tende a ser monopolizada por alguns grupos, enquanto outros têm suas preocupações estigmatizadas como "particulares, parciais ou egoístas" (Bickford, 1996, p.16).

Os exemplos são inúmeros. O embate entre trabalhadores e patrões não tomou historicamente a forma do confronto entre dois discursos classistas, mas entre um discurso classista (operário) e outro universalista, que apelava para a nação ou mesmo para a humanidade. Opositores de medidas de promoção das mulheres ou de minorias étnicas costumam recorrer à defesa da igualdade de oportunidades para todos, independente de suas características pessoais.

Em suma, como observou Iris Young, em uma situação na qual "alguns grupos têm maior privilégio simbólico ou material do que outros, é provável que apelos a um 'bem comum' perpetuem tal

DEMOCRACIA E REPRESENTAÇÃO 93

privilégio" (Young, 1997, p.66). Ela enfatiza que nossa percepção do mundo é sempre socialmente situada, não havendo nada como a razão universal que Habermas, kantianamente, postula. O ideal moral da imparcialidade e da busca do bem comum, em geral assumido pela corrente deliberativa, é inatingível. Em vez de chegarmos a ele, deparamos com a imposição da perspectiva dominante, vista como universal apenas por deter maiores recursos, que lhe permitem se sobrepor às outras.[24] A solução seria, então, o abandono das ilusões unitárias e o reconhecimento radical da multiplicidade de grupos presentes na sociedade.

Fica claro que o modelo deliberativo postula uma forma legítima de produção de decisões coletivas – legítima por preencher seus próprios critérios, de inclusão de todos os envolvidos e de ausência de desigualdade formal e de coação – mas ignora vieses que viciam seus resultados. Da mesma maneira que a igualdade formal nas eleições, proclamada pela máxima liberal "um homem (ou uma mulher), um voto", não garante paridade de influência política, o mero acesso de todos à discussão é insuficiente para neutralizar a maior capacidade que os poderosos têm de promover seus próprios interesses.

Na esfera do debate político, portanto, a ação comunicativa, voltada para o entendimento mútuo, preconizada pelo deliberacionismo, representa – para os grupos privilegiados – um meio de perseguir seus próprios interesses. Para os grupos subalternos, porém, ela assume outra lógica e pode ser um obstáculo, impedindo a formulação de objetivos próprios (que requer um espaço reservado), exigindo a utilização preferencial de ferramentas discursivas que não dominam e cerceando a manifestação pública do conflito.

A teoria deliberativa, por mais atraente que seja, não avança na solução dos problemas centrais da democracia. Muitas de suas críticas procuram, na verdade, reformá-la ou, ao menos, mantê-la como polo de um ideal normativo para o futuro. Esse é o caso mesmo dos teóricos da diferença, que questionam o universalismo e o racionalismo presentes em Habermas e Rawls, mas parecem mais

---

24 Cf. Young, 1990a, cap.4; 1997, cap.2.

94 LUIS FELIPE MIGUEL

dispostos a limpar a corrente de laivos de comunitarismo e republicanismo cívico do que romper com ela. Embora dê a seu texto o título provocativo de "Contra a deliberação", Sanders contemporiza, afirmando que não é "inteiramente contra a deliberação", mas sim "contra ela para agora: penso que é prematura como padrão para os democratas americanos, que estão enfrentando problemas mais imediatos", isto é, os problemas da exclusão social (Sanders, 1997, p.369). Young, apesar das críticas a Habermas, endossa expressamente sua ética comunicativa (Young, 1990a, p.34) e, em geral, apresenta como ideal a incorporação efetiva dos grupos subalternos à deliberação.

Creio que é necessário avançar na crítica entendendo que o modelo deliberativo não é apenas impraticável, mas representa uma utopia infecunda que direciona, de forma equivocada, os esforços e aspirações de quem deseja transformar a sociedade. Seus defeitos estão ligados à sua omissão diante de problemas cruciais para a compreensão do mundo social. Vale, para os teóricos deliberacionistas, o veredicto geral de Nancy Fraser sobre as alternativas que o pensamento progressista vem ensaiando, nos últimos anos, como possíveis ocupantes do lugar que ficou vago com a falência do socialismo: "Falta-lhes poder de convencimento [...] porque deixam de lado a questão da economia política" (Fraser, 1997, p.2).[25]

Nenhuma teoria crítica da democracia, comprometida com o resgate do valor da autonomia (isto é, da capacidade de produção coletiva das regras sociais), pode ignorar a organização do mundo material, o que implica a crítica ao capitalismo e à dominação masculina. Foi isso que se perdeu na passagem do participacionismo ao deliberacionismo. Com todas as suas insuficiências, a teoria da democracia participativa dos anos 1960 e 1970 mostrava uma aguda consciência da relação entre a ordem econômica, a vida cotidiana e a prática política. Os deliberacionistas incorporam tais aspectos, no máximo, como um adendo, uma nota de pé de página. Trata-se de uma disposição já presente nas raízes da corrente. Ao propor

---

25 Cf. também Phillips, 1999, cap.1; Miguel, 2012a.

um paradigma comunicativo como superação do paradigma do trabalho, Habermas abre caminho para pôr de lado todo o mundo material (Maar, 1999). A *démarche* é completada pelo elevado nível de abstração que marca tanto a teoria habermasiana quanto a de Rawls (para citar as duas principais matrizes filosóficas do deliberacionismo). Quando eles voltam à Terra – em *Direito e democracia* e em *O liberalismo político*, respectivamente –, o que têm a oferecer é uma elaborada justificação, e não mais uma crítica, da democracia liberal existente, sobretudo de sua variante estadunidense.

A democracia deliberativa se apresenta como um procedimento de legitimação das decisões coletivas. Ao se aferrar a padrões meramente procedimentais, porém, também perde parte de seu impulso crítico. O intelectual crítico não tem como se evadir da necessidade de assumir compromisso com uma percepção substantiva do que é a boa sociedade, a justiça e a igualdade. De forma mais concreta, não tem como escapar de um embate com o capitalismo, o sexismo e com as múltiplas formas de dominação e opressão presentes nas sociedades contemporâneas.

Uma teoria crítica da democracia – que fale às sociedades contemporâneas e que ainda deve ser construída – precisa enfrentar a questão da organização do mundo material e seu impacto na política. Precisa fazer face à constatação de que os conflitos de interesses são fatos permanentes e que a transformação social não avançará se houver a exigência de consenso; na verdade, ela exige, muitas vezes, um uso (legítimo) de coerção, impondo aos grupos privilegiados a subtração de suas benesses. Precisa aceitar que o debate político não ocorre de maneira independente de seus mecanismos de mediação, colocando na pauta a pluralização do controle dos meios de comunicação de massa. Precisa entender que a representação política é inescapável e que, portanto, a questão dos mecanismos de vinculação dos representantes aos representados possui uma centralidade absoluta na discussão sobre qualquer ordem democrática. A teoria deliberativa falha em todos os quesitos e acaba por se constituir mais num obstáculo do que numa base para pensar o aprofundamento da prática democrática.

96   LUIS FELIPE MIGUEL

Como foi dito na Introdução desta obra, na Antiguidade a democracia era vista como o governo dos pobres. Por muito tempo, essa percepção ecoou no pensamento político, fundamentando, em primeiro lugar, a oposição ao regime democrático ou a necessidade de complementá-lo com salvaguardas para os privilégios das minorias. Apenas no século XX, o sentido da democracia foi asseptizado, e sua vinculação com a promoção dos interesses dos grupos desfavorecidos foi apagada. É o movimento que leva à separação entre o governo democrático e a noção de soberania popular, encabeçado por Schumpeter.

É necessário recuperar esse sentido, que faz da democracia uma forma de governo com conteúdo, não um campo neutro. A partir daí, é possível entender a democracia não como uma forma acabada de governo, mas como um projeto de enfrentamento das estruturas de dominação vigentes numa determinada sociedade. Formas democráticas de governo são respostas parciais, desafiadas permanentemente por novos reclamos democráticos, por um lado, e ameaçadas por movimentos de acomodação e oligarquização, por outro, em um processo sempre inacabado.

Entendida a democracia dessa maneira, o que está em jogo não é a aceitação consensual de determinados valores ético-políticos ou de "regras do jogo" que seriam neutras, mas que, dada a seletividade das instituições, nunca deixam de favorecer determinados interesses. Da posição dos dominados, o conteúdo da democracia é a busca da superação da dominação, que não é uma expressão abstrata, nem uma fórmula de uso geral, pois a dominação assume formas concretas e variáveis nas diferentes sociedades humanas.[26] O antagonismo entre dominantes e dominados pode se expressar ou pode ser escamoteado, mas não há fórmula retórica que o faça ser transcendido.

---

26 É o que me distingue da noção de "liberdade como não dominação", do republicanismo de Philip Pettit ou Quentin Skinner, que, por não atribuir nenhuma concretude à categoria "dominação", acabam por se revelar compatíveis com muitas formas de dominação efetivas.

As DIMENSÕES DA REPRESENTAÇÃO

Embora a expressão "democracia representativa" seja aceita hoje com naturalidade, há uma tensão permanente entre o substantivo, que remete a um ideal de igualdade política entre todos os cidadãos, e o adjetivo, que introduz um diferencial de poder entre aqueles que tomam as decisões (os representantes) e aqueles que estão apenas submetidos a elas. Como visto nos capítulos anteriores, a representação é um mecanismo crucial para a manutenção do conflito social em níveis manejáveis, mas o preço que se paga é um desvio constante entre as ações dos representantes e as vontades dos representados. Como procuro demonstrar nos capítulos seguintes, o grande desafio da representação democrática é a redução do desvio entre esses dois polos; e o desafio da democracia representativa é a redução do diferencial de poder. Para que o problema seja adequadamente enquadrado, porém, é necessário ampliar a compreensão da representação política para além da simples transferência formal de poder a um corpo eleito.

Neste capítulo, sustento que a recuperação dos mecanismos representativos depende de uma compreensão ampliada do sentido da própria representação. Na medida em que os grupos subalternos obtêm êxito no que se refere à inclusão política ou, ao menos, demonstram uma consciência mais aguda do problema, as tensões presentes no campo político se ampliam. Um modelo representativo inclusivo precisa contemplar com mais cuidado as questões ligadas à formação da agenda, ao acesso aos meios de comunicação de massa e às esferas de produção de interesses coletivos.

Uma aproximação possível ao problema parte da aparente contradição entre a aceitação quase universal do valor da democracia e a crescente deterioração da confiança em relação às instituições representativas que deveriam efetivá-la. É possível detectar uma crise do sentimento de estar representado, que compromete os laços que idealmente deveriam ligar os eleitores a parlamentares, candidatos, partidos e, de forma mais genérica, aos poderes constitucionais. O fenômeno ocorre por toda a parte, a partir das últimas décadas do século XX, de maneira menos ou mais acentuada, atingindo novas e velhas democracias eleitorais.

Uma afirmação tão genérica – uma crise disseminada da representação política, em novas e velhas democracias – é de difícil comprovação, mas creio que se sustenta sobre três conjuntos de evidências relativas: (1) ao declínio do comparecimento eleitoral; (2) à ampliação da desconfiança em relação às instituições, medida por *surveys*; e (3) ao esvaziamento dos partidos políticos. Os dados mais objetivos dizem respeito ao primeiro ponto: o aumento na quantidade das abstenções, comparativamente às duas ou três primeiras décadas do pós-guerras. Nem sempre é simples interpretar os números, uma vez que em muitos países ocorreu, no período, a ampliação da franquia eleitoral a novas categorias da população (mulheres, na Suíça; negros, no sul dos Estados Unidos; analfabetos e jovens entre 16 e 18 anos, no Brasil, para citar apenas três exemplos), bem como a transição de sistemas de voto obrigatório para voto facultativo. Porém, é mais ou menos generalizada a tendência à redução no comparecimento às urnas.[1]

---

1 Os dados sobre comparecimento eleitoral no mundo são compilados pelo Internacional Institute for Democracy and Electoral Assistance (IDEA) e disponíveis no site <http://www.idea.int> (acesso em 27 de junho de 2012). Diferenças de metodologia e erros de registro fazem que os números nem sempre sejam plenamente confiáveis ou estritamente comparáveis.

Mesmo em países com voto obrigatório, como o Brasil, o fenômeno é percebido. No segundo turno das eleições presidenciais de 2010, 21,5% dos eleitores registrados se abstiveram, o maior índice desde a redemocratização do país. Dos votos contados, 6,7% foram em branco ou nulos. Somem-se a isso os mais de 2 milhões de pessoas em idade de votar que não se alistam (o registro é opcional para analfabetos e jovens entre 16 e 18 anos). No final das contas, quase 30% dos brasileiros e brasileiras em idade de votar desprezaram o direito de escolher a nova presidente da República.

Como indicado no capítulo "A democracia elitista" e discutido com mais detalhe adiante, nos anos 1960 e 1970 foi difundida uma interpretação que via na abstenção eleitoral um sintoma não de crise, mas de vitalidade da democracia representativa e de contentamento com o funcionamento das instituições. Seria possível questionar como se constrói esse sentimento de satisfação que, por vezes, é efeito de preferências adaptativas, da imposição de uma moldura ideológica ou de uma visão míope sobre as próprias possibilidades. Mas não é preciso ir tão longe. A baixa participação política é lida mais corretamente como expressão de uma sensação de impotência e estranhamento – "a política não é para gente como eu" – do que de contentamento com a ordem estabelecida. Os dois outros conjuntos de evidências sobre a crise da representação política corroboram essa percepção.

As pesquisas de opinião pública sobre a confiabilidade das instituições, que constituem o segundo conjunto de evidências, devem ser analisadas com cuidado. Impondo categorias e preocupações estranhas aos entrevistados – e também postulando uma relação entre resposta ao questionário, opinião firmada e comportamento –, formam um caso paradigmático daquilo que Bourdieu (1997, p.63-100) chama de "erro escolástico", no qual o pesquisador transfere para os outros agentes sociais a sua maneira de pensar e agir. Portanto, em vez de apresentar respostas, como crê certa ciência política, as *surveys* fornecem indícios que devem ser combinados com outros para que se alcance alguma conclusão.

Além desse problema metodológico de fundo, os resultados das *surveys* encontram outras dificuldades de interpretação, uma vez que

100 LUIS FELIPE MIGUEL

são raras as séries históricas mais longas com dados comparáveis. Ainda assim, é possível postular uma confiança baixa nas instituições representativas, mesmo nos países em que o comparecimento às eleições permanece elevado. De acordo com o Eurobarômetro (em pesquisa de 2011), em média 33% dos entrevistados, nos países da União Europeia, respondem que confiam nos seus parlamentos nacionais; quando a pergunta é sobre os governos nacionais, a média é de 32%. É ainda menor a confiança nas instituições europeias supranacionais; apenas 30% julgam que têm alguma influência na condução da União Europeia. Longe de ser apenas efeito da crise do euro, tais números refletem uma desconfiança de longo prazo, já indicadas nas pesquisas dos anos 1990.[2]

Nos Estados Unidos, as surveys do National Opinion Research Center mostram, de 1973 a 1993, uma queda acentuada na confiança popular no poder executivo (de 29% para 12%) e, ainda maior, no Congresso (de 24% para 7%), com uma ligeira subida na primeira década do século XXI.[3] No caso do Brasil e dos outros países redemocratizados da América do Sul, as pesquisas adotam, muitas vezes, pressupostos fortemente normativos, associando a desconfiança nas instituições representativas à adesão a valores autoritários.[4] O quadro geral sustenta a mesma impressão da Europa e Estados Unidos: uma crise disseminada do sentimento de estar representado no governo e no legislativo, com repercussões na legitimidade das instituições.

Enfim, trata-se de um fenômeno que não está restrito a uma área geográfica ou a democracias eleitorais de tal ou qual grau de consolidação. Uma pesquisa de abrangência mundial, realizada no

---

2 As tabelas estão em <http://ec.europa.eu/public_opinion/archives/eb/eb75/eb75_publ_fr.pdf> (acesso em 29 de junho de 2012).

3 Esses dados e outros, similares, são resumidos em Cappella e Jamieson (1997, p.17-9); para os dados mais recentes, cf. o site do National Opinion Research Center (http://www.norc.org; acesso em 29 de junho de 2012).

4 É o caso, entre outros, de Moisés (1995) e de Linz e Stepan (1999 [1996]); e também das surveys do Latinobarómetro (Lagos, 2001; e no site <http://www.latinobarometro.org>; acesso em 29 de junho de 2012).

DEMOCRACIA E REPRESENTAÇÃO 101

final da década de 1990, observou a emergência, por quase toda a parte, do que se chamou de "cidadãos críticos", que combinavam altos níveis de apoio aos princípios do regime democrático com uma confiança declinante nas instituições políticas vigentes (Norris, 1999; Klingemann, 1999).[5]

O terceiro conjunto de evidências está ligado à crise dos partidos, que a partir do final do século XIX se firmaram como os principais instrumentos da representação política. O fenômeno foi estudado com detalhe nos Estados Unidos (Wattenberg, 1998), mas é perceptível também na Europa ocidental, sobretudo a partir dos anos 1980. Num caso extremo, a Itália, ocorreu o colapso de um sistema partidário inteiro, nos anos 1990, com o desaparecimento dos dois polos que organizavam a disputa política, a Democracia Cristã e o Partido Comunista Italiano. Duas décadas depois, o sistema partidário italiano continua marcado pela fluidez e pela personalização. Mais ou menos por toda a parte, há a dissolução das lealdades partidárias tradicionais, a volatilidade das escolhas dos eleitores e a proeminência dos atributos pessoais dos candidatos como fator de influência na decisão do voto.

Há uma vasta literatura sobre a questão. Entre os motivos para o esvaziamento dos partidos, são citados a burocratização de suas estruturas internas, o estreitamento do leque de opções políticas (com a derrota dos projetos históricos da classe operária) e, em especial, as mudanças que a mídia eletrônica introduziu na competição eleitoral.

Bernard Manin (1997, p.218-35) aponta a transição da democracia de partidos para uma nova democracia de audiência, caracterizada

---

5 O conjunto de pesquisas presente no livro editado por Norris possui problemas metodológicos consideráveis, a começar pela tendência a uma adesão pouco crítica aos resultados das *surveys* e por operacionalizações um tanto arbitrárias dos conceitos, como a medição do nível de apoio à comunidade política por meio de respostas a questões sobre o "orgulho nacional" e a disposição para lutar numa guerra (Klingemann, 1999, p.40). Mas, tomados os devidos cuidados, o painel apresentado da percepção popular das democracias eleitorais é bastante significativo.

102 LUIS FELIPE MIGUEL

pelo contato "direto" (isto é, midiático) entre líderes e eleitores. Antes indispensáveis, as máquinas partidárias agora perderiam eficiência diante das estratégias de construção de imagem de chefes políticos que se dirigem diretamente ao público. O papel dos meios eletrônicos de comunicação na redução da influência dos partidos também é destacado por Wattenberg (1998, p.90-112) e Novaro (1995). Guillermo O'Donnell (1991), numa leitura mais provocativa, insinuou a substituição da democracia representativa por uma nova "democracia delegativa", caracterizada pela transferência quase irrestrita de poderes a líderes carismáticos eleitos.[6]

Tomados em bloco, esses três conjuntos de evidências dão peso razoável à ideia de que as democracias eleitorais vivem uma crise da representação.[7] Justamente por isso, surgiram, nos últimos trinta ou quarenta anos, tantas propostas de introdução de novos mecanismos, voltados à revitalização das instituições representativas, como cotas eleitorais para grupos em desvantagem, como as mulheres, ou mesmo a substituição parcial das eleições por sorteios, o que será analisado com mais detalhe no capítulo "A *accountability* eleitoral e seus limites". Em tais propostas, há o reconhecimento, implícito ao menos, de que a redução da confiança popular nos parlamentos e partidos não é efeito da "alienação", da falta de compromisso com a democracia ou de resquícios de valores autoritários. O descontentamento com o desempenho das instituições democráticas se alia a uma firme adesão aos princípios da democracia, que se funda na constatação sensata de que as instituições atualmente existentes privilegiam interesses especiais e concedem pouco espaço para a participação do cidadão comum, cuja influência na condução dos

---

6 Vitullo (2007, p.69) indaga se o caráter delegativo é uma patologia, como quer O'Donnell, ou um elemento constitutivo de toda democracia concorrencial, o que abre uma via de investigação interessante, mas que não seguirei aqui.

7 Seguindo Manin (1997), muitos preferem falar em reconfiguração da representação política, em vez de crise. Mas a reconfiguração surge como resposta à crise dos modelos estabelecidos de representação. E o termo "reconfiguração" sugere um resultado já determinado, o que está longe de ser o caso.

DEMOCRACIA E REPRESENTAÇÃO **103**

negócios públicos é quase nula. Em suma, de que as promessas da democracia representativa não são realizadas.

Esse veredito é sustentado pela observação do funcionamento cotidiano da política nos países de democracia representativa. O *imbroglio* envolvendo as eleições presidenciais de 2000 nos Estados Unidos revelou com clareza que, mais do que expressar uma vontade popular, o processo eleitoral cumpre o papel de um ritual de relegitimação do sistema político. Não era importante contar de fato os votos, e sim anunciar um vitorioso com respaldo institucional. Assim, George W. Bush foi proclamado o 43º presidente dos Estados Unidos sem que fossem recontados os votos da Flórida, que poderiam conceder a vitória a seu oponente, Al Gore. Outro exemplo, também extraído das democracias "consolidadas" do Norte: com o agravamento da crise do euro, em 2011 e 2012, as lideranças da Comunidade Europeia pressionavam contra a realização de consultas populares, uma vez que seus resultados provavelmente comprometeriam a aplicação das políticas de austeridade fiscal determinadas pelas autoridades econômicas.

O que estou chamando aqui de "crise da representação" é uma percepção alternativa à ideia, já mencionada, de uma "crise da democracia", que ganhou curso graças ao já citado relatório escrito por Samuel Huntington, Michel Crozier e Joji Watanuki à Comissão Trilateral, em meados dos anos 1970. Segundo eles, as democracias estavam se tornando "ingovernáveis" por razões intrínsecas ao próprio método democrático. Ele teria levado à destruição todas as hierarquias sociais, à ampliação das demandas de todos os setores da população, à geração de uma "cultura da contestação" e também à hiperpolitização da sociedade – tema já explorado anteriormente por Huntington (1975a [1968]), mas, então, entendido como algo restrito a países periféricos em processo de modernização.

O relatório deve ser entendido no contexto histórico em que foi escrito. Os anos 1960 presenciaram um crescimento expressivo do ativismo político nos países centrais. Nos Estados Unidos, o movimento pelos direitos civis da população negra continuava em ascensão, assumindo formas cada vez mais impetuosas. A ele se

104 LUIS FELIPE MIGUEL

juntava a mobilização contra a Guerra do Vietnã. Em 1968 ocorre, tanto na Europa quanto nos EUA, a explosão da rebeldia juvenil, que se torna mais grave ainda em países como França e Itália pela adesão de frações importantes da classe operária.

Parte da ciência política da época louvava a apatia como um componente importante para a estabilidade dos sistemas políticos. Lipset (1963 [1960]), numa afirmação muito citada, dizia que altos índices de abstenção eleitoral indicavam alta satisfação da população – as coisas iam tão bem que as pessoas julgavam desnecessária sua intervenção. De maneira um pouco mais sofisticada, Almond e Verba (1963) postulavam que a "cultura política" ideal seria aquela em que os cidadãos combinassem um elevado sentimento de sua eficácia política com raríssimas tentativas de fazê-la valer. Conforme observou Elshtain (1997, p.27), é uma visão que legitima as desigualdades políticas: os grupos que menos participam, como as mulheres (e também trabalhadores ou integrantes de minorias raciais), seriam aqueles que estariam mais satisfeitos com a própria condição.

O relatório à Trilateral insere-se na mesma lógica, apresentando--a *a contrario*: em lugar do elogio à apatia, o temor da mobilização. Também o diferencia o tom de inquietação, enquanto as obras de Lipset e de Almond e Verba, anteriores, exalam contentamento pela situação do mundo capitalista desenvolvido e, sobretudo, dos Estados Unidos.

O modelo que Huntington e seus colegas desenvolvem tem como ponto de partida os anos de prosperidade econômica do pós-guerra, uma prosperidade que, segundo eles, foi baseada na combinação entre livre mercado e gestão keynesiana da economia, à qual se somava a segurança social proporcionada pelos Estados de bem--estar (Crozier, Huntington e Watanuki, 1975).[8] Ao mesmo tempo, são anos de democratização generalizada, isto é, da introdução de padrões mais democráticos de relacionamento não apenas na *polis*, mas também em outros espaços, como famílias e escolas (cumpre

---

8 A síntese feita nesse parágrafo acompanha Held (1996, p.240-4).

DEMOCRACIA E REPRESENTAÇÃO 105

notar que as empresas permanecem de fora). A prosperidade econômica conduz ao aumento das expectativas; a democratização, ao declínio dos padrões de deferência aos superiores sociais e do respeito às hierarquias, o que Huntington (1975b, p.102) chama de "destempero democrático". Isto leva ao incremento das pressões sociais por melhorias localizadas. Como os líderes políticos competem por votos, eles se esforçam para atender a essas pressões, ampliando a intervenção estatal na economia e na vida social. Como a complexidade da gestão da sociedade aumenta, há maior necessidade de controle social. Ora, esse controle é cada vez mais difícil, devido ao declínio da hierarquia. Ao mesmo tempo, o sucesso nas pressões sobre o Estado leva a novo aumento das expectativas, portanto a mais pressões, gerando um círculo vicioso. E a ampliação da presença estatal ocasiona a redução do mercado capitalista, que seria a base da prosperidade.

Em suma, "as demandas crescem enquanto a capacidade de resposta do governo democrático está estagnada" (Crozier, Huntington e Watanuki, 1975, p.9). Não é difícil perceber as semelhanças desse modelo com outro – gerado na mesma época, mas do lado oposto do espectro político, no marxismo e em seus arredores – que percebia uma crise fiscal e de legitimação no mundo capitalista. Tornaram-se conhecidas as análises de O'Connor (1973) e de Habermas (1975 [1973]), para citar alguns; e a melhor síntese talvez seja encontrada na elaboração de Claus Offe (1984 [1972]). Premido pela necessidade de garantir a legitimação das instituições políticas e econômicas, bem como de sua própria gestão, o governo deve conceder benefícios crescentes à maioria da população, na forma sobretudo de mecanismos de bem-estar social. Como isso é necessariamente sustentado através de impostos, a taxação tende a aumentar e compromete a outra tarefa do Estado capitalista, que é garantir a valorização do capital. Em suma, as tarefas de legitimação e de valorização do capital tendem a se tornar contraditórias; é aí que residem os motivos da crise.

As semelhanças não escondem diferenças ainda mais importantes. Aquilo que Offe e outros autores vinculados à perspectiva marxista veem como o conflito distributivo entre capital e trabalho, Huntington e seus parceiros descrevem como sendo as exigências exageradas de um povo malcomportado, que não percebe estar matando a galinha dos ovos de ouro ao pôr em risco a economia de mercado – numa narrativa em que são claras as ressonâncias da "rebelião das massas", de Ortega y Gasset, discutida no capítulo "A democracia elitista". A diferença fundamental, no entanto, reside no fato de, naquele momento, Offe julgar que o problema estava no capitalismo, enquanto que para os teóricos da "ingovernabilidade", o problema era a democracia.

Como as raízes da crise são o excesso de demandas e o declínio da autoridade, a solução é menos demandas e mais autoridade; o que significa duplamente menos democracia – aliás, Huntington (1975b, p.114) afirma expressamente que há excesso de democracia e é necessário reduzi-la. Os caminhos indicados são dois, complementares. Primeiro, o reforço das hierarquias – que se contrapõe à igualdade social, a matéria-prima da vida democrática, como Tocqueville já observava em meados do século XIX – com o entendimento de que a posse de competências especiais é também um critério para a atribuição de poder, tão legítimo quanto a democracia. Segundo, o incremento da apatia política. O capítulo de Huntington, em especial, deixa claro ser necessário que certos grupos sociais permaneçam fora do processo político.

De certa maneira, é possível dizer que as preocupações de Huntington e seus colegas encontraram uma solução com a implantação do projeto neoliberal (cuja desconfiança em relação à democracia nasce já nos escritos de Hayek, na primeira metade do século XX). As pressões sobre o Estado são reduzidas pela diminuição da abrangência do próprio Estado, isto é, o espaço das decisões tomadas por regras democráticas foi reduzido e, em contrapartida, ampliou-se a abrangência das decisões não democráticas, de caráter mercantil – realidade sintetizada na fórmula "menos democracia, mais mercado". Regulador ostensivo e suscetível a reivindicações, o Estado recua diante do mercado, regulador oculto e impermeável ao controle democrático (Gorz, 1996, p.25).

DEMOCRACIA E REPRESENTAÇÃO 107

Após a queda do muro de Berlim, com a rápida incorporação da antiga órbita soviética ao mundo do capitalismo liberal, ouviram--se manifestações entusiásticas apontando o triunfo definitivo das instituições ocidentais (Fukuyama) ou, ao menos, sinalizando mais uma etapa na expansão global da democracia (o próprio Huntington). Mas não tardou a acender um sinal amarelo. Se era verdade que as instituições da democracia eleitoral eram adotadas em mais e mais lugares do mundo, elas também desfrutavam de legitimidade decrescente nos próprios países centrais. Na formulação de Robert Dahl (2000), tratava-se de um "paradoxo democrático": cidadãos apegados às normas democráticas, mas descrentes das instituições que deveriam efetivá-las.

Muitos estudos do final do século XX procuraram mensurar e analisar esse paradoxo, com destaque para os volumes organizados por Pippa Norris e por Robert Putnam e Susan Pharr. A pesquisa dirigida por Norris se apresenta como uma atualização de *The civic culture* [A cultura cívica] – "*It is* The Civic Culture *study 40 years later*" ["É o estudo de *The Civic Culture* 40 anos depois"], diz a frase de Gabriel Almond, reproduzida na capa –, isto é, seu foco está nas disposições políticas dos cidadãos. Já a pesquisa de Putnam e Pharr, também comissionada pela Trilateral, busca dialogar com *The Crisis of Democracy* [A crise da democracia], tendo por interesse principal as condições de estabilidade dos sistemas políticos. No modelo adotado por autores de ambos os lados, cultura política e estabilidade institucional estão intimamente relacionadas, fazendo que sejam bastante similares não apenas os dados que apresentam (as *surveys* do World Values Study, aplicadas em velhas e novas democracias eleitorais, são a fonte principal nos dois casos), como também a leitura que dele fazem.

Norris, expandindo categorias de David Easton, aponta cinco facetas da legitimidade política referentes ao apoio que se expressa à *comunidade política nacional*, aos *princípios do regime*, ao *desempenho do regime*, às *instituições do regime* e aos *atores políticos*. Como imagem geral, é possível dizer que o nível de apoio às comunidades políticas é alto, a satisfação com o desempenho é variada e a confiança nos

108   LUIS FELIPE MIGUEL

políticos oscila. O mais importante, porém, é o contraste entre a manutenção de índices elevados de adesão aos princípios democráticos e o declínio, em alguns casos muito acentuado, da confiança nas instituições. A autora o interpreta como uma decalagem entre a percepção de uma democracia ideal e a compreensão realista de seu funcionamento, ecoando formulações anteriores de Giovanni Sartori (1994 [1987], *passim*; Norris, 1999, p.11). Mas é possível dizer, ao contrário, que se trata de um entendimento bastante realista quanto ao fracasso das instituições atuais em realizar promessas fundamentais da democracia, como a igualdade política entre os cidadãos e a soberania popular.

Com o foco mais restrito – a preocupação é apenas com a América do Norte, Europa Ocidental e Japão –, os estudos liderados por Pharr e Putnam observam uma onda generalizada de ceticismo ou mesmo cinismo em relação às instituições governamentais. Os dados revelariam, para uma grande maioria dos países, a queda na confiança popular em relação aos políticos, aos partidos e às instituições (Putnam, Pharr e Dalton, 2000). Embora parte dos textos explore a questão da perda de autonomia dos governantes, com a globalização, a ênfase maior é dada a problemas na relação entre representantes e representados, em especial a deterioração da liderança política, dos padrões de julgamento dos votantes e/ou do capital social (no sentido de Putnam, isto é, o padrão de confiança interpessoal dentro da sociedade).

Assim, é possível perceber que o ativismo político dos anos 1960 e 1970, que procurava distender os limites das democracias ocidentais, foi substituído por um descrédito generalizado.[9] Talvez, por trás de atitudes diferentes, permaneçam sentimentos similares: há uma forte concordância quanto ao valor da democracia, na qualidade de autogoverno popular, mas os cidadãos não se sentem representados. Mobilização extraeleitoral e apatia são respostas diferentes – a

---

9   As novas formas de ativismo político, que surgiram ao longo da última década e têm ganhado grande visibilidade, mostram que é possível vislumbrar um refluxo da apatia. Mas é uma discussão que não posso aprofundar aqui.

DEMOCRACIA E REPRESENTAÇÃO 109

primeira indica a esperança de mudança, enquanto a segunda revela ceticismo –, mas ambas se opõem à adesão confiante no sistema político que o bom funcionamento da representação deveria disseminar. Há, portanto, um evidente distanciamento entre os mecanismos representativos vigentes e o ideal da soberania popular. Uma compreensão aprofundada do fenômeno exige que se enfoque a *insuficiência* da representação política, tal como entendida correntemente, apontando-a como responsável em parte pelo desencanto popular com os mecanismos representativos, e sugerindo as linhas de uma interpretação mais abrangente da representação. Para tanto, valho-me do célebre debate, ocorrido nas décadas de 1960 e 1970, na ciência política de língua inglesa, sobre as "dimensões" do poder.

Em 1956, o sociólogo C. Wright Mills (1981 [1956]) publicou aquele que seria seu livro mais influente, *A elite do poder*. Analisando a história política estadunidense, chegou à conclusão de que, por trás da fachada democrática e dos reclamos rituais de obediência à vontade popular, cristalizara-se o domínio de uma minoria que monopolizava todas as decisões-chave. Os três pilares da "elite do poder" eram os grandes capitalistas, os principais líderes políticos e os chefes militares. Graças a mecanismos de integração, que geravam uma visão de mundo unificada e interesses compartilhados, formavam uma única elite, dividida em três setores, e não três grupos concorrentes. Tais mecanismos incluíam, notadamente, o intercâmbio de posições entre os três setores (militares da reserva e políticos aposentados ingressando em conselhos de empresas; capitalistas, executivos e oficiais das três armas ocupando postos no governo) e a convivência em comum nos ambientes das "altas rodas". Os integrantes das elites vinham das mesmas escolas e faculdades, frequentavam as mesmas festas, clubes e restaurantes, casavam seus filhos entre si. Tudo isso reforçava a solidariedade entre eles e fazia que, cada um, ao tomar uma decisão, não deixasse de levar em conta os interesses dos outros.

A perspectiva de Wright Mills coincidia com a denúncia marxista quanto ao caráter meramente "formal" da democracia burguesa. Os

110 LUIS FELIPE MIGUEL

direitos liberais e os mecanismos eleitorais de participação apenas esconderiam o fato de que a esmagadora maioria da população estava excluída das decisões mais importantes. Mas o sociólogo estadunidense discordava dos marxistas ao apresentar a propriedade dos meios de produção como apenas uma posição de elite, em pé de igualdade com as outras. Por isso, ele vai recusar o conceito de classe social, preferindo usar uma terminologia estranha ao marxismo.[10] Em vez de uma "classe dominante", a burguesia, determinada por sua posição nas relações de produção, há uma elite do poder, definida por critérios políticos.

Cumpre observar que a utilização do conceito de "elite", por Wright Mills, implica a subversão da teoria clássica das elites, formulada no início do século XX por autores como Vilfredo Pareto, Gaetano Mosca e Robert Michels, conforme visto no capítulo "A democracia elitista". Wright Mills vai usar o conceito de elite não para se confrontar com o ideal democrático, negando a possibilidade de sua efetivação, mas para acusar as "democracias realmente existentes" (a partir de sua realização emblemática, os Estados Unidos da América) de não cumprirem sua promessa central: o governo do povo. Desta maneira, o caráter conformista – e, portanto, conservador – da abordagem dos elitistas clássicos é substituído por um apelo em favor do aprimoramento da democracia, com a retirada dos entraves que a preponderância das elites impunha (e impõe) a ela. Apesar de diversas inconsistências e fragilidades apontadas por seus críticos, *A elite do poder* representou um esforço importante da ciência social estadunidense, no sentido de uma análise mais substantiva e menos formalista dos processos políticos em conexão com a estrutura da sociedade.

Na mesma época, um esforço com ambição semelhante alcançava conclusões opostas. Em 1956, mesmo ano de publicação de *A elite do poder*, Robert Dahl lançou *Um prefácio à teoria democrática*,

---

10 Embora a obra de Wright Mills tenha inspirado uma das mais importantes tentativas de interpretação marxista do Estado contemporâneo (Miliband, 1972 [1969]).

DEMOCRACIA E REPRESENTAÇÃO **111**

livro que apresenta a primeira síntese abrangente de sua teoria pluralista.[11] Reservando o termo "democracia" para um ideal que raras vezes é concretizado no mundo real (e nunca em agrupamentos tão numerosos e complexos quanto Estados-nações), ele cunha a palavra "poliarquia" para designar a aproximação possível a esse ideal. Embora Dahl desenvolva um conjunto de critérios de democracia, cuja efetivação parcial definiria uma organização como poliárquica, o ponto crucial – que transparece já no significado etimológico da palavra – é a presença de uma multiplicidade de polos de poder, sem que nenhum seja capaz de impor sua dominação a toda a sociedade (Dahl, 2006 [1956]).

A incompatibilidade com a perspectiva de Wright Mills é muito evidente. Em lugar da ênfase no domínio de uma minoria que, embora dividida em três setores, compartilha um conjunto de valores fundamentais, Dahl apresenta uma miríade de grupos com influência localizada, entrando em coalizões sempre fluidas e provisórias para o exercício das funções de governo. A polêmica se torna explícita quando, em 1958, Dahl publica o artigo "Uma crítica ao modelo de elite dirigente", com reparos metodológicos à abordagem de Wright Mills, à qual acusa, de maneira não muito velada, de se apoiar numa visão conspiratória do exercício do poder e de ser infalsificável no sentido de Popper, isto é, de não ser científica.

O artigo, então, propõe uma versão revisada do modelo, a fim de que se torne possível testá-lo. Dahl apresenta uma definição operacional de elite dirigente como sendo "uma minoria de indivíduos cujas preferências prevalecem regularmente nos casos de diferenças nas preferências sobre questões políticas chave", observando ainda

---

11 Uma segunda síntese aparece no livro *Poliarquia*, de 1971. Nele, Dahl apresenta um modelo muito mais enxuto, elegante e operacionalizável do que o de quinze anos antes (e por isso exerce uma enorme influência na ciência política posterior), mas, a meu ver, ao preço de uma estilização excessiva, que reduz seu poder de interpretação da realidade (Dahl, 1971). Daí para diante, numa trajetória intelectual invulgar, Dahl se mostra cada vez mais crítico em relação ao sistema político estadunidense, denunciando os constrangimentos que a ordem capitalista impõe à democratização (ver, em especial, Dahl, 1990a [1985], 1989).

112 LUIS FELIPE MIGUEL

que tal preponderância não pode ser um mero efeito da aplicação das regras democráticas (Dahl, 1958, p.464). Só é possível falar na existência de uma elite do poder quando se constata a presença de tal minoria. Ele emprega seu teste, concluindo pela superioridade do modelo poliárquico, num estudo sobre os processos decisórios em New Haven, Connecticut, apresentada como cidade "típica" da vida urbana estadunidense. A pesquisa mostra que, embora uma minoria de líderes monopolizasse as iniciativas políticas nas três questões polêmicas analisadas (nomeações de funcionários públicos, reurbanização, educação), havia conflitos internos a ela, e a influência de cada líder era, via de regra, especializada, isto é, incidia sobre apenas um dos três assuntos (Dahl, 1961).

O estudo de Dahl está sujeito a uma série de questionamentos de ordem metodológica, a começar pela premissa de que o microcosmo é um retrato fiel, em escala menor, do macrocosmo – quer dizer, de que o estudo dos processos de decisão em nível local pode servir de evidência para o nível nacional. Afinal, *tamanho* e *distância* são fatores essenciais para explicar a apatia política popular, um dos elementos que favorecem o domínio da elite. Além disso, é difícil crer que uma cidade, na época com 160 mil habitantes, sede da Universidade Yale possa ser considerada "típica", por mais que muitos de seus indicadores demográficos sejam medianos. Mas a principal crítica foi formulada por Peter Bachrach e Morton S. Baratz em dois artigos de grande repercussão, publicados na *American Political Science Review* em 1962 e 1963.

Situando o debate entre elitistas e pluralistas, Bachrach e Baratz observam que sua principal fragilidade reside na redução do exercício do poder à tomada de decisões sobre questões controversas. Tentando superar essa percepção, que julgam ser demasiado simplista, eles propõem uma nova definição de poder capaz de incorporar sua "segunda face":

> É claro que o poder é exercido quando A participa na tomada de decisões que afetam B. Mas o poder também é exercido quando A devota sua energia a criar ou reforçar valores sociais e políticos e

DEMOCRACIA E REPRESENTAÇÃO 113

práticas institucionais que limitam o escopo do processo político à consideração pública apenas daquelas questões que são comparativamente inócuas para A. Na medida em que A obtém sucesso nisso, B está impedido, para todos os propósitos práticos, de trazer à baila quaisquer questões cuja resolução possa prejudicar seriamente o conjunto de preferências de A. (Bachrach e Baratz, 1962, p.948)

É possível chamar a segunda face do poder de "controle sobre a agenda pública". Ao ignorá-la, acreditando que o poder se reflete sempre em decisões concretas, Dahl não percebe que as verdadeiras "questões políticas chave", nas quais a influência da pretensa elite política deve ser testada, podem estar invisíveis. A expressão pública das divergências quanto a tais assuntos seria anulada pela certeza prévia de que nenhuma proposta alternativa teria chance de vingar. Os autores usam um exemplo institucional – as propostas que um prefeito não faz por saber de antemão que a assembleia com poder decisório seria hostil a elas (Bachrach e Baratz, 1962, p.951-2) – mas não é difícil aplicar suas observações a esferas menos formalizadas da prática política.

Bachrach e Baratz reconhecem que o controle da agenda apresenta dificuldades de operacionalização, uma vez que se caracteriza precisamente por sua invisibilidade. Mas afirmam, com razão, que é um erro "descartar 'elementos imensuráveis' como irreais" (Bachrach e Baratz, 1962, p.952): não é o fato de a segunda face do poder ser menos evidente e menos mensurável do que a primeira (o controle sobre as decisões) que a torna menos importante para a compreensão da realidade social. Mais tarde, eles vão observar que embora as "não decisões" sejam, por definição, não eventos, é possível detectar e analisar empiricamente o "processo de não tomada de decisão" (*nondecision-making process*), isto é, "a mobilização do viés sobre uma questão latente" (Bachrach e Baratz, 1963, p.641).

Desta forma, Bachrach e Baratz apresentam uma perspectiva bidimensional do poder, acrescentando à sua manifestação mais evidente (a tomada de decisão) uma face oculta, o impedimento da expressão do conflito político. Para Steven Lukes – que intervém no

114　LUIS FELIPE MIGUEL

debate em 1974, com um opúsculo sobre o significado do poder –, trata-se de uma visão ainda insuficiente, mesmo que represente um significativo passo adiante em relação a Dahl. Segundo o cientista político britânico, a perspectiva bidimensional, tal qual a unidimensional, mantém a ênfase no conflito efetivo de interesses, esteja ele aberto ou encoberto (Lukes, 1985 [1974], p.16). Faz-se necessário acrescentar um novo elemento, a manipulação das vontades alheias.

A terceira – e mais crucial – dimensão do poder residiria na capacidade de fazer que grupos e indivíduos tivessem desejos contrários a seus verdadeiros interesses, impedindo a eclosão do conflito não apenas na arena pública, mas até mesmo na consciência dos agentes sociais (Lukes, 1985 [1974], p.22-3).

Fica claro que Lukes recolocou, em termos novos, a questão da ideologia. No entanto, mesmo entre os autores vinculados à tradição marxista, a tendência foi o abandono paulatino da versão mais forte de ideologia como "falsa consciência" (Eagleton, 1997 [1991]) – exatamente a que subjaz à ideia da terceira dimensão do poder. O desconforto com a noção de falsa consciência é que ela parece implicar a existência de uma consciência "verdadeira". Como tal consciência não emerge nos sujeitos sociais, que são, afinal, as vítimas da manipulação ideológica, o passo seguinte é postular a presença de um observador privilegiado, capaz de detectar os verdadeiros interesses dos agentes, cuja veracidade não fica comprometida caso contradigam seus desejos manifestos.

Existem dois problemas principais que tornam essa posição pouco sustentável. Em primeiro lugar, há a desconfiança, hoje quase universal, quanto à possibilidade de que algum observador externo seja capaz de identificar interesses melhor do que o próprio agente. A experiência do comunismo soviético mostrou os riscos políticos dessa ideia. Autonomeado porta-voz da consciência verdadeira da classe operária, o partido revolucionário sentiu-se legitimado para exercer sua ditadura sobre aqueles cujos interesses dizia representar. A não adesão a seu programa era interpretada como conhecimento imperfeito dos próprios interesses ou, então, sintoma de desequilíbrio, a ser tratado em instituição psiquiátrica.

DEMOCRACIA E REPRESENTAÇÃO 115

Convém notar que, na prática cotidiana, o preceito da inexistência do observador privilegiado é, com certa frequência, deixado de lado. Julgamos legítimo intervir, por exemplo, para impedir um ato de automutilação ou um suicídio, da mesma forma como obrigamos as crianças a comer verduras ou ir à escola. Em tais casos, como em outros assemelhados, partimos da crença implícita de que sabemos "o que é melhor" para essas pessoas, mais do que elas mesmas. No entanto, não é sustentável a justificativa de que nossa intervenção é adequada, pois doentes mentais, crianças ou toxicômanos não conseguem perceber as consequências em médio e longo prazos de seus atos não se sustenta. Afinal, o mesmo poderia ser dito, *mutatis mutandis*, das vítimas da ideologia, que possuem uma visão distorcida do mundo social.

É importante frisar que a alternativa diametralmente oposta à ideia da falsa consciência – o recuo ao entendimento de que as preferências pessoais e os interesses delas decorrentes são inquestionáveis de antemão – também não resolve o problema. Afinal, tais preferências não são dados da natureza. Elas são construídas, num processo que depende tanto dos recursos cognitivos de que dispõe o sujeito quanto de códigos sociais compartilhados. O resultado é que se impõe uma conclusão paradoxal: a possibilidade de distorção permanece, mesmo quando se abandona a crença na existência objetiva de uma consciência "correta" dos próprios interesses.

O segundo problema com a abordagem da "falsa consciência" se liga à noção, que ela também incorpora de maneira implícita ou explícita, de um interesse unívoco por parte dos sujeitos. Não é possível, aqui, reconstruir a polêmica entre marxistas e pós-estruturalistas, com os primeiros afirmando a preeminência dos interesses materiais ligados à posição nas relações de produção, e os segundos observando a fragmentação das identidades em múltiplas "posições de sujeito", com interesses díspares e por vezes antagônicos.[12] Mas,

---

12 A posição pós-estruturalista é desenvolvida em Laclau (1986 [1983]) e, sobretudo, Laclau e Mouffe (1987 [1985]). Para uma resposta marxista ortodoxa, ver Wood (1998 [1986]).

116 LUIS FELIPE MIGUEL

independentemente da importância relativa das diferentes identidades parciais dos indivíduos e da primazia ou não da identidade de classe, é inegável que, nas sociedades contemporâneas, os cidadãos desempenham múltiplos papéis, cujos interesses "óbvios" podem ser contraditórios. Não é difícil imaginar, por exemplo, uma contradição entre os interesses que um mesmo sujeito desenvolve na qualidade de trabalhador e na qualidade de consumidor.

Portanto, a tese central de Lukes – de que uma dimensão do exercício do poder consiste em impedir o acesso dos agentes sociais à consciência de seus reais interesses – implica uma série de premissas temerárias. Mas é possível reter seu elemento mais importante, o reconhecimento de que as vontades são produzidas socialmente e, mais ainda, que alguns agentes possuem uma capacidade superior de influência na produção das vontades de outros. Seu argumento pode ser reconstruído de uma perspectiva democrática radical, eliminando o componente autoritário em potencial que ele carrega.

No caso da democracia representativa, o principal instrumento de transferência formal de poder é a eleição. No entanto, como já foi visto, até meados do século XVIII, democracia e eleições não se confundiam no pensamento político. Enquanto a democracia se apoia na premissa da igualdade fundamental entre todos os cidadãos, a eleição contempla uma seleção; implicitamente, postula a existência de indivíduos mais bem preparados para ocupar os cargos públicos e é, portanto, um mecanismo aristocrático. Em seu importante estudo sobre as origens e as transformações da democracia representativa, Bernard Manin (1997, p.94-131) mostrou como a adoção da eleição para a indicação dos governantes, no lugar do sorteio característico da democracia grega, representou o triunfo do "princípio da distinção" aristocrático. Ellen Meiksins Wood (1995), por sua vez, apontou que as instituições representativas não surgiram como solução para a impossibilidade da democracia direta em grandes Estados; foram, desde o início, pensadas como uma forma de reduzir a presença popular no governo, reservando-o para pessoas com características de elite.

Desde o princípio, também, a *rationale* da representação foi invertida. Na prática política, os cidadãos comuns não escolhem um representante para promover seus interesses, formulação que lhes concede o papel ativo. Ao contrário, eles apenas reagem diante das ofertas que o mercado político apresenta.[13] O desenvolvimento dos partidos políticos, que paulatinamente passam a ocupar a posição de protagonistas, cria o fenômeno do duplo mandato, pois o representante presta contas a seu partido tanto ou mais que a seu eleitorado. O *conceito* de representação política se torna cada vez mais complexo, na medida em que a prática não se adapta aos modelos ideais correntes. A polissemia da palavra contribui para isso, pois a ideia de representação política é contaminada pelos diferentes usos de "representação" e "representar" nas artes visuais, nas artes cênicas, na literatura e no campo jurídico, entre outros. Em seu estudo fundamental sobre o tema, Hanna Pitkin chega a uma tipologia das concepções da representação política; para nossos fins, interessam duas correntes principais, que a autora chama de "representação descritiva" e "visão formalista" (Pitkin, 1967). A primeira busca que o corpo de representantes forme um microcosmo da sociedade representada, reproduzindo, nas proporções adequadas, suas características principais. Nesse caso, quem são os representantes é mais importante do que aquilo que eles fazem. A visão formalista, ao contrário, enfatiza a relação entre o representante e os representados, destacando ou a autorização que os cidadãos dão para que alguns ajam em seu lugar ou a prestação de contas que o representante deve fazer de seus atos, que a literatura de ciência política designa pela palavra inglesa *accountability*.

A predileção de Pitkin pela vertente formalista, que daria maior proteção aos cidadãos, contraposta à visão "ingênua" da representação descritiva, tem sido desafiada por visões teóricas mais recentes, preocupadas com a reduzida presença de grupos subalternos (como mulheres, trabalhadores ou minorias étnicas) nos espaços de poder (Phillips, 1995). No entanto, há um reconhecimento mais ou menos generalizado, mesmo entre os defensores da introdução de mecanismos descritivos, de que autorização e *accountability* são os

---

13 Ver Bourdieu (1981, 1990 [1984]).

instrumentos cruciais da legitimação e da manutenção do vínculo entre governantes e governados. Abrir mão de autorização e de *accountability* significa descartar a esperança de que a representação guarde seu pretendido caráter democrático, questão que será desenvolvida no capítulo "Da autorização à *advocacy*".

Importa destacar, aqui, que as visões correntes da representação política, no senso comum, no ordenamento jurídico e também na ciência política, estão centradas no voto e na primeira dimensão, positiva, do exercício do poder: é o processo de escolha de delegados que tomem as decisões em nosso nome. A eleição ocupa uma posição de destaque absoluto já que, bifronte, é o episódio fundador e, ao mesmo tempo, a meta orientadora da relação entre representantes e representados. Ela é vista tanto como o momento da autorização para que outros decidam em nome do povo, que permanece como titular último da soberania, quanto como o momento de efetivação da *accountability*, quando os representados apresentam seu veredito sobre a prestação de contas dos representantes.

De maneira um tanto esquemática, é possível apontar um modelo ideal da representação política que subjaz ao ordenamento jurídico das democracias liberais. Em primeiro lugar, na medida em que a eleição condensa a prática democrática, a formação das preferências tende a ser ignorada. Ao se dirigir à cabine de votação, o eleitor já está, ou ao menos deveria estar, de posse de uma preferência. A perspectiva liberal julga que as preferências individuais (e, por extensão, as crenças, os valores, os objetivos etc.) entram no processo político como dados, uma vez que se formam na esfera privada (Elster, 1997). O debate político e, em particular, as campanhas eleitorais permitem que o cidadão situe as diversas alternativas em relação às suas preferências e, sendo racional, como o modelo prevê, possa escolher aqueles candidatos que julgue mais adequados à consecução de seus objetivos.

Aqui já é possível perceber o peso da determinação da agenda pública no processo de escolha de representantes, mesmo em um modelo restrito como o apresentado. Para que um votante racional pondere a utilidade das diferentes alternativas eleitorais de que

DEMOCRACIA E REPRESENTAÇÃO 119

dispõe, ele deverá situá-las num espaço dado pelos vários temas controversos presentes na agenda. Ou seja, a informação é um item obviamente relevante no processo político, devendo estar disponível para a escolha esclarecida por parte dos cidadãos. Assim, a fixação da agenda condiciona as dimensões da escolha eleitoral, independentemente do grau de racionalidade e de autonomia dos eleitores na produção das próprias preferências.

É possível, agora, observar a outra face da moeda: a eleição como momento do veredicto popular, da realização da *accountability*. Os eleitores vão julgar o comportamento passado de seus representantes e a base para tal julgamento é o registro das posições assumidas quando estavam em questão pontos polêmicos. Mais uma vez, a decisão está condicionada – ou, ao menos, balizada – pela agenda pública estabelecida. Portanto, a relação entre representantes e representados depende, em grande medida, dos assuntos tematizados e colocados para decisão.

A introdução de uma segunda dimensão da representação política, análoga à segunda face do poder indicada por Bachrach e Baratz, implica a presença dos diferentes grupos na formação da agenda e no debate público. Mas cumpre observar que a produção da agenda política não ocorre exclusiva ou mesmo prioritariamente por ação dos representantes eleitos. Os diversos grupos de interesse presentes na sociedade disputam a inclusão ou exclusão de temas na agenda, bem como sua hierarquização, mas quem ocupa a posição central são os meios de comunicação de massa, conforme tem demonstrado a ampla literatura sobre a chamada *agenda-setting* (definição de agenda). A mídia é, de longe, o principal mecanismo de difusão de conteúdos simbólicos nas sociedades contemporâneas e, uma vez que inclui o jornalismo, cumpre o papel de reunir e difundir as informações consideradas socialmente relevantes. Todos os outros ficam reduzidos à condição de consumidores de informação. Não é difícil perceber que a pauta de questões relevantes, postas para a deliberação pública, deve ser em grande parte condicionada pela visibilidade de cada questão nos meios de comunicação. Dito de outra maneira, a mídia possui a capacidade de formular as preocupações públicas. Os

120   LUIS FELIPE MIGUEL

grupos de interesses e mesmo os representantes eleitos, na medida em que desejam introduzir determinadas questões na agenda pública, têm que sensibilizar os meios de comunicação. Alguns teóricos da democracia deliberativa, embora enfatizem o papel do debate público na organização democrática, optam por um modelo mais simples e manejável do processo político. Postulam que o parlamento é o local do debate público por excelência e que, portanto, os diferentes interesses sociais já têm porta-vozes naturais, na figura dos congressistas das várias tendências, e um espaço próprio de manifestação.[14] Trata-se de uma percepção equivocada, pois a separação entre a esfera decisória (dos poderes instituídos) e a esfera pública discursiva é uma das características fundantes da política moderna, como o próprio Habermas, aliás, observa. É aqui que podemos incluir os meios de comunicação de massa. Nas sociedades contemporâneas, eles detêm o quase monopólio da difusão de informações, de discursos e de representações simbólicas do mundo social; são a fonte, direta ou indireta, da esmagadora maioria das informações de que os cidadãos dispõem para compreenderem o mundo social em que vivem. Na medida em que o debate público não se limita a fóruns formais como o parlamento, mas deve alcançar o conjunto da sociedade, é evidente que a mídia passa a desempenhar uma função-chave.

Claro que um parlamentar pode apresentar o projeto que quiser, sobre qualquer tema, e desta forma submeter o assunto à decisão política. Ainda assim, a influência dos meios de comunicação na formulação da agenda é significativa. Há um forte incentivo para que as intervenções e os projetos dos parlamentares sejam ligados aos temas veiculados na mídia, por dois motivos: (1) são os temas de maior visibilidade efetiva, isto é, o parlamentar que age a respeito deles mostra-se como mais atuante; (2) são os temas de maior visibilidade pessoal potencial, isto é, a intervenção a respeito deles tem mais chance de receber destaque na mídia. Nem sempre os parlamentares aceitam a imposição da agenda midiática e, muitas

---

14 Ver Elster (1998b); Stokes (1998).

vezes, agem no sentido de modificá-la; a atuação de cada um vai depender do grau de vinculação a grupos de interesse definidos e da posição no campo político.[15] Mas não se pode ignorar o incentivo presente para políticos em procura de reeleição, nem o fato de que a tramitação congressual de questões de pequena visibilidade tende a ser simbólica ou muito lenta, quando não abortada.

Participar da elaboração da agenda e participar do debate público são, como já deve estar claro, quase sinônimos: o debate gira, em grande parte, sobre a composição e a hierarquização da agenda, com os diferentes grupos procurando destacar – ou, ao contrário, deixar na obscuridade – certos temas ou problemas. Entretanto, não basta apresentar os problemas; é necessário "enquadrá-los", ou seja, construir uma narrativa que permita identificar sua gênese, seus elementos, seus desdobramentos e as possíveis soluções. A decisão vai depender, em grande medida, do enquadramento dominante. Nem sempre a capacidade de incluir o tema na agenda leva à possibilidade de disputar a imposição de um enquadramento. Formas de ação direta, com recurso à violência ou à desobediência civil, por exemplo, podem ser eficazes para despertar a atenção para um problema, mas os grupos que recorrem a ela perdem legitimidade para serem aceitos como interlocutores públicos, sendo substituídos por outros, mais moderados (Gamson e Meyer, 1996, p.287-9). Na difusão dos diferentes enquadramentos, mais uma vez, os meios de comunicação de massa ocupam um papel central.

Sintetizando o argumento desenvolvido até o momento, ocupar uma função de representação política significa participar de processos de tomada de decisão em nome de outros (primeira dimensão), mas também participar da confecção da agenda pública e do debate público em nome de outros. Essa segunda dimensão é necessária porque, em sociedades populosas, extensas e complexas como as contemporâneas, a participação direta de todos no debate público é inviável. Da mesma maneira como a impossibilidade de tomada direta de decisões pelo povo torna imprescindível a representação

---

15 Ver o capítulo "Comunicação e representação".

122   LUIS FELIPE MIGUEL

parlamentar, a impossibilidade de uma discussão envolvendo a todos gera a necessidade da representação das diferentes vozes da sociedade no debate público.[16] Fica claro que os meios de comunicação de massa exercem uma função *representativa* nas sociedades contemporâneas. Em especial através do jornalismo, mas não só, a mídia nos diz diariamente o que é o mundo e, embora possamos recorrer a outras fontes, elas sempre permanecem em posição secundária, de complementaridade (Miguel, 1999). Neste "dizer o que é o mundo" está incluído o recorte dos fatos relevantes, das interpretações desses fatos, das alternativas que estão postas.

Entender os meios de comunicação como uma esfera de representação política é entendê-los como espaço privilegiado de disseminação das diferentes perspectivas e dos projetos dos grupos em conflito na sociedade. Isso significa que o bom funcionamento das instituições representativas exige que sejam apresentadas as vozes dos vários agrupamentos políticos, permitindo que o cidadão, em sua condição de consumidor de informação, tenha acesso aos valores, argumentos e fatos que instruem as correntes políticas em competição, e possa formar, de modo abalizado, sua própria opinião política. É o que se pode chamar de "pluralismo político" da mídia. Mas significa também, sobretudo em sociedades estratificadas e multiculturais, permitir a disseminação das visões de mundo associadas às diferentes posições no espaço social, que são a matéria-prima na construção das identidades coletivas, por sua vez, fundadoras das opções políticas. É o que vou chamar de "pluralismo social".

É evidente que a representação nos fóruns decisórios estabelecidos, caracterizada pela delegação de poder na forma do mandato eletivo, e a representação no debate público e na formação da agenda, que ocorre em grande medida por intermédio da mídia, ganham aspectos diferentes. Na primeira, a relação entre

---

16   Keane (1991, p.43) anota esse aspecto, em meio a uma crítica à concepção liberal de liberdade de imprensa, mas não chega a desenvolvê-lo.

representantes e representados assume uma feição muito mais formalizada (e, por isso mesmo, muito mais explícita), mas é também uma relação descontínua, que se cristaliza no momento das eleições. Dificilmente poder-se-ia pensar em algo tão institucionalizado para a agenda e para o debate, na medida em que, entre suas características, estão a fluidez e a multiplicidade de espaços em que acontecem. E é bom que seja desta maneira, uma vez que isso indica a possibilidade permanente de reapropriação pela sociedade dos assuntos públicos.

Ainda assim, é importante assinalar a necessidade de que os meios de comunicação representem de maneira adequada as diferentes posições presentes na sociedade, incorporando tanto o pluralismo político quanto o social. Hoje, via de regra, a mídia desempenha mal esta tarefa, por diversas razões, que incluem os interesses dos proprietários das empresas de comunicação, a influência dos grandes anunciantes, a posição social comum dos profissionais do setor e a pressão uniformizadora da disputa pelo público. Mais até do que a manipulação consciente – que, no entanto, é uma possibilidade sempre presente, sobretudo em momentos cruciais –, há a adesão inconsciente a determinada percepção do mundo, que preside a seleção e a hierarquização de temas, enfoques e valores (Entman, 1989; Page, 1996; Bagdikian, 1997; McChesnney, 1999; Ramonet, 1999). O resultado é a apresentação de uma imagem enviesada da sociedade.

O aprimoramento da representatividade social da mídia, que é o conteúdo da bandeira da "democratização da comunicação", não possui solução mágica. A distinção inelutável entre produtores e consumidores de informação gera por si só uma série de desafios para a prática democrática, exatamente da mesma maneira como, no que toca à primeira dimensão da representação política, a separação funcional entre cidadãos comuns e tomadores de decisão coloca, de chofre, problemas inexistentes nas democracias diretas da Antiguidade. A solução é sempre provisória e aproximada. Não consiste numa única providência; ao contrário, engloba um conjunto de medidas que começa na desconcentração da propriedade

124 LUIS FELIPE MIGUEL

de empresas de comunicação – que permanece dentro da lógica da concorrência mercantil e da utopia liberal do "livre mercado de ideias" – e chega à qualificação do público, dotando-o de um senso crítico mais apurado para a leitura das informações que consome.[17] O ponto mais importante é dissociar capacidade de prover informações – isto é, do usufruto da liberdade de expressão como *liberdade positiva* – da posse do poder econômico por meio de instrumentos como o direito de antena (que reserva tempo na mídia comercial para movimentos sociais e organizações da sociedade civil veicularem suas posições), o incentivo ao jornalismo, rádio e televisão comunitários e o financiamento público para estimular a expressão de grupos desprivilegiados. São medidas voltadas à equalização do acesso às formas de expressão pública entre os diversos grupos sociais, que devem ter condições de participar do debate com sua própria voz.

Cumpre observar que a desigualdade de acesso à discussão pública não é efeito apenas do controle da mídia, mas também da deslegitimação da expressão dos dominados no campo político, que exige o manejo de determinados modos de discurso. Como observou Pierre Bourdieu,

> a linguagem dominante [no campo político] destrói, ao desacreditá-lo, o discurso político espontâneo dos dominados: não lhes deixa outra opção que não o silêncio ou a *linguagem emprestada*, cuja lógica não é mais a do uso popular, sem ser a do uso culto, linguagem enguiçada, na qual as "palavras elevadas" estão presentes apenas para assinalar a dignidade da intenção expressiva e que, nada podendo transmitir de verdadeiro, de real, de "sentido", priva aquele que a fala da experiência mesma que julga exprimir. (Bourdieu, 1979, p.538)

---

17 É o movimento chamado, nos países de língua inglesa, de *"media literacy"* (ver Lewis e Jhally, 1998).

DEMOCRACIA E REPRESENTAÇÃO **125**

Em tais circunstâncias, a um grupo dominado resta apenas a opção de calar ou ser falado, isto é, de esperar que seus presumíveis interesses sejam abrigados no discurso de outros.

Nesse ponto, já estamos avançando para uma terceira dimensão da representação política, ligada ao que Lukes chama de *controle sobre as preferências*. Do ângulo que interessa no momento, isso implica dizer que uma boa representação política é a representação de preferências formuladas autonomamente. "Formuladas" é a palavra-chave: estou incorporando aqui a ideia de que os interesses não são dados fixos, não são naturais, nem são o reflexo automático de determinadas condições materiais. É necessário que os agentes coletivos possam produzir suas próprias preferências a partir do entendimento compartilhado sobre sua situação no mundo, num processo dialógico. Portanto, fica afastado o matiz autoritário, presente na formulação da terceira dimensão do poder por Steven Lukes.

Cabe dilatar um pouco mais a discussão, que é central e será retomada mais de uma vez de diferentes maneiras nos capítulos seguintes. Para muito da filosofia liberal, o problema das preferências se esgota na denúncia do paternalismo, isto é, na noção de que as escolhas de cada um não devem ser tuteladas nem orientadas na direção de algum bem maior estabelecido *a priori*, seja ele de base patriótica, religiosa ou ideológica. A neutralidade em relação às "concepções de bem" é um requisito da sociedade bem ordenada de Rawls (1971) e a aceitação desse princípio tornou-se praticamente o critério que define, entre seus críticos e seguidores, quem está dentro e quem está fora do campo liberal.

O antipaternalismo, no entanto, tende a assumir as preferências expressas pelos indivíduos como não problemáticas, exceto quando há coerção física aberta. No entanto, as condições para a produção razoavelmente autônoma das preferências são bastante mais exigentes. Elas falham quando há, por exemplo, uma condição de privação material, a ausência de informação plural, um baixo desenvolvimento de ferramentas cognitivas ou custos materiais e/ou simbólicos elevados em caso de mudança nas preferências expressas. O debate na literatura feminista sobre o estatuto da adesão

126 LUIS FELIPE MIGUEL

"espontânea" de mulheres a ditames sexistas de base religiosa, como no *affaire du foulard* [a questão do véu] na França ou mesmo na mutilação genital feminina, é revelador da complexidade da questão.[18] Assim, um antipaternalismo consequente deve ser entendido como a busca pela ampliação das condições de produção autônoma de preferências individuais e também coletivas, e não como aceitação acrítica da expressão atual delas. Mais importante do que isto, porém, é observar que a distinção paternalismo/antipaternalismo está longe de esgotar o problema. As preferências são *sempre* socialmente produzidas em ambientes em que alguns grupos possuem maior capacidade de transmitir suas visões de mundo e de impor seus valores; em que existem padrões estruturados de silenciamento. Ou seja, a questão central não é o paternalismo, mas a dominação. Múltiplos mecanismos nas relações de dominação submetem a formação das preferências dos dominados a pressões e constrangimentos por parte dos dominantes. E o que se efetiva não é uma relação paternal (que ocorreria pretensamente em favor do bem-estar do tutelado), mas a busca da redução dos custos da dominação.

A abordagem que proponho aqui promove um deslocamento importante em relação a certas noções influentes sobre o funcionamento da democracia. Apontar a necessidade de espaços autônomos de produção das preferências significa que não basta a existência de uma "esfera pública" em que diferentes posições entram em debate, conforme a formulação canônica de Habermas. Se isso ocorre, os grupos sociais com menor capacidade de constituição autônoma de seus próprios interesses – os grupos dominados, possuidores de menor capital, tanto econômico quanto cultural – estarão em posição desvantajosa. Na verdade, estarão quase que fadados a abraçar preferências adaptativas. O modelo de uma esfera pública única ou de um sistema deliberativo unificado, cujos participantes são vistos como indivíduos livres do pertencimento a grupos, presente no ideal da democracia deliberativa, apenas reproduz, num patamar

---

18 Cf. Okin (1999); Nussbaum (1999, cap.4); Phillips (2010).

DEMOCRACIA E REPRESENTAÇÃO   127

diferente, os problemas das instituições políticas liberais, que privilegiam os interesses mais imediatos das classes dominantes, como mostraram Claus Offe e Helmut Wiesenthal (1984 [1980]).

Portanto, como já foi apontado no capítulo anterior, é necessário que haja uma quantidade de esferas públicas concorrentes, isto é, de espaços em que os grupos da sociedade possam criar os interesses que, depois, serão representados nos fóruns políticos gerais, inclusive no parlamento. Nancy Fraser propõe a expressão "contrapúblicos subalternos", para assinalar que são "arenas discursivas paralelas nos quais membros de grupos sociais subordinados inventam e difundem contradiscursos para formular interpretações opositivas de suas identidades, interesses e necessidades" (Fraser, 1992, p.123). O seu principal exemplo é o do movimento feminista nos Estados Unidos, a partir do início do século XX, que construiu uma visão dos interesses das mulheres – e mesmo um conjunto de novos conceitos, como "dupla jornada", "assédio sexual" e outros – depois transportados, com relativo êxito, para a esfera pública ampla.

Apesar da polêmica posterior, entre as duas autoras, sobre o caráter econômico e cultural das desigualdades sociais, a posição de Fraser é congruente com a apresentada por Iris Marion Young (1990a, p.184-91). Ela propunha financiamento público para incentivar a auto-organização dos grupos oprimidos, canais especiais de acesso aos fóruns decisórios e até o poder de veto sobre políticas públicas que os atingissem em particular, proposição da qual recuou posteriormente (Young, 2000, p.149-50). O ponto importante é o primeiro, a busca da auto-organização, que permite aos grupos sociais construírem de maneira autônoma sua própria identidade.

Assim, a terceira dimensão aqui apresentada desloca, de forma ainda mais decisiva do que a segunda, a representação política para o campo da sociedade civil e do exercício ativo da cidadania, entendida segundo a "concepção alternativa" apontada por Alvarez, Dagnino e Escobar, que destacam a "ampla gama de esferas públicas possíveis onde a cidadania pode ser exercida e os interesses da sociedade não somente representados, mas também fundamentalmente re/modelados" (Alvarez, Dagnino e Escobar, 2000 [1998], p.16). Não

128 LUIS FELIPE MIGUEL

há possibilidade de uma representação política mais adequada sem a presença de uma sociedade civil desenvolvida e plural, na medida em que esta última é a própria base da prática da cidadania e dos contrapúblicos mencionados por Fraser.

Essa terceira dimensão é também a porta para se lembrar do caráter constitutivo da representação política, uma das primeiras características a ser teorizada, mas que costuma ficar à margem em grande parte da reflexão contemporânea. A representação não reflete necessariamente interesses pré-constituídos, pois os grupos devem construir e reconstruir seus interesses. Mas também não reflete necessariamente grupos pré-constituídos, pois deve, em primeiro lugar, produzir as identidades coletivas e as fronteiras entre os grupos politicamente relevantes.

Numa passagem crucial do *Leviatã*, Thomas Hobbes põe em questão a relação que tendemos a estabelecer, de forma intuitiva, entre comunidade e representante. Parece "lógico" julgar que a comunidade precede sua própria representação; que esta emanaria daquela. O filósofo inglês argumenta em sentido contrário, afirmando que é apenas a presença de um representante que gera a comunidade política:

> Uma multidão de homens é transformada em *uma* pessoa quando é representada por um só homem ou pessoa, de maneira a que tal seja feito com o consentimento de cada um dos que constituem essa multidão. Porque é a *unidade* do representante, e não a *unidade* do representado, que faz que a pessoa seja *una*. E é o representante o portador da pessoa, e só de uma pessoa. Essa é a única maneira como é possível entender a *unidade* de uma multidão. (Hobbes, 1997 [1651], p.137)

Ou seja: onde não existe um porta-voz autorizado, no qual o grupo se encontre e se reconheça, haveria apenas um conjunto de indivíduos atomizados. Hobbes, como se sabe, procurava negar a possibilidade da existência de uma soberania coletiva prévia ao pacto de submissão, em polêmica velada com pensadores

DEMOCRACIA E REPRESENTAÇÃO **129**

protodemocráticos, como Althusius. Se "o povo é anterior no tempo" e se o magistrado "é pelo povo constituído", como afirmava Althusius (2003 [1603], p.252), então há uma coletividade formada que prescinde da existência de um soberano.

Independentemente de seus objetivos políticos, a discussão de Hobbes contribui para problematizar a relação entre comunidade e representação;[19] não se trata de um caminho de mão única, em que uma comunidade dada se faz representar. A representação contribui significativamente para formar a comunidade, fixando suas fronteiras, diferenciando-a de outras, homogeneizando-a internamente. Assim, é possível dizer, num sentido mais específico, que a representação desempenha um papel crucial na constituição das comunidades. A história mostra como os Estados modernos europeus contribuíram para a constituição das comunidades nacionais, impondo uma língua única, unificando também a moeda, os pesos e medidas, determinando as fronteiras e promovendo ativamente a identificação entre os habitantes de seu território. Na qualidade de *colonizadores*, os Estados europeus desempenharam tarefa similar no resto do globo.

A transformação de uma multiplicidade de grupos e identidades, dentro de um território, numa comunidade una e única respondia também à necessidade de "simplificação" ou "legibilidade" das sociedades, comum a todos os Estados desejosos de administrá-las, conforme indicou James Scott (1998). Trata-se de um fenômeno próprio da ideia de *representação*, presente – de diferentes formas e em diferentes graus – nos vários sentidos dessa palavra, tão polissêmica. Representar é *reduzir* um objeto a algo que lhe é exterior, mantendo, no processo, algumas características – consideradas "essenciais", mas a determinação do que é "essencial" é sempre subjetiva, portanto sujeita a divergência – e descartando outras. Ao constituir a comunidade política enquanto constitui a si própria, a

---

19 Não custa lembra que posição semelhante, mas com objetivo político oposto, foi esposada por Sieyès, na virada do século XVIII para o XIX: "A integridade nacional não é anterior à vontade do povo reunido, que não é senão a sua representação. A unidade começa nela" (apud Rosanvallon, 1998, p.50).

130　LUIS FELIPE MIGUEL

representação também indica em que consiste o cerne dessa comunidade, separa o fundamental do contingente, preserva o que une e minimiza o que separa.

Isto implica, em suma, o reconhecimento do caráter *constitutivo* dos mecanismos representativos:

> Se a sociedade é apreendida como estando composta de unidades elementares discerníveis, a representação consiste numa simples descrição, em uma tradução. Mas se a sociedade é considerada, ao contrário, como opaca e ilegível, a representação deverá tomar uma dimensão construtiva: para exprimir a sociedade, ela deve antes produzi-la. (Rosanvallon, 1998, p.119)

No entanto, reconhecer essa dimensão construtiva não significa que entendê-la como arbitrária. A construção da sociedade ou, se preferirmos, da comunidade política deve respeitar elementos, tendências ou, para dizer o mínimo, um conjunto de possibilidades dado pelo próprio tecido social. Assim, as mudanças nos padrões de pertencimento de grupo e os processos de formação de identidades individuais e coletivas potencialmente geram desafios a formas antes estabelecidas e assentadas de representação/construção das comunidades políticas.

É o que ocorre em muitos países ocidentais que, nas últimas décadas, têm sofrido significativas transformações em sua paisagem social, provocando uma tensão crescente entre os mecanismos de representação e as comunidades identitárias. Sem pretender esgotar as diversas dimensões do problema, cabe observar que, ao longo do século XIX e começo do XX, o movimento operário foi exitoso na tarefa de assinalar a clivagem de classe como sendo a fundamental para o deciframento da sociedade em grande parte do mundo ocidental. Onde havia espaço para a representação democrática, a representação de classe adquiria proeminência. No entanto, sobretudo a partir dos anos 1960, novas identidades coletivas – ligadas também a transformações no mundo do trabalho que levaram a anúncios de "crise" ou mesmo "fim da sociedade do trabalho"

(Gorz, 1982 [1980], 1988; Offe, 1989 [1984]) – passam a desafiar a centralidade da classe social. As novas identidades estabelecidas, porém, não se fazem representar com facilidade. Continuando com Pierre Rosanvallon, ele observa que "a menor visibilidade dos sistemas de diferenciação em nossas sociedades [...] contribuiu, em seu conjunto, a fazer o sistema representativo entrar em sua nova crise" (Rosanvallon, 1998, p.417).

O historiador francês tende a ver essa transformação como um efeito do esfumaçamento das clivagens sociais, entendido como um fenômeno material não apenas simbólico, o que é, no mínimo, discutível. Para ele, as fronteiras entre os grupos se tornam mais tênues, as oposições menos renhidas. Mas parece pouco razoável imaginar que as clivagens sociais se desvanecem no mesmo momento em que as desigualdades se ampliam, como ocorre até nos países centrais. Portanto, em vez de pensar em termos de diferenciações sociais menos profundas, pode ser mais prudente assinalar uma situação de padrões de identidade sobrepostos, de maneira que um grupo social singular não pode mais pressupor que esgotará os pertencimentos coletivos de seus integrantes.

É o que gera impasses quando se procura, por exemplo, a ampliação da presença de grupos subalternos nas arenas de representação. Discutindo a questão da caracterização das "mulheres" como grupo social específico, o que se justificaria pelo fato de existirem constrangimentos estruturais relacionados a todo o gênero feminino, Iris Marion Young se debate com o problema de que o coletivo "mulheres" engloba vivências e perspectivas sociais muito díspares. Sua resposta é recorrer ao conceito de "serialidade", extraído da obra de Sartre. As mulheres não formariam um grupo, mas uma série, formulação que preservaria a heterogeneidade de suas posições (Young, 1997, cap.1). A solução de Young não é convincente, uma vez que, tomada em sua formulação original, a concepção sartreana de "serialidade" exclui a percepção de uma identidade (ainda que imperfeitamente) compartilhada, importante no caso de gênero, aproximando-se da noção de "agregação", que Rousseau opunha a "associação".

Ainda assim, a discussão introduzida por Young ajuda a pensar o problema da representação dessas novas identidades, que não se traduzem em um único representante ou grupo de representantes, pois, na sua singularidade, mantêm distância em relação ao próprio grupo que integram. Em suma, quando falamos numa sociedade "multicultural", não estamos nos referindo somente a uma pluralidade de grupos, com visões de mundo e/ou tradições díspares, convivendo num mesmo espaço. Neste caso, a produção de normas sociais razoavelmente consensuais torna-se uma tarefa complexa, mas a representação dos diferentes grupos seria, em si, pouco problemática. O que torna difícil a representação é o fato de que os pertencimentos de grupo são, muitas vezes, cruzados; nenhum deles apreende por inteiro seus integrantes e, por conseguinte, os porta--vozes são sempre incompletos.

Num artigo instigante, já mencionado anteriormente, Ernesto Laclau observa a multiplicação das "posições de sujeito", que ele vê como efeito das próprias conquistas do movimento operário. À medida que os trabalhadores obtêm melhores condições de vida e jornadas empregatícias menores, outros papéis sociais podem ganhar relevância e o pertencimento de classe se torna menos central (Laclau, 1983). O modelo vigente de representação política, fortemente ancorado no pressuposto do sujeito uno (um indivíduo, um voto), enfrenta enormes dificuldades para se adaptar ao descentramento das identidades. Ainda que a *démarche* pós-moderna de Laclau leve a uma formulação em que toda a materialidade da vida social se evapora numa teia abstrata de discursos (Laclau e Mouffe, 1987 [1985]), o que recebeu críticas bem fundadas de autores vinculados ao marxismo tradicional (Wood, 1998 [1986]; Aronowitz, 1992), suas sugestões permitem pensar a crise não apenas do movimento operário, mas de toda a representação política fundada na unidade identitária de comunidades e seus porta-vozes.

A crise da representação, assim, se funde a uma crise das identidades comunitárias. O reconhecimento dessa situação não deve levar à exaltação do passado perdido. O modelo de democracia representativa que floresceu no século XX sempre realizou bastante mal a

DEMOCRACIA E REPRESENTAÇÃO   133

promessa, nele contida, de um "governo do povo". Enviesado pelas desigualdades estruturais, funcionou e ainda funciona mais como instrumento de legitimação do que de transformação. A unidade identitária provida pela comunidade nacional encobria os muitos vieses presentes nas sociedades contemporâneas, que fazem com que ideias e valores de grupos subalternos sejam desqualificados de forma sistemática. Os desafios do presente abrem também a perspectiva do aprimoramento da política democrática. Não existem propostas fechadas; ou melhor, quando se apresentam, elas tomam a forma ou de tímidas adaptações, ou de sobrelanços utópicos. No primeiro caso estão os modelos federativos regionais ou mundiais, que apenas tentam reproduzir, num espaço geográfico maior, as instituições hoje comuns aos Estados nacionais – como indicações para ampliar o poder dos parlamentos regionais e da ONU, com vistas à formação de um poder legislativo federativo mundial, apresentadas por David Held (1991), entre muitas outras. No entanto, não enfrentam nem o descrédito atual das instituições representativas *nacionais*, nem o fato de que a ausência de um sentimento de comunidade nos níveis propostos compromete a legitimidade das novas instituições imaginadas.

No segundo caso se encontram fantasias como a "demarquia" de John Burnheim (1985), que substitui os poderes políticos multifuncionais (legislativos que legislam sobre tudo, executivos com autoridade sobre um determinado território) por uma multiplicidade de agências especializadas, com abrangência territorial diferenciada, correspondente à do problema com o qual se defrontam, e cujos integrantes seriam escolhidos através de um complexo procedimento de sorteio. Além do atomismo social que sua utopia trai, Burnheim ignora por inteiro a ideia da comunidade política, que – aparentemente – julga ser um bibelô dispensável na organização social; como se as instituições que propõe pudessem funcionar num vácuo de laços societários, bastando o reconhecimento racional da existência de problemas que exigem solução comum.

A teoria ampliada da representação política, aqui indicada, não constitui um modelo, mas antes uma orientação na direção de dois

134 LUIS FELIPE MIGUEL

valores principais. Em primeiro lugar, a busca do aprofundamento do pluralismo político, dando vez não apenas à expressão dos grupos de interesse constituídos, como no pluralismo liberal padrão, mas também à plena constituição dos interesses dos grupos. Ao contrário de muitas correntes críticas das democracias liberais contemporâneas, aí incluída boa parte dos deliberacionistas de matiz habermasiano, participacionistas, republicanistas cívicos e, sobretudo, comunitaristas, não se sonha com alguma forma de democracia unitária em que as diferenças sociais sejam abolidas e o consenso sobre o "bem comum" fique ao alcance da mão – ou da imaginação. O caminho é antes o inverso, contemplando a expressão e a representação de todos.

Em segundo lugar, o reconhecimento do valor da autonomia, no sentido de produção das regras sociais por aqueles que estarão submetidos a elas. É algo que exige não apenas a liberdade de escolha, mas "decisões alcançadas com uma consciência completa e vívida das oportunidades disponíveis, com referência a toda a informação relevante e sem constrangimentos ilegítimos ou excessivos no processo de formação de preferências" (Sunstein, 1991, p.11). O principal rebaixamento que o liberalismo provocou no ideal democrático foi o descarte da autonomia coletiva como algo utópico, inalcançável, quando não potencialmente perigoso (já que conduzindo à "tirania da maioria"). A democracia reduziu-se, então, à forma política que garantiria o usufruto das liberdades na esfera privada e a circulação das elites.

Dentro de tal moldura, a representação política enquanto tal tem pouco significado, com instituições como o parlamento servindo, sobretudo, de espaço de treinamento para líderes políticos, algo que os escritos fundadores de Weber (1993 [1918]) e Schumpeter (1976 [1942]) já colocavam com clareza (e, na verdade, com mais clareza do que por seus sucessores). O esforço de aprimoramento dos mecanismos representativos só ganha sentido se conectado a um ideal mais substantivo da democracia.

Entretanto, tal aprimoramento transborda o espaço das instituições políticas formais. Conforme procurei demonstrar ao longo

DEMOCRACIA E REPRESENTAÇÃO 135

deste capítulo, a crise da representação *não* se resolve nas esferas representativas em sentido estrito. Muitas vezes, o problema é abordado por meio dessa perspectiva limitada, e as soluções propostas passam por reforma no sistema eleitoral, com a introdução do voto majoritário ou da representação proporcional, conforme o caso; pela introdução de mecanismos inovadores para a seleção de representantes, como cotas para grupos politicamente dominados; pela geração de fóruns de cidadãos escolhidos de maneira aleatória ("representativos" no sentido descritivo), que interagiriam com as instituições tradicionais e garantiriam sua maior proximidade com as pessoas comuns. São ideias dignas de discussão e, algumas delas, até mesmo necessárias para o aperfeiçoamento da representação política. Mas são insuficientes.

Medidas cruciais passam por espaços externos à representação nos fóruns de tomada de decisão. Explorei duas "dimensões" adicionais, englobando o acesso ao debate público (e, portanto, aos meios de comunicação) e a auto-organização na sociedade civil, justificando as vantagens de um entendimento ampliado do conceito. Há mais um elemento que deve ser mencionado. Não se trata de uma nova dimensão da representação, mas, antes, de uma precondição do funcionamento de um regime democrático: a difusão das condições materiais mínimas que propiciem, àqueles que o desejem, a possibilidade de participação na política.

Anne Phillips observa que não há uma relação de mão única entre política e economia. O "empoderamento" dos grupos sociais marginalizados – ou seja, seu acesso às esferas de poder, com a capacidade de pressão daí derivada – é, por vezes, um prerrequisito para a transformação estrutural (Phillips, 1999, p.31). Isso serve de lembrete contra a simplificação levada a cabo pelo marxismo vulgar, que desdenhava as liberdades civis e políticas como meramente "formais" e acreditava numa determinação mecânica da "superestrutura" pela "base". No entanto, é importante apontar que a esfera política não está desconectada do restante da sociedade e que, sem um mínimo de igualdade material e garantia das condições básicas de existência, o funcionamento da democracia está gravemente comprometido.

Comunicação e representação

A concepção ampliada da representação política concede centralidade aos meios de comunicação de massa, como intermediários cruciais do debate público e da produção da agenda política. De fato, a mídia de massa modifica em profundidade nossa experiência no mundo, tornando-nos participantes de uma "realidade ampliada", incorporando um fluxo permanente de vivências vicárias e conectando nossas circunstâncias locais a processos de abrangência muito mais ampla. Hegel observara que, no mundo moderno, a leitura dos jornais substituía a prece matinal (apud Schudson, 2003, p. 68).

Rádio, televisão e internet ampliam ainda mais o impacto da comunicação de massa na vida cotidiana, constituindo o ambiente no qual se desenrolam nossas vidas, aí incluída a política.

Nas sociedades contemporâneas, o provimento de informações sobre o mundo é tarefa de sistemas específicos que formam o jornalismo, entendido aqui em sentido amplo (a imprensa escrita, mas também a divulgação de notícias por outro meios, como rádio, televisão ou internet). Em pequenas comunidades autárquicas, é possível imaginar que cada pessoa obtenha todas as informações significativas de que precisa para tocar sua vida através de sua vivência cotidiana ou do contato pessoal com testemunhas. No entanto, à medida que essa sociedade cresce e amplia suas trocas com comunidades próximas (e remotas), as informações significativas deixam de estar diretamente disponíveis. E a partir do momento em que aumenta o dinamismo dessa sociedade, com o abandono de práticas tradicionais, cada indivíduo passa a precisar de um volume maior de informação. Como se diz num romance de E. L. Doctorow (1996 [1995], p.82), "o jornal só aparece quando começam a acontecer coisas que as pessoas não podem ver com seus próprios olhos", ou seja, quando a condução da nossa vida passa a depender de informações distantes. O jornalismo supre essa necessidade; resumidamente, o trabalho jornalístico consiste em recolher informações dispersas (através de uma rede de repórteres), "empacotá-las" através de determinados processos técnicos (jornal, rádio, televisão, internet) e, enfim, distribuir o produto final a uma audiência diversificada.

Uma abordagem desse fenômeno pode ser feita a partir do conceito de "sistema perito", de Anthony Giddens. Para o sociólogo inglês, uma das características marcantes das sociedades contemporâneas é o fato de que vivemos num mundo marcado pelo "desencaixe" (*disembedding*) das relações sociais. No lugar das antigas comunidades face a face, nossas vidas hoje estão, de forma cada vez mais direta e abrangente, ligadas e condicionadas por grupos de pessoas que nunca vimos – e que, na verdade, em sua grande maioria, nunca veremos. As relações sociais são deslocadas de seus contextos locais e reestruturadas "através de extensões indefinidas de tempo-espaço" (Giddens, 1990, p.21). Embora não seja privilégio da contemporaneidade, esse desencaixe pode ser legitimamente considerado um dos seus traços definidores, pelo grau de generalização e profundidade que alcançou.

O mecanismo mais importante de "desencaixe" é a influência, cada vez mais onipresente, do que Giddens vai chamar de *expert systems*, expressão que as traduções brasileiras têm vertido como "sistemas peritos" ou "sistemas especialistas". O conceito, que elabora motivos weberianos, se refere a "sistemas de excelência técnica ou *expertise* profissional que organizam grandes áreas dos ambientes material e social em que nós vivemos hoje" (Giddens, 1990, p.27), incluindo saberes, práticas e artefatos.

DEMOCRACIA E REPRESENTAÇÃO **139**

Tais sistemas possuem dois traços característicos principais. O primeiro é o elevado grau de autonomia em relação àqueles que lhes estão submetidos. O cliente ou consumidor do sistema perito, sendo por definição desprovido da excelência técnica e da competência profissional específicas daquele sistema, possui uma capacidade muito reduzida de influenciá-lo – a rigor, sua influência se dá apenas através dos mecanismos de mercado. Ele pode deixar de adquirir certos produtos ou de contratar certos profissionais, iniciativa que, uma vez agregada a decisões similares de outros consumidores, seguramente provocará uma reação. Mas é só.

A segunda e talvez mais significativa característica dos sistemas peritos é que eles implicam, da parte dos clientes ou consumidores, uma crença em sua competência especializada. Assim, quando alguém vai ao médico, via de regra não tem condições de avaliar a correção ou a incorreção do tratamento que lhe é recomendado. Apenas *confia* no conhecimento especializado de que o médico é portador. O mesmo vale para quem contrata um engenheiro, um psicólogo, um eletricista etc., e também para aqueles sistemas peritos que se encontram objetivados em máquinas: um passageiro comum que embarca num avião acredita no conhecimento especializado materializado naquele aparelho, conhecimento cuja precisão é incapaz de avaliar. Computadores, viadutos, automóveis, medicamentos, televisores, pipoca para micro-ondas: mais uma vez, a listagem é interminável.

A confiança recebida pelo médico é, em muitos sentidos, idêntica à depositada pelo indivíduo da sociedade tradicional no feiticeiro ao qual recorre em busca de cura. Mas há distinções significativas. Os especialistas possuem um conhecimento que pode parecer misterioso para o paciente (ou consumidor), mas que é, em princípio, acessível a todos que se disponham a aprendê-lo; mais ainda, sua esfera de competência é restrita: em outros campos de atividade, os peritos estão reduzidos à posição de leigos. Já o "guardião da tradição", como diz Giddens, dispõe de um saber arcano, não comunicável aos outros, que lhe concede "um *status* distinto e generalizado na comunidade, como um todo" – isto é, jamais se torna uma "pessoa leiga" (Giddens, 1997 [1995], p.83-4 e 110).

140   LUIS FELIPE MIGUEL

Cabe observar ainda que o conceito guarda pelo menos duas diferenças fundamentais com a noção de "discurso" de Michel Foucault, que lhe é, em alguns sentidos, próxima (Lash, 1997 [1995], p.144). Em primeiro lugar, o conceito de Giddens, incorporando não só discursos e práticas, mas também artefatos tecnológicos, é muito mais abrangente que o do filósofo francês. Além disso, Giddens valora de forma bastante positiva os sistemas peritos, promotores de bem-estar e de racionalização, enquanto Foucault vê os discursos científicos como instrumentos de controle e de dominação. Na visão do sociólogo inglês, os sistemas peritos são parte integrante da "modernização reflexiva", um mundo de democracia e bem-estar em que o progresso da autoconsciência alavancaria a ampliação da liberdade. O inverso da visão de Foucault, na qual os saberes/poderes promovem o disciplinamento e sufocam a autonomia dos indivíduos.

Explicado, em linhas gerais, o conceito de Giddens, não é difícil perceber de que maneira o jornalismo – entendido em sentido amplo, como produção e veiculação de notícias por quaisquer meios – pode ser visto como um "sistema perito" que inclui uma prática específica e um produto final. O leitor/ouvinte/espectador, no papel de consumidor de notícias, mantém em relação ao jornalismo uma atitude de confiança, similar à dos outros sistemas peritos, que pode ser dividida em três momentos: (1) confiança quanto à veracidade das informações relatadas; (2) confiança quanto à justeza na seleção e hierarquização dos elementos importantes ao relato; e (3) confiança quanto à justeza na seleção e hierarquização das notícias diante do estoque de "fatos" disponíveis.

Aqui intervém uma primeira característica distintiva do jornalismo: a relativa incapacidade de comprovação da correção dessa confiança. Segundo observa Giddens, a crença nos sistemas peritos não é gratuita. Ela é sustentada pela experiência cotidiana, que nos diz que tais sistemas funcionam: como no ditado inglês, "a prova do pudim está em comê-lo". A crença do passageiro comum no conhecimento materializado no avião não é mantida com base em algum saber especializado, que ele não possui, mas também não é

DEMOCRACIA E REPRESENTAÇÃO 141

irracional. Apoia-se no fato de que, via de regra, os aviões chegam a seus destinos; a crença no engenheiro se mantém quando se observa que seus edifícios não desabam. Em geral, os sistemas peritos devem passar por isto que poderia ser chamado de "prova de efetividade".[1] As características próprias do jornalismo, porém, impõem sérias restrições a tal prova. O primeiro momento da crença do consumidor de informação – a veracidade do relato – permite a verificação apenas em certos casos. É claro que se um jornal noticia que em determinado cinema está passando o filme X e, ao chegar lá, o leitor confere que a informação não procede e está em cartaz o filme Y, a credibilidade desse veículo é abalada. Mas se a notícia for sobre um terremoto destruiu uma cidade no Sri Lanka, um número muito reduzido de leitores terá condições de comprovar a exatidão da informação.[2] Dado esse fato, que é congenial ao próprio jornalismo, a estratégia para obter a credibilidade, sobretudo na televisão, é *impor como indiscutível* o fato que se relata, em grande medida através da apresentação de imagens "que não mentem jamais".

A verificação do segundo momento da crença no jornalismo – a correta seleção dos elementos que compõem a notícia – é igualmente difícil. Sua comprovação (ou não) exige o conhecimento íntimo de realidades completamente alheias à vivência do consumidor de informação. Como saber, por exemplo, se o relato de uma reunião política não deixa de fora aspectos relevantes, quando essa informação é

---

1 Há exceções, isto é, sistemas peritos que mantêm por longo tempo a confiança dos seus clientes sem nenhuma comprovação razoável de sua efetividade. A mais impressionante destas exceções, no mundo contemporâneo, talvez seja a psicanálise.

2 O chamado "caso da Escola Base" revela que a dificuldade na comprovação das informações por parte dos consumidores não depende da distância espacial. Em 1994, proprietários e funcionários de uma pré-escola em São Paulo foram acusados de praticar atos de pedofilia; a divulgação da notícia gerou revolta na comunidade, que depredou o estabelecimento (ao que parece, com a conivência da polícia) e tentou linchar os responsáveis. Mais tarde, comprovou-se que a acusação era infundada – mas essa informação *também* dependeu do jornalismo para se tornar disponível. Veículos de comunicação, como a Rede Globo, os jornais *Folha de S.Paulo* e *O Estado de S. Paulo* e a revista *IstoÉ* foram posteriormente condenados a pagar indenizações aos envolvidos no caso.

nossa única via de acesso a tal reunião? Essa é, aliás, a justificativa da existência do jornalismo como veículo especializado de transmissão de informações: o fato de que nossa vida cotidiana nos põe em contato com uma parcela bastante restrita das informações de que podemos precisar.

Da mesma forma, a verificação do terceiro momento, a crença na correta seleção das notícias, diante do estoque de "fatos" disponíveis, é inacessível para a esmagadora maioria dos consumidores de informação. Às vezes, uma vivência pontual pode levar ao questionamento dos critérios de seleção da imprensa. É o que ocorre com aqueles que, por alguma eventualidade, se veem envolvidos em algum acontecimento que consideram de envergadura (uma passeata, uma greve, uma *vernissage*) e, com espanto, percebem que foram ignorados pela mídia. Ainda assim, eles não terão condição de questionar globalmente a seleção das notícias, já que o universo de fatos dos quais tomam conhecimento independentemente da imprensa é muito restrito.

A rigor, na maioria das vezes não se trata da correção ou incorreção na escolha das notícias, mas da imposição de um conjunto de critérios. A imprensa impõe à sociedade seus critérios de seleção de informações. Frutos de constrangimentos profissionais específicos, esses critérios passam a ser considerados "naturais" e indiscutíveis. Assim, o jornalismo exerce uma violência simbólica originária, que é exatamente o estabelecimento daquilo que há de "importante" no mundo.

A influência dos meios de comunicação também é particularmente sensível num momento crucial do jogo político, a definição de agenda. A pauta de questões relevantes, postas para a deliberação pública, é em grande parte condicionada pela visibilidade de cada questão nos meios de comunicação. Dito de outra maneira, a mídia possui a capacidade de formular as preocupações públicas. O impacto da definição de agenda pelos meios de comunicação é perceptível não apenas no cidadão comum, que tende a compreender as questões destacadas por eles como mais importantes, mas também no comportamento de líderes políticos e de funcionários públicos que se veem na obrigação de dar uma resposta àquelas questões.

DEMOCRACIA E REPRESENTAÇÃO 143

Cumpre observar que a mídia não se limita à definição de agenda, no sentido de apresentação "neutra" de um elenco de assuntos, como por vezes transparece nos trabalhos pioneiros sobre o tema (B. Cohen, 1969, p.13; McCombs e Shaw, 1972). Assim, a ideia de definição de agenda será complementada pela noção de "enquadramento" (*framing*), adaptada da obra de Erving Goffman (1986 [1974]): a mídia fornece os esquemas narrativos que permitem interpretar os acontecimentos; na verdade, privilegia alguns desses esquemas em detrimento de outros. Há, porém, uma dificuldade para operacionalizar o conceito: como trabalhar com o que não está posto, isto é, com os enquadramentos alternativos? Como ver aquilo a que não se dá visibilidade? Como perceber o que a mídia não mostrou, se é a mídia que nos mostra o mundo?

Mas é necessário observar que o jornalismo vai além da determinação dos temas que compõem a "agenda pública". Os jornais e os noticiários de rádio e TV elegem temas, apresentam os fatos relevantes para a compreensão de tais temas e ainda, num processo mais complexo e em longo prazo, ajudam a estabelecer os *valores* que presidirão a apreciação dessa realidade construída. Se o tema "desempenho da economia", por exemplo, é colocado em destaque na agenda pública, torna-se necessário identificar os indicadores relevantes (taxa de inflação, crescimento do PIB, nível de emprego etc.) e hierarquizá-los; esse processo revela, ele próprio, qual *valor* se julga dever perseguir prioritariamente no campo econômico – estabilidade, desenvolvimento ou redistribuição.

A imprensa – sempre entendida em sentido amplo, e com predominância sensível da televisão – desempenha igualmente um papel nada negligenciável na produção de capital simbólico, isto é, do *crédito social*, que permite a certos indivíduos ocuparem posições de autoridade em determinados campos (Bourdieu, 1980, p.203-4). De maneira mais específica, a formação do capital político passa, cada vez mais, pela intermediação do jornalismo. É uma realidade que os agentes políticos já percebem, intuitivamente, há bastante tempo, como demonstra o fato de as ações políticas serem, cada vez mais, pensadas como artifícios para a geração de notícias (e não o contrário,

144 LUIS FELIPE MIGUEL

isto é, jornalistas correndo atrás de "fatos" que têm existência independente, como o consumidor de informação tende a acreditar).

É evidente que o jornalismo e mesmo a mídia como um todo não possuem um controle absoluto sobre a construção da agenda, da realidade e dos valores – conforme mostra a ocorrência de mobilizações políticas de grande envergadura feitas *contra* os meios de comunicação mais importantes. Mas é inegável que, por sua posição estrutural de agregador/difusor de informação, o jornalismo está habilitado a cumprir um papel chave nesse processo.

A disseminação das novas tecnologias de informação, baseadas na internet, leva por vezes ao entendimento de que há um recuo da centralidade do jornalismo. De fato, não é possível ignorar o impacto crescente das novas tecnologias – embora ainda muito diferenciado de acordo com clivagens de geração e de classe – nos padrões de sociabilidade e na produção das identidades, algo que, à luz do exposto no capítulo anterior, possui evidente peso político. A internet tem fomentado novas formas de ativismo, muitas vezes marcadas por seu caráter individualista com foco na autoexpressão, mas que representam um fenômeno importante a ser estudado. É uma ferramenta de comunicação primordial para novos e velhos movimentos sociais, grupos minoritários e organizações contra-hegemônicas, proporcionando compartilhamento de informação de forma quase instantânea e a baixo custo. Mas o jornalismo, em particular, e os conteúdos simbólicos da grande mídia empresarial, em geral, continuam ocupando uma posição central.

O jornalismo permanece sendo o grande alimentador da informação, graças exatamente à sua condição de "sistema perito". Redes de ativistas podem cumprir um papel importante na disseminação de visões de mundo alternativas, mas é o jornalismo profissional que está equipado para distribuir informação abrangente, geral, de forma permanente. Os grandes conglomerados de mídia ocupam a posição de principais provedores de informação no próprio espaço da internet, por meio de portais que aproveitam a sinergia oferecida pelas estruturas de produção de notícias para os meios convencionais; seus conteúdos são, com enorme

DEMOCRACIA E REPRESENTAÇÃO   145

frequência, a principal ou mesmo única fonte de outros emissores dentro da rede. Assim, esses conglomerados seguem sendo capazes de gerar o ambiente social de informação compartilhada, isto é, a agenda comum do público; e os grupos alternativos permanecem nas posições (importantes, mas secundárias) de comentaristas que reagem a essa agenda, de ativistas que tentam influenciá-la a partir das margens ou de comunidades de gueto que mantêm uma faixa própria, paralela, com pouco ou nenhum diálogo com o público mais amplo. É a diferença entre uma página qualquer da internet – potencialmente acessível a todos, mas de fato procurada apenas por umas poucas pessoas – e um grande portal que concentra fluxo de visitantes e cujo conteúdo é acessado, comentado e reproduzido inúmeras vezes.

Não custa lembrar, ainda, que a tecnologia não se desenvolve de forma automática. Ativistas buscam brechas para utilizar ferramentas como a *web*, o Google, o Facebook ou o Twitter, que, no entanto, não foram projetadas para estimular a mobilização política ou a pluralização de informação, mas sim para usos comerciais. Ao contrário dos utopistas da internet, os grupos empresariais que desenvolvem a tecnologia são "profetas armados": dispõem de meios para implementar suas previsões na realidade.

As utopias iniciais de uma nova era em que os meios de comunicação estariam pulverizados eram também utopias de um salto numa política pós-representativa, em que todos poderiam se fazer ouvir e sentir de forma direta, plástica e "molecular", como dizia, nos anos 1990, seu principal arauto, o francês Pierre Lévy (1994, 1997). Hoje, aparece muito mais a ideia de uma representação autoinstituída, em que cada um se coloca como porta-voz nas redes sociais,[3] e que se une à ideia de uma pluralização selvagem das fontes de informação. Mas, sem negar relevância às múltiplas apropriações alternativas dos novos meios, a importância crescente da internet continua ocorrendo dentro do modelo da comunicação

---

3 Uma radicalização da concepção de representação política que analiso no capítulo "Da autorização à *advocacy*".

146   LUIS FELIPE MIGUEL

de massa, em que uns poucos centros emissores são capazes de distribuir conteúdos simbólicos a uma multiplicidade de receptores cuja capacidade de resposta é limitada. São desses centros emissores que falo ao me referir ao jornalismo como sistema perito. E é possível, agora, dar um passo além nessa caracterização. A fé no sistema perito, afirma Giddens, não é baseada apenas na experiência prática de seu funcionamento. Sustenta-se também em

> agências reguladoras acima e além das associações profissionais, planejadas para proteger consumidores de sistemas peritos – organismos que licenciam máquinas, supervisionam os padrões dos fabricantes de aeronaves, e assim por diante. (Giddens, 1990, p.29)

Na verdade, não é difícil perceber que tais forças reguladoras atuam como "metassistemas peritos", uma vez que a atitude do consumidor leigo em relação à sua fiscalização e a seus certificados de qualidade é novamente de crença em conhecimentos especializados que não possui.

O conceito de metassistema perito, aqui introduzido, pode ser ampliado para abranger todos os mecanismos que favorecem a universalização da crença – ou descrença – no funcionamento de sistemas peritos específicos, para além da experiência individual dos consumidores. É o caso, por exemplo, da publicidade comercial, cuja ação Giddens ignora sistematicamente. O discurso publicitário, embora voltado para a promoção de *marcas* específicas, sempre afirma a eficácia e/ou utilidade de toda a sua classe de produtos (e dos saberes nela materializados).[4] Um anúncio de uma companhia aérea é, por exemplo, além do louvor daquela empresa em particular, a reafirmação da confiabilidade da aviação como meio de transporte. A influência da publicidade, que se pode dizer onipresente nas

---

4 Cabe observar que a propaganda comercial, enquanto metassistema perito, contribui *apenas* para a afirmação da crença nos sistemas peritos de que fala, e não para a disseminação de uma atitude de descrença (ressalvadas as exceções de praxe).

sociedades contemporâneas, denuncia os aspectos de *controle social* presentes na "modernização reflexiva", que a obra de Giddens insiste em desconhecer. Um outro tipo de metassistema perito é precisamente o jornalismo. O contato cotidiano com as notícias ajuda a confirmar ou desmentir as crenças estabelecidas na fiabilidade dos diversos sistemas peritos – pelo simples fato de que o consumidor de informações já não conta somente com sua experiência pessoal, mas também com aquelas que lhes são relatadas. Um exemplo bastante imediato é o impacto que notícias de acidentes aéreos têm na venda de passagens, um impacto efêmero, mas sensível. O jornalismo, portanto, é um foro informal e cotidiano de legitimação ou deslegitimação dos diversos sistemas peritos.

Cabe perguntar quem cumpre o papel de metassistema em relação ao próprio jornalismo. Existem mecanismos legais que procuram impedir a calúnia e a difamação, mas são morosos e envolvem aspectos polêmicos, ligados à liberdade de expressão. Sobretudo, exigem dano definido e não atingem, de forma nenhuma, o segundo e o terceiro momentos da fé do consumidor de informação: a confiança na justeza da seleção dos elementos importantes ao relato e dos fatos importantes existentes na "realidade". Quanto a isto, apenas o próprio jornalismo pode controlar a si mesmo. Ou seja, a responsabilidade é colocada nas mãos da *concorrência*.[5]

No entanto, a concorrência, como mecanismo de controle, é muito insuficiente. Em primeiro lugar, como já referido antes, a própria prática jornalística estrutura certas disposições que fazem com que profissional tenda a selecionar um determinado tipo de fato como relevante. Além disso, a competição por maiores fatias do mercado, ao contrário do que dizem seus apologistas, muitas vezes leva à uniformização dos conteúdos (Bourdieu, 1996b, *passim*). Basta observar os grandes jornais brasileiros ou a grade de

---

5 Creio ser possível descartar os *ombudsmen* como fonte de controle independente sobre a imprensa. Eles funcionam, sobretudo, como instrumentos de legitimação, demonstrando que os responsáveis pelos meios de comunicação percebem o poder de que dispõem (e se preocupam em torná-lo mais legítimo).

148   LUIS FELIPE MIGUEL

programação das redes de televisão que seguem sempre o mesmo padrão com pequenas diferenças cosméticas. Entre um telejornal e outro, por exemplo, o diferencial está mais na vinheta de abertura ou na empostação de voz do apresentador do que no conteúdo e no enfoque das notícias. Não só no Brasil, aliás, as pesquisas têm comprovado essa similitude básica nos meios de comunicação, que reduz a concorrência aos aspectos secundários.

Por fim, há o fato de todos os grandes órgãos de imprensa compartilharem de uma mesma visão de mundo, que inclui, sobretudo, o compromisso com uma forma determinada de ordem econômica. Um grande órgão de imprensa é necessariamente uma grande empresa capitalista; e, ademais, sua manutenção depende de anunciantes que também são, por sua vez, grandes empresas capitalistas.[6] Uma tomada de posição *contra* o capitalismo, nessas condições, é muito improvável. Há um interesse de classe compartilhado pelos controladores dos meios de comunicação.

Em suma, a concorrência funciona de maneira muito imperfeita como metassistema perito para o jornalismo. Isso se efetiva apenas em alguma medida, como mostram a busca pelo furo de reportagem, a denúncia das "barrigas" alheias ou mesmo o intento de oferecer a cobertura mais completa. Mas, se no varejo a concorrência pode promover pequenas diferenciações, no atacado permanece a pressão uniformizante provocada pela maneira de ver o mundo compartilhada pelos jornalistas, pelo interesse de classe dos proprietários e pela influência dos anunciantes.

A disseminação da mídia eletrônica, mais ainda que do jornalismo impresso, teve impacto em todas as áreas da vida social. O rádio e, em seguida, a televisão reorganizaram os ritmos da vida cotidiana, os espaços domésticos e, também, as fronteiras entre diferentes esferas sociais. Como demonstrou Joshua Meyrowitz (1985), a mídia eletrônica, sobretudo a TV, rompeu a segmentação de públicos própria da mídia impressa e contribuiu para redefinir as relações

---

6 Como já percebiam, nos anos 1940, os insuspeitos Lazarsfeld e Merton (1978 [1948], p.116-7).

entre mulheres e homens, crianças e adultos, leigos e especialistas. Tudo isso repercute na política – e há também os efeitos diretos do novo ambiente de comunicação nas formas de ação política. Evidentemente, os cientistas políticos não puderam ignorar mudanças tão significativas e manifestas. Mas, em grande medida herdeiros de modelos que nascem ainda no período pré-midiático, têm dificuldade em incorporar de forma expressiva os meios de comunicação às suas reflexões. Em seu livro pioneiro, Walter Lippmann lamentava o fato de que "a ciência política é ensinada nas faculdades como se os jornais não existissem" (Lippmann, 1997 [1922], p.203). Quase cem anos depois, é possível dizer que a ciência política já reconhece a existência do jornal, bem como do rádio, da televisão e até da internet. Mas em geral não vê neles maior importância.

O recorte da "política" feito pela ciência política inclui governos, partidos e parlamentos; dependendo das preocupações específicas e das inclinações de cada um, também participam movimentos sociais, militares, elites econômicas ou a igreja. Os meios de comunicação de massa ficam (quase) invariavelmente de fora. Ou então são vistos como meros transmissores dos discursos dos agentes e das informações sobre a realidade, neutros e portanto negligenciáveis. (Cumpre observar que essa também é a visão da política que a própria mídia costuma transmitir, na qual raras vezes aparece como agente.)

Se os cientistas políticos tendem a restringir a importância da mídia, os estudiosos da comunicação costumam, como observou Rubim, exagerá-la, a ponto de julgar que a política, totalmente dominada pela lógica dos meios, tornou-se um mero espetáculo entre outros (Rubim, 2000, p.12). Tornou-se quase lugar comum a compreensão de que a política é simplesmente uma forma de publicidade. É uma afirmação que, para além de sua razoabilidade imediata – o avanço das técnicas publicitárias é uma das características mais visíveis das disputas eleitorais das últimas décadas –, leva a ignorar a permanência, *transformada*, de uma lógica especificamente política dentro do quadro cada vez mais midiático que baliza sua ação.

É necessário produzir um modelo para a compreensão da relação entre meios de comunicação e política, capaz de apreender a interconexão entre as duas esferas, a centralidade crescente da mídia no jogo político atual e, também, o fato de que a política não se tornou um ramo do entretenimento ou da publicidade, como muitos querem – em vez disso, é regida por objetivos e lógica diferentes. Para tanto, é útil uma ferramenta conceitual retirada da sociologia de Pierre Bourdieu, a ideia de *campo*. Para definir de maneira sucinta e provisória, um campo é um sistema de relações sociais que estabelece como legítimos certos objetivos, que assim se impõem "naturalmente" aos agentes que dele participam. Esses agentes, por sua vez, interiorizam o próprio campo, incorporando suas regras, também de maneira "natural", em suas práticas (o que Bourdieu chama de *habitus*).[7]

Mídia e política podem ser entendidos, dessa maneira, como campos relativamente independentes, na medida em que retêm sua própria lógica, mas sobrepostos, já que interferem, em larga escala, um no outro.

Mas é necessário, em primeiro lugar, o reconhecimento de que a mídia é um fator central da vida política contemporânea e que *não é possível mudar este fato*. Ou seja, é ocioso alimentar a nostalgia de "tempos áureos" da política, quando imperaria o verdadeiro debate de ideias, sem a preocupação com a imagem ou a contaminação pelas técnicas da publicidade comercial. Em primeiro lugar, porque um retorno ao passado é implausível. Mas também porque tal época de ouro nunca existiu. Antes do advento da televisão, outros fatores "viciavam" o discurso político. Se hoje é importante que o candidato tenha um rosto atraente, antes pesavam mais a técnica retórica, o timbre de voz ou mesmo o talhe do corpo, pois indivíduos altos e corpulentos se destacavam mais em meio à multidão ou no palanque. Em suma, mesmo que se possa lamentar a atual

---

7 Discuto com um pouco mais de vagar os conceitos de "campo" e de "campo político" no capítulo "Perspectivas sociais e dominação simbólica".

DEMOCRACIA E REPRESENTAÇÃO 151

banalização do discurso político, nunca houve nada parecido a um debate "puro" de ideias, desconectadas daqueles que as enunciam.

Ao mesmo tempo, os meios de comunicação de massa ampliam o acesso aos agentes políticos e a seus discursos, que ficam expostos de forma mais permanente aos olhos do grande público. Parte da nostalgia da política pré-midiática se deve à ausência atual de "grandes líderes". Como observa Meyrowitz, isto se deve não à falta de candidatos a essa posição, mas "à superabundância de informações" (Meyrowitz, 1985, p.270), isto é, à exposição de suas falhas, vacilações e equívocos. Para quem sonha com o *glamour* de um mundo salpicado de "grandes homens", isto é ruim. Do ponto de vista da prática democrática, porém, a desmitificação dos líderes políticos pode ser encarada como um progresso.

Da mesma forma, muitos criticam o efeito deletério da mídia sobre a coesão social e a crença nas instituições políticas. A televisão, em primeiro lugar, insularia as pessoas em suas vidas privadas, minando a convivência em comunidade, base da confiança interpessoal e da participação política. No dizer de um dos principais propagandistas desse entendimento, a televisão causa o declínio do "capital social" (Putnam, 2000). Além disso, a mídia colocar-se-ia à parte dos esforços nacionais, o que se traduziria em seu desrespeito até mesmo pelos segredos de guerra; a ênfase do noticiário nos escândalos solaparia a credibilidade nas lideranças políticas; em suma, seria abalada a percepção de que o Estado é o promotor do bem comum.

Uma narrativa mais sofisticada atribui aos meios de comunicação o papel de deflagrador da "espiral do cinismo": a imprensa lê cinicamente a disputa política e os políticos se adaptam ao comportamento esperado, numa cadeia de alimentação mútua (Cappella e Jamieson, 1997, p.9-10). Sem dúvida, é legítimo deplorar a cobertura predominante sobre a arena política, que se reduz às estratégias da disputa pelo poder e nega espaço ao debate sobre os projetos de sociedade. Mas também cabe indagar se, do ponto de vista de uma cidadania esclarecida, a desconfiança em relação aos apelos pelo "bem público" e uma visão mais crítica

152 LUIS FELIPE MIGUEL

sobre os interesses que movem os líderes políticos não são avanços consideráveis.[8] Por outro lado, a desatenção de muito da ciência política em relação aos meios de comunicação se liga à divisão corrente da política em "bastidores" – as salas secretas em que se fazem os acordos e se tomam as grandes decisões – e "palco", o jogo de cena representado para os não iniciados, isto é, para o povo em geral. O que ocorre no palco serviria apenas para distrair a plateia e manter a estabilidade do sistema, perpetuando o mito da democracia como "governo do povo". Por motivos óbvios, a mídia pertence a esse segundo espaço – mas os fatos políticos relevantes ocorreriam no primeiro, nos "bastidores".

Não se trata de negar as imperfeições da democracia formal, caracterizada, de fato, pela limitação da participação política popular. Mas a distinção entre bastidores e palco merece ser relativizada. Em primeiro lugar, a passividade política da "massa" não é um dado "da natureza", como quer a tradição do pensamento elitista. Ela precisa ser produzida, e nessa produção, aliás, os meios de comunicação também exercem um papel. Como a produção da apatia é imperfeita, a massa irrompe, de tempos em tempos no jogo político, ou seja, a plateia invade o palco e tumultua aquilo que fora acertado nos bastidores.

Além disso, nos regimes formalmente democráticos, o povo mantém a prerrogativa de decidir quem exercerá o poder político. Ou, continuando com a metáfora, a plateia decide quem vai para os bastidores, e em qual posição (ou ao menos controla parte da decisão, já que grandes capitalistas e chefes militares, por exemplo, influenciam a política sem se submeterem ao crivo das eleições). E não é só no momento eleitoral que a voz da plateia se faz ouvir. O público não é indiferente ao que ocorre nos bastidores, nem estes são impermeáveis à sua curiosidade. Muitas vezes, uma "revelação" dos bastidores é um momento crucial do jogo político – Watergate,

---

8 Cf. Miguel (2008a).

DEMOCRACIA E REPRESENTAÇÃO **153**

nos Estados Unidos, ou o *impeachment* de Collor e o escândalo do chamado "mensalão", no Brasil, são exemplos óbvios.

O que os elitistas apontam como "natural" – a desigualdade política, a profunda divisão entre governantes e governados – é fruto de uma organização social que concentra em poucas mãos o capital político. Alguns poucos monopolizam a capacidade de intervir no campo político, exatamente porque os outros internalizam a própria impotência e oferecem o *reconhecimento* de que aqueles poucos são os "líderes". Se o reconhecimento social é a chave da conquista do capital político, avulta a importância da mídia, principal difusora do prestígio e do reconhecimento social nas sociedades contemporâneas.

Portanto, a mídia é, nas sociedades contemporâneas, o principal instrumento de difusão das visões de mundo e dos projetos políticos; dito de outra forma, é o local em que estão expostas as diversas representações do mundo social, associadas aos diversos grupos e interesses presentes na sociedade. O problema é que os discursos que veicula não esgotam a pluralidade de perspectivas e interesses sociais. As vozes que se fazem ouvir na mídia são *representantes* das vozes da sociedade, mas essa representação possui um viés. O resultado é que os meios de comunicação reproduzem mal a diversidade social, o que acarreta consequências significativas para o exercício da democracia.

Se, como diz Nadia Urbinati, "na democracia representativa a exclusão política toma a forma de *silêncio*" (Urbinati, 2000, p.773), esse silêncio não é apenas a ausência de um representante no parlamento. É a ausência de voz na disputa pelas representações do mundo social, que se trava nos meios de comunicação. No entanto, as concepções correntes da democracia e da representação tendem a ignorar ou desprezar esse fato.

A democratização da esfera política implica, portanto, tornar mais equânime o acesso aos meios de difusão das representações do mundo social. Isto significa, principalmente, dar espaço na mídia às diferentes vozes presentes na sociedade, para que participem do debate político. Mas significa também, e crucialmente, gerar espaços que permitam aos grupos sociais, em especial os dominados, formular

154 LUIS FELIPE MIGUEL

suas próprias interpretações sobre suas necessidades e seus interesses – os já citados "contrapúblicos subalternos", tematizados por Nancy Fraser (cf. o capítulo anterior). O caminho, portanto, não passa pela "neutralidade" dos meios de comunicação, como se depreende do modelo habermasiano da esfera pública, mas por um verdadeiro *pluralismo*, que os mecanismos de mercado, como visto, não proveem. Definidos os termos da relação entre mídia e política, torna-se necessário encontrar uma moldura conceitual que permita entendê--la. Sem tais ferramentas, boa parte da pesquisa na área se reduz à compilação de dados empíricos, que permitem observar a existência de tal ou qual viés nos meios de comunicação, ligá-los com determinado interesse econômico ou eleitoral, e não mais do que isto. Ou então adota uma perspectiva behaviorista e tenta medir o peso dos meios de comunicação sobre a opinião pública. É possível dizer, de maneira geral, que o acúmulo de dados empíricos sobre a influência da mídia tem contribuído pouco para o aumento de nossa compreensão da relação entre meios de comunicação e sociedade, dada a ausência de um marco teórico mais adequado.

O conceito de campo permite entender a interação entre mídia e política, duas esferas que se guiam por lógicas diferentes, mas que interferem uma na outra. O campo político é, segundo a definição de Bourdieu,

> o lugar onde se engendram, na concorrência entre os agentes que ali se acham envolvidos, produtos políticos, problemas, programas, análises, comentários, conceitos, acontecimentos, entre os quais os cidadãos comuns, reduzidos ao estatuto de "consumidores", devem escolher. (Bourdieu, 1981, p.3-4)

Todo campo se define pela imposição de critérios próprios de avaliação da realidade, em especial pela fixação de objetivos que se apresentam como "naturais" para aqueles que deles participam – neste caso, a busca do poder político.

Assim, o campo seria "um universo obedecendo a suas próprias leis" (Bourdieu, 2000, p.52), expressão que sintetiza a autonomia

DEMOCRACIA E REPRESENTAÇÃO **155**

que todo campo almeja, e o fechamento sobre si próprio, que caracteriza a todos. No entanto, o fechamento encontra limites muito claros no caso da política, fazendo que periodicamente precise se abrir para os simples eleitores. O importante é observar que as posições no campo político não são mero reflexo das votações recebidas; basta lembrar de tantos campeões de voto, sejam eles radialistas, cantores ou esportistas, que ocupam um lugar menos do que secundário no Congresso. O capital político é uma forma de capital simbólico, isto é, dependente do reconhecimento fornecido pelos próprios pares. Como todos, em certos momentos-chave, lutam por votos, a popularidade contribui para tal reconhecimento, mas não é o único determinante.

Em *Sobre a televisão*, Bourdieu trata da influência que o campo jornalístico exerce tanto sobre a política quanto sobre o meio universitário. Não por acaso, pois ele julga que os campos político, jornalístico e das ciências sociais têm uma meta comum: "a imposição da visão legítima do mundo social" (Bourdieu, 2005 [1995], p.36). Ao que parece, o jornalismo estaria colonizando seus dois concorrentes – e o propósito de Bourdieu é denunciar uma interferência que julga ilegítima. Cada vez mais, a visibilidade nos meios de comunicação se torna a condição essencial para a geração de capital político (ou acadêmico), o que significa a perda de autonomia desses campos. Contra a ameaça representada pela mídia eletrônica, aparece, na argumentação do autor, uma espécie de nostalgia da forma "pura" de produção de capital simbólico – quando, em boa parte de sua obra anterior, ele se dedicava exatamente a denunciar a espécie de violência simbólica por trás das consagrações intelectuais e também políticas. Trata-se de um passo atrás em sua reflexão crítica, culminando na confissão do ideal, algo bizarro, de uma sociologia internada numa "torre de marfim", falando uma linguagem esotérica que afaste dela todo o público não especializado (Bourdieu, 1996, p.71).[9]

---

9 E também no sonho, com evidentes ecos comtianos, de uma sociologia que subordina as decisões políticas graças a seu saber científico (Bourdieu, 2000, p.43-4).

Da forma como fica colocado, torna-se difícil entender a complexidade das relações entre mídia e política. Tudo se reduz à denúncia de uma intromissão inadequada. No entanto, como pretendo demonstrar neste capítulo, mídia e política formam dois campos diferentes, guardam certo grau de autonomia entre si, e a influência de um sobre o outro não é absoluta, nem livre de resistências; na verdade, trata-se de um processo de mão dupla. Antes, porém, é necessário entender melhor a natureza do campo midiático e os influxos que se exercem sobre ele.

A autonomia do campo da mídia é permanentemente tensionada por sua inserção no campo econômico. É possível dizer que uma empresa de comunicação é um organismo bifronte. De um lado, obedece a seus imperativos profissionais específicos que variam de acordo com o subcampo: a manutenção de determinados patamares de qualidade estética, no caso de programas de caráter ficcional ou cultural; fidelidade ao que é percebido como a realidade fática e busca da credibilidade, no jornalismo. De outro, a ampliação do faturamento e do lucro. Mesmo a luta pela audiência é ambígua. Vista como um fim em si mesma por parte dos integrantes do campo midiático, que têm a popularidade por objetivo (e são esses muitas vezes os que transitam para o campo político), ela é apenas um meio do ponto de vista da lógica econômica, que pode optar por sacrificar uma audiência maior em favor de outra que reúna certas qualidades, em especial o poder de compra, que a tornem mais interessante.

A percepção da influência do campo econômico sobre os meios de comunicação leva, muitas vezes, à denúncia da ausência total de autonomia. É o que motiva a lamentação permanente a respeito do baixo nível cultural e artístico das produções veiculadas nos meios de comunicação, da interferência abusiva dos anunciantes sobre o conteúdo dos programas (em especial o veto à divulgação de notícias que os prejudiquem) e da predominância, nos noticiários, do *fait-divers* – que, mimetizando a forma narrativa da ficção, cativa parcelas maiores da audiência, mas também degrada o nível de informação pública sobre as questões "sérias". No entanto, jornalistas e produtores culturais possuem capacidade de resistência

DEMOCRACIA E REPRESENTAÇÃO **157**

e se esforçam por respeitar, mesmo que em grau mínimo, os códigos profissionais próprios de seu campo. A ausência de qualquer autonomia em relação ao campo econômico, aliás, se mostra disfuncional para a mídia. Um exemplo eloquente é a "revolução" que o executivo Mark Willes tentou promover, a partir de 1995, no jornal *Los Angeles Times*, impondo a cada setor da redação o imperativo de gerar lucro. Saudado com entusiasmo nas bolsas de valores, o projeto de Willes encontrou a resistência tanto de profissionais quanto de leitores, e o executivo teve que se demitir no começo de 2000.

Em suma, é necessário reconhecer a persistência de certa autonomia do campo da mídia, o que faz que os padrões de conduta compartilhados por seus integrantes sejam uma força atuante dentro dele. No caso específico do jornalismo, isto inclui um compromisso com a "verdade" e a "objetividade", critérios para determinar sua competência e a respeitabilidade pelos pares. A violação dessas normas, notadamente em submissão a ditames econômicos ou políticos, é frequente, mas impõe ônus que não podem ser ignorados.

Colocada nesses termos a dinâmica dessa situação, é possível agora discutir aspectos específicos da relação entre os dois campos. A influência mais evidente dos meios de comunicação sobre o campo político está na formação do capital político. Bourdieu distingue duas espécies básicas de capital político (Bourdieu, 1981, p.18-9). O capital "delegado" é aquele ligado à ocupação de um determinado cargo institucional, seja um mandato parlamentar ou executivo, uma função de confiança num escalão governamental ou uma posição de poder na estrutura partidária. O ex-ocupante do cargo beneficia-se do prestígio obtido em seu exercício e pode continuar sua carreira política. Já o capital "transferido" nasce da conversão, para a política, de outro tipo de capital, obtido em campo diverso. É o caso daqueles que fazem da notoriedade artística ou profissional a alavanca para o sucesso nas urnas – Agnaldo Timóteo, Fernando Henrique Cardoso, Ronald Reagan, Arnold Schwarzenegger, Cicciolina e Joe Ventura são exemplos propositalmente díspares. Mas o mesmo ocorre com economistas e engenheiros chamados a ocupar importantes funções decisórias no governo (conversão de capital técnico) ou empresários

158   LUIS FELIPE MIGUEL

que ingressam na vida parlamentar após dispendiosas campanhas eleitorais (conversão de capital econômico).

O que se observa é que a visibilidade na mídia é, cada vez mais, componente essencial da produção do capital político. A presença em noticiários e *talk-shows* parece determinante do sucesso ou fracasso de um mandato parlamentar ou do exercício de um cargo executivo; isto é, na medida em que deve acrescentar algo ao capital político próprio do ocupante. Da mesma maneira, a celebridade midiática tornou-se o ponto de partida mais seguro para quem deseja se lançar na vida política – dependendo do perfil de cada um, tanto na forma de uma candidatura às eleições quanto de um convite para uma função governamental.

Isto fica especialmente claro na grande quantidade de profissionais de mídia que ingressam na vida política, sobretudo ocupando cargos parlamentares. São radialistas, repórteres de televisão, apresentadores de programas de variedades ou "especialistas" (sobretudo advogados e psicólogos) com quadros naqueles programas. Os exemplos, só na política brasileira, são incontáveis: Antônio Britto, Celso Russomanno, Cidinha Campos, Ratinho, João Paulo Bisol, Marta Suplicy, Hélio Costa. No entanto, é possível aventar a hipótese de que o campo político impõe determinados limites à conversão do prestígio midiático. Se ele é útil para a conquista de um mandato parlamentar, alçar voos mais altos exige uma espécie de "faxina" do capital simbólico, com o exercício de outras funções públicas e a desvinculação paulatina da fonte original de notoriedade. O caso de Ronald Reagan é ilustrativo. Quando se elegeu governador da Califórnia, ele já era mais o porta-voz dos interesses da "livre empresa" do que o medíocre ator de filmes B. Mesmo em campanhas posteriores, a dissociação do passado era buscada, ao ponto de seus anúncios de televisão exibirem deliberadamente uma qualidade técnica inferior, mostrando que não eram "coisa de Hollywood" (Diamond e Bates, 1988, p.226).

Embora uma pesquisa sistemática ainda esteja por ser feita, tudo indica que o sistema eleitoral condiciona, em parte, o volume da presença das estrelas midiáticas no parlamento. A representação

DEMOCRACIA E REPRESENTAÇÃO 159

proporcional favorece os portadores desse tipo de notoriedade, que encontra resistência em parte significativa do eleitorado e, portanto, encontra maiores obstáculos ao êxito em sistemas majoritários. Outro fator a ser considerado é a fragilidade ou a robustez dos partidos. Partidos fortes contam, via de regra, com uma estrutura interna poderosa, com interesses consolidados e capacidade de se opor à ocupação de espaço pelos novatos oriundos da exposição à mídia.

Além disso, mesmo no caso brasileiro, não se pode ignorar a permanência de uma grande massa de políticos que desenvolvem suas carreiras às margens dos meios de comunicação de massa. São, por exemplo, parlamentares ancorados em redes clientelistas ou representantes de interesses corporativos. Eles podem ter uma atuação "apagada" (do ponto de vista do grande público), mas garantem eleições tranquilas e a continuidade do mandato. Assim, é correto dizer que a mídia adquiriu um forte peso na formação do capital político e que, em alguma medida, condiciona as trajetórias políticas, uma vez que a ausência de visibilidade nos meios de comunicação parece ser um empecilho sério para quem almeja os cargos eletivos mais importantes do poder executivo. Apesar disso, a mídia *não* possui o monopólio da produção ou distribuição desse capital; e o campo político (isto é, os agentes políticos de carreira mais tradicional) trata, por vezes com sucesso, de impor limites à influência da mídia, através da desvalorização simbólica dos tipos de notoriedade mais estreitamente associados aos meios de comunicação de massa.

O controle sobre a agenda e sobre a visibilidade dos diversos enquadramentos alicerça a centralidade dos meios de comunicação no processo político contemporâneo. Tal fato não passa despercebido dos agentes políticos que hoje, em grande medida, orientam suas ações para o impacto presumível na mídia. São os "pseudoeventos", como chamou Daniel Boorstin: acontecimentos que não são espontâneos, mas planejados com o objetivo de virarem notícia (Boorstin, 1992 [1961], p.9-12). Tornaram-se tão corriqueiros que nem percebemos mais sua artificialidade; o exemplo mais comum é a entrevista (uma conversação que só ocorre com vistas a sua reprodução na mídia), mas o mesmo vale para grande parte das manifestações de massa, passeatas, encontros de líderes políticos e até convenções partidárias.

A preocupação principal de Boorstin é o jornalismo, que se teria desviado de sua função inicial de registrar os fatos, passando a produzi-los. Mas não é difícil perceber seu impacto nos agentes políticos, que precisam pautar sua ação por critérios de "noticiabilidade"; isto é, que introjetam normas próprias do campo da mídia e se guiam por elas. Um exemplo é a trajetória do Students for a Democratic Society (SDS), grupo juvenil radical envolvido na luta contra a Guerra do Vietnã (Gitlin, 1980).[10] À medida que ganhava acesso à mídia, o SDS trocava a direção colegiada por líderes individuais, pois para a televisão é mais fácil personalizar os movimentos coletivos em algumas poucas "estrelas", que se tornam seus porta-vozes; o trabalho educativo, de debates e palestras nos *campi*, foi relegado a segundo plano, em favor de mobilizações espetaculosas. O grupo arrebanhou numerosos novos adeptos, mas estes, via de regra, estavam muito mais interessados na "ação" do que nos ideais originais de democracia participativa.

No caso do SDS, aquilo que parecia uma oportunidade ímpar – de amplificação do discurso e conquista de novas audiências – levou à destruição da organização. Nem sempre o processo é tão dramático, mas algumas particularidades parecem invariáveis. A busca pela atenção da mídia favorece as atividades mais vistosas, de preferência concentradas num único lugar e esporádicas, em detrimento de um trabalho mais cotidiano e espacialmente disperso. Favorece também a personalização de movimentos coletivos. São, sobretudo, características da televisão, que exige uma ancoragem visual para os assuntos de que trata. Da mesma maneira, na medida em que o candidato possui uma identidade visual imediata, mas o partido não, é razoável indicar a influência da televisão no declínio da política partidária.

---

10 Para outros exemplos, retirados da política europeia, e uma interessante análise do fenômeno, ver Champagne (1990).

DEMOCRACIA E REPRESENTAÇÃO 161

Mas a procura pelo "fato político", pelo acontecimento que sensibiliza a atenção dos meios de comunicação – e, através deles, pode atingir a opinião pública – apresenta efeitos diferenciados de acordo com a posição dos agentes no campo político. Aqueles situados na periferia, como era o caso do SDS, são mais fortemente constrangidos a introjetar os critérios midiáticos de apreciação da realidade e procurar a ação espetacular como forma de romper a cortina da indiferença e, assim, incluir um novo item na agenda pública. No entanto, tal estratégia possui limites, seja porque a atenção pode ser concedida muito mais à ação do que à agenda proposta (noticia-se a manifestação, mas não o seu propósito), seja porque a novidade tende a ser logo deglutida e, portanto, o interesse que desperta torna-se decrescente. O uso da nudez pública por algumas militantes feministas serve de exemplo.[11] Já aqueles que ocupam as posições centrais do campo político podem esperar uma atenção mais ou menos constante dos meios de comunicação para seus atos e palavras, o que significa a possibilidade de alcançar destaque com um dispêndio de esforço bastante menor.

Os agentes detentores de maior capital político são capazes de orientar o noticiário (e, por consequência, a agenda pública) através de entrevistas e declarações. Na cena política brasileira recente, ninguém personificou melhor tal posição do que o senador baiano Antônio Carlos Magalhães (1927-2007). Com um jogo estudado de ameaças, denúncias e insinuações, ele modelava a cobertura política da imprensa e, através dela, forçava o posicionamento de outros agentes do campo político. É claro que o senador incorporou critérios jornalísticos de relevância, utilizando-os para produzir afirmações que despertavam interesse suficiente, por seu caráter "bombástico" ou inusitado. Mas usava-os para alcançar seus fins (políticos) próprios. Os imperativos do campo da mídia são, nesse caso, colocados a serviço de uma lógica política autônoma.

---

11 Penso, sobretudo, nas práticas do grupo ucraniano Femen, que influenciou militantes e mesmo inspirou "filiais" em outros países do mundo.

A influência marcante dos meios de comunicação de massa sobre a produção do capital político e sobre a definição de agenda não deve obscurecer a força das instituições políticas estabelecidas na fixação de um campo político legítimo. Salvo em situações excepcionais, a mídia não questiona os limites dados do que é "a política". As páginas dedicadas ao tema nos jornais estão firmemente ancoradas nas instituições. Tratam do parlamento, das chefias dos poderes executivos, de eleições e de partidos. A delimitação da política enquanto tal nessas esferas nada possui de natural ou inevitável. Ao contrário, é fruto da própria luta política e traduz determinada hegemonia. A separação entre política e economia sob o capitalismo, por exemplo, retira do escrutínio público as decisões sobre o investimento produtivo que, no entanto, têm um impacto mais significativo na vida cotidiana do que a maior parte das medidas governamentais. Também permite que a propriedade privada se coloque como uma barreira às reivindicações de democracia e participação, que assim ficam excluídas de dentro das empresas. Em suma, trata-se de uma demarcação que contribui para a manutenção da ordem capitalista (Wood, 1995, p.19-48). Por outro lado, há tempos a teoria feminista vem mostrando as implicações – *políticas* – do insulamento da esfera doméstica em relação à própria política.

Como efeito dessa delimitação do campo político, questões importantes (como o direito ao aborto, por exemplo, a proteção ao meio ambiente ou a busca por maior autonomia no local de trabalho) recebem o *status* de periféricas *mesmo quando merecem atenção pública*. São importantes, talvez, mas não são "verdadeiramente políticas". Os movimentos populares permanecem nas margens da vida política e espera-se que aceitem sua posição subalterna; quando extrapolam suas preocupações específicas, admitidas como legítimas, sempre surgem vozes para denunciar sua "politização" espúria. É o que acontece a cada vez que os sindicatos ultrapassam os limites da reivindicação salarial.

Se a luta política é uma luta de "classificações", em que os agentes tentam impor os princípios de "visão e divisão" do mundo social, como diz Bourdieu (1979, p.559), então a primeira divisão é aquela

DEMOCRACIA E REPRESENTAÇÃO 163

que separa um espaço para a própria política. Contribuindo para manter os "profanos" à parte, essa divisão cumpre um papel estabilizador, isto é, conservador; e propicia sobretudo a proteção daqueles que detêm o capital político contra a concorrência de outros agentes, externos. Mas o que interessa no momento é observar que os meios de comunicação não desafiam o recorte dominante do que é política; ao contrário, tendem a uma adaptação imediata a ele, como num reconhecimento tácito de que a tarefa de definir o campo político pertence a seus próprios integrantes. A simples folheada num jornal diário confirma essa constatação. Nas páginas de política, despontam parlamentares, governantes e chefes partidários. Os movimentos sociais, demandas de minorias ou de mulheres, lutas ambientalistas etc. são, via de regra, relegados ao espaço menos nobre das editorias de "cidades" ou "geral".[12] A principal exceção é o movimento sindical que, junto com o patronato, fica na seção de economia. Política e economia, cabe lembrar, formam universos distintos, que recebem tratamento dessemelhante da mídia. Como observou Michael Schudson, há uma diferença estrutural entre o noticiário político e o noticiário econômico. Enquanto o primeiro se dirige ao leitor como cidadão, o segundo se dirige a ele como investidor (Schudson, 1995, p.14). Embora a observação se refira à realidade estadunidense, está se tornando cada vez mais válida também para o Brasil.

Pode-se dizer que o noticiário jornalístico, com sua ênfase na disputa por cargos e nas estratégias de partidos e líderes, contribui fortemente para fixar um campo político centrado sobre si mesmo, que se referencia apenas pela conquista do poder. Os problemas concretos tendem a perder substância, sendo transformados em pivôs para disputas por espaço político. Em qualquer controvérsia pública, a cobertura típica da imprensa tende a destacar as manobras de bastidores, as negociações entre grupos partidários, a formação de alianças e o impacto presumível nas eleições seguintes.

---

12 Cf. Miguel e Biroli (2011).

164 LUIS FELIPE MIGUEL

Em suma, a mídia é deferente em relação às principais instituições políticas, conforme se observa pelo destaque dado aos ocupantes de seus postos mais importantes. Pode criticá-las, mas raramente se atreve a questionar sua relevância. Isto dá aos maiores líderes políticos uma influência gigantesca sobre o noticiário, que orientam através de declarações públicas, conversas privadas com jornalistas ou com a criação de "factoides" (conforme já indicado). Apesar de simplista, a fórmula de Timothy Cook ajuda a compreender essa realidade: entre a imprensa e os governantes, permanece uma divisão de trabalho. Os jornalistas definem o que é interessante, mas são as autoridades que indicam o que é importante (T. Cook, 1998, p.5).

No jornalismo estadunidense, afirma-se que em qualquer evento em que o presidente da República esteja presente, ele sempre é o foco da notícia. O que há, em quase todos os lugares, é o foco permanente nos detentores de autoridade política formal. Isto se deve tanto ao fato de os jornalistas não questionarem a definição de política hegemônica quanto à existência de estruturas montadas pelos diversos agentes do campo político, sobretudo governos, para prover a imprensa de notícias.[13] Ao facilitar o trabalho do repórter, em realidade torna-o dependente. No entanto, trata-se de um elemento secundário. No essencial, se observa que, por mais alto que seja o grau em que sua influência se faça perceber, a mídia se submete, como que naturalmente, às definições básicas do campo político.

Por outro lado, é importante lembrar que "mídia" e "política" são, a rigor, abstrações. A relação entre elas toma a forma concreta de relações interpessoais entre agentes dos dois campos. São aspectos que se evidenciam quando o foco é orientado para os contatos entre jornalistas, de um lado, e líderes políticos, de outro. De maneira esquemática, é possível distribuí-los em três categorias. Em primeiro lugar, os jornalistas "testemunham" eventos políticos que em

---

13 A assessoria de imprensa governamental é uma instituição quase coetânea ao próprio jornal; já existia em meados do século XVIII (cf. Habermas, 1984 [1962], p.36).

DEMOCRACIA E REPRESENTAÇÃO 165

princípio ocorreriam mesmo na ausência dela, ainda que possam ser pensados para divulgação na mídia: debates e votações parlamentares, assinaturas de decretos e nomeações, atos de posse, reuniões partidárias. Depois, existem interações relativamente formalizadas entre repórteres e agentes políticos, na forma de entrevistas (coletivas e individuais). Por fim, há a relação cotidiana e informal entre os profissionais de imprensa e aqueles que, no jargão do meio, são chamados de suas "fontes".

Qualquer indivíduo que proporcione dados para a elaboração de um texto jornalístico é uma fonte. Quem interessa aqui, porém, é aquela fonte mais ou menos permanente, que fornece informações continuadas e, em algum grau, exclusivas ao mesmo repórter, muitas vezes com a garantia do anonimato na publicação da notícia. No jornalismo em geral, mas no jornalismo político em particular, possuir um bom "portfólio de fontes" é um patrimônio dos mais cobiçados. A informação privativa que elas transmitem propicia uma diferenciação dos concorrentes no campo, a divulgação de eventuais notícias em primeira mão ("furos") e o reconhecimento pelos pares; consolida reputações e favorece o progresso na carreira, permitindo ambicionar posições de maior destaque, como a de colunista. O repórter com boas fontes é aquele que seus pares veem como bem informado. Em suma, trata-se de um elemento significativo na produção do capital simbólico específico do campo jornalístico.

As boas fontes – que podem ser tanto os próprios líderes quanto pessoas de escalão inferior, mas com acesso às principais esferas decisórias – permitem que o jornalista antecipe os movimentos de governos, partidos ou chefes políticos. Para que a relação se perpetue, porém, é necessário que ambas as partes a percebam como vantajosa. Como visto, o profissional de imprensa recebe seu ganho na forma de prestígio profissional. Para o político, a condição de fonte permite obter algum grau de influência na condução do noticiário, sobretudo porque existe um forte incentivo para que suas informações exclusivas mereçam um destaque desproporcional à importância intrínseca que teriam, segundo os padrões da imprensa. Essa é a forma de o jornalista valorizar aquilo que diferencia seu material dos concorrentes. Em certos casos, a informação toma a forma de um balão de ensaio, permitindo avaliar o impacto de determinada decisão antes que seja de fato tomada. Além disso, existe a cobrança tácita dos benefícios que a fonte provê ao repórter, na forma da publicação de notícias de escasso interesse pelos critérios jornalísticos, mas que são proveitosas ao agente político.

O exame da microrrelação entre o jornalista e sua fonte permite observar o entrelaçamento de práticas distintas, de agentes que pertencem a diferentes campos e, portanto, se orientam na direção de objetivos diversos. Contudo, devido à dinâmica própria de sua interação, precisam incorporar em alguma medida a lógica um do outro. Sob pena de perder a fonte, o jornalista deve ponderar aquilo que publica, calculando seus efeitos no campo político; e fazer concessões aos interesses do outro, divulgando informações que julga pouco relevantes ou ainda minimizando o destaque de certas notícias (mas nunca ao ponto de comprometer a própria credibilidade). Já a fonte, para manter seu acesso privilegiado à imprensa, deve reconhecer o material que é útil ao jornalista e, sobretudo, manter a própria confiabilidade diante dele, não transmitindo informações equivocadas em busca de benefícios de curto prazo.

Ou seja, não se pode reduzir essa relação ao predomínio da lógica política sobre a jornalística ou vice-versa. Trata-se de uma interação muito mais complexa. Os dois agentes permanecem vinculados a seus próprios campos e procuram a ampliação de seus capitais simbólicos específicos. No entanto, suas ações repercutem mutuamente, o que os obriga a, de alguma maneira, incorporar a lógica do outro em seu cálculo. São necessários ajustes delicados para garantir o máximo de proveito na relação, embora nunca ao ponto de alienar o parceiro.

Enfim, é necessário observar que o caráter sempre mais mediatizado da comunicação política leva à adaptação do discurso político às regras da mídia, ao ponto de algumas interpretações indicarem que os "políticos de todos os matizes têm revelado uma tendência a descaracterizar seu próprio discurso e incorporar o estilo midiático" (Sarti, 2000, p.3; ênfase suprimida), levando à pasteurização dos

DEMOCRACIA E REPRESENTAÇÃO **167**

conteúdos. O problema com esse tipo de formulação é que ele supõe a existência de um modo do discurso propriamente político, quando, na verdade, o discurso político muda de acordo com o contexto histórico em que se inclui e com as possibilidades técnicas de difusão de que dispõe. E a pasteurização denunciada talvez se deva mais ao estreitamento das muitas opções políticas, a partir do eclipse dos projetos socialistas, do que aos efeitos da mídia.

Nada disso deve levar a ignorar as transformações impostas ao discurso político pelos meios eletrônicos de comunicação. Na época de predomínio da televisão, em especial, avulta o peso da imagem das lideranças políticas e, o que talvez tenha consequências ainda mais importantes, o discurso se torna cada vez mais fragmentário, bloqueando qualquer aprofundamento dos conteúdos (Miguel, 2000, p.72-8). Quanto ao primeiro ponto, cabe observar que a aparência visual não é desprovida de sentido. Um código sofisticado, embora tácito, permite ao público interpretar aquilo que os políticos desejam transmitir pela imagem, do corte de cabelo ao tom do paletó, que pode sinalizar para a "modernidade", para a "austeridade", para a "moderação" e assim por diante.

Já a fragmentação do discurso não é uma imposição técnica da televisão – nada impede que seja transmitida uma fala ininterrupta de duas ou três horas –, mas fruto dos usos que se fizeram dela. O resultado é que a fala padrão de um entrevistado num telejornal, por exemplo, é de poucos segundos e as expectativas dos telespectadores se adaptaram a essa regra. Os políticos, por consequência, também. Abreviar a fala, reduzi-la a poucas palavras, de preferência "de efeito", tornou-se imperativo para qualquer candidato à notoriedade midiática.

No entanto, essa adesão também não é desprovida de ambiguidades. Uma das condições de eficácia do discurso político é o estabelecimento de marcas de *distinção* em relação àqueles comumente veiculados pela mídia. O líder político usa, via de regra, um vocabulário mais elaborado, signo de uma competência específica que o credencia para as posições que ocupa ou almeja ocupar. São termos extraídos do jargão do direito, da economia ou da sociologia, que, mais do que introduzir uma maior sofisticação ao que se diz,

168   LUIS FELIPE MIGUEL

servem de elemento diferenciador. É possível fazer uma aproximação entre essa característica do discurso político e o conceito de *Kitsch* na cultura de massa, tal como o define Umberto Eco: a obra subcultural de consumo que se apresenta ostensivamente como arte, para que, enquanto goza de seus efeitos fáceis, o leitor ou espectador julgue estar desfrutando de uma experiência estética privilegiada (Eco, 1993 [1964], p.66-72). O *Kitsch* político contribui para marcar a distância entre o discurso "fácil" da mídia e o discurso "elaborado" da política, produzindo um efeito legitimador.[14] Mais do que isto, trata-se de um mecanismo de dominação que contribui para fechar o campo político à intrusão dos leigos, pela exigência de um padrão de linguagem particular, tal como apontado no capítulo anterior.

Assim, o discurso político trata de não se confundir com o discurso corrente da mídia, preservando suas marcas de distinção. Da mesma forma, a competição política contemporânea exige a utilização das técnicas publicitárias, mas, quando expostas em excesso, elas se tornam contraproducentes.[15] O líder político fica vulnerável à acusação de não ter personalidade, de não ter pulso, enfim, de não possuir as qualidades especificamente *políticas* que deveriam credenciá-lo. Ele é alguém que participa do mundo da mídia, mas deve manter a dignidade e não se curvar a todas as suas imposições. Que o então vice-presidente dos Estados Unidos, Al Gore, tenha sido convidado a empinar uma vassoura sobre o nariz num programa de variedades é fato que impressiona, pela degradação de funções públicas que supõe (Gabler, 1999 [1998], p.114). Só é bom lembrar que Gore se recusou a fazê-lo.

O discurso político precisa se adaptar ao novo ambiente gerado pelos meios de comunicação de massa, bem como a prática política incorpora os recursos que lhe são fornecidos pelas técnicas publicitárias e pelo *marketing*. Mas trata-se de uma apropriação seletiva,

---

14 Discuti extensamente este ponto em outro texto (Miguel, 2011).

15 É possível fazer um paralelo com a retórica, na Grécia antiga. A retórica era a ferramenta fundamental para o exercício da liderança política, mas um domínio demasiado evidente de suas técnicas provocava suspeição entre os cidadãos (Ober, 1989, p.166-77).

que pressupõe uma negociação tácita entre a mídia, detentora dos instrumentos de produção da visibilidade social, e os agentes políticos, que conhecem ou intuem os limites para além dos quais sua exposição pública se torna contraproducente.

Transformações nas formas do discurso, determinação da agenda, fixação do espaço da política, produção de capital político: todos esses elementos mostram que a compreensão da relação entre o campo da mídia e o campo político é fundamental para o entendimento do funcionamento da política contemporânea e, em particular, dos mecanismos representativos. Os meios de comunicação não são canais neutros que "registram" uma realidade que lhes é externa. Também não são penetras que perturbam uma atividade política que, no fundamental, ocorre sem eles; nem são mais, como disse Bernardo Kucinski se referindo aos barões da imprensa da primeira metade do século XX, meros "chantagistas que se imiscuíam no jogo regular de poder das elites dominantes" (Kucinski, 1998, p.167). São agentes políticos plenos que, com a força de sua influência, reorganizaram todo o jogo político.

Do reconhecimento do influxo da mídia sobre o campo político não se depreende a dominação da política pelos meios de comunicação. Os efeitos da mídia são variados, de acordo com as situações específicas em que se inserem, e sofrem a ação de contratendências e resistências. Há um processo permanentemente tensionado de embate entre as lógicas do campo midiático e do campo político, que necessita ser observado em detalhe e dentro de sua complexidade. Decretar que a política "se curvou" à mídia é tão estéril quanto negar a influência desta sobre a primeira.

O principal erro é julgar que os efeitos da mídia sobre os agentes políticos são uniformes. Em realidade, a influência dos meios de comunicação é diferenciada de acordo com a posição dos agentes no campo político; o volume de capital simbólico que cada um deles possui impõe reações diversas à midiatização da política. De maneira mais ampla, entre os fatores a serem levados em consideração estão a configuração das instituições políticas (a começar pelo sistema eleitoral e partidário), a trajetória de cada agente – qual seu ponto de partida, até alcançar a situação atual – e as posições que pretende alcançar. Como hipótese geral, é possível dizer que, quanto menor o volume de capital político (ou quanto mais marginal for a posição no campo político, o que significa a mesma coisa), maior a dependência em relação à mídia. Quanto maior for a marca midiática no capital político (isto é, uma carreira alicerçada na popularidade obtida no ramo do entretenimento ou do jornalismo televisivo), menores as chances de êxito em disputas por cargos-chave. E quanto mais elevadas as posições de poder que se pretende alcançar, maior a necessidade de visibilidade nos meios de comunicação.

A relação se torna mais complexa na medida em que o próprio campo da mídia não é autônomo, pois incorpora, em parte (significativa, aliás), objetivos derivados do campo econômico. O círculo se fecha com a percepção da influência mútua entre os campos político e econômico – cujas expressões mais evidentes são o financiamento de campanhas eleitorais e o *lobby* empresarial, para a ação no sentido da economia para a política, e o efeito das medidas de política macroeconômica e dos contratos governamentais, no sentido inverso. A compreensão dessa rede de influências cruzadas permite entender a utilização da mídia como forma de pressão política em busca de objetivos econômicos, um fenômeno comum, por exemplo, em estados periféricos do Brasil, onde jornais ou emissoras de rádio e TV podem estar a serviço de empreiteiras ou concessionárias de serviços públicos, mas observável também em centros maiores ou em âmbito nacional. Neste caso, a colonização da empresa de mídia pela lógica econômica não ocorre na forma da luta pelo mercado, mas da perseguição deliberada de determinados resultados políticos.

A tarefa de desvendar o jogo político atual passa pelo entendimento da inter-relação entre esses três campos. É um esforço que não admite atalhos simplificadores, do tipo *A* determina *B*; antes, exige o reconhecimento das tensões latentes (e por vezes até expressas), que marcam a complexa conjugação entre as influências mútuas, resistências, composições, ajustes delicados e anseios por autonomia que animam os diversos agentes de cada campo.

A *ACCOUNTABILITY* ELEITORAL E SEUS LIMITES

É a primeira dimensão da representação política, a dimensão da transferência formal de poder decisório, que recebe a maior atenção dos cientistas políticos. Muita literatura trata dos sistemas eleitorais, entendendo (corretamente) que a dinâmica da competição eleitoral depende da mecânica de transformação de votos em cargos, mas presumindo (erroneamente) que essa dimensão esgota o problema. Os diferentes sistemas eleitorais proporcionais e majoritários são analisados tendo em vista sua influência no sistema partidário e na fragmentação das bancadas parlamentares. Os valores que balizam as análises são a governabilidade – a capacidade de formação de maiorias fortes e estáveis de sustentação ao governo – e a representatividade, entendida como a presença, nos organismos decisórios relevantes, de todas as posições *políticas* relevantes, com peso razoavelmente similar à sua presença no eleitorado. Dada a tendência de equivaler disputa política e disputa partidária, essa literatura costuma tratar representatividade como a equivalência entre a proporção do voto popular nos partidos em competição e a proporção das cadeiras parlamentares concedidas a cada um. Governabilidade e representatividade aparecem, assim, como polos antagônicos, já que os sistemas que produzem maiorias governamentais mais folgadas são aqueles que reduzem a representação das minorias partidárias.

172 LUIS FELIPE MIGUEL

Para as visões focadas na governabilidade, a democracia é um problema; não é à toa que a palavra se popularizou a partir do relatório à Comissão Trilateral, em que se denunciava o excesso de demandas da participação popular ao Estado (Crozier, Huntington e Watanuki, 1975). Regimes autoritários produzem suas maiorias com maior facilidade graças à manipulação, intimidação e repressão. A apreensão da representatividade como espelho da força eleitoral, por sua vez, não vê além do momento em que o povo delega seu poder a um conjunto de representantes. Permanecem irrespondidos os desafios a serem enfrentados pela democracia representativa para garantir que seu componente democrático permaneça ativo, apontados na Introdução: a separação entre povo e governo, a formação de uma elite governante permanente separada da massa dos governados, a autonomização da vontade dos representantes, a distância entre o momento do voto popular e o exercício do mandato.

A resposta que as instituições democráticas tendem a dar para esses problemas é a mesma: *accountability*. Entendida de forma ampla, a *accountability* significa que devemos responder e ser responsabilizados por nossas ações. Assim, na filosofia de John Stuart Mill, por exemplo, é crucial a distinção entre as ações que só dizem respeito à própria pessoa, pelas quais ela não é *accountable*, já que não precisa responder a ninguém, e as ações que afetam interesses alheios ou coletivos, pelas quais cada um deve ser *accountable* (J. S. Mill, 1991 [1989], p.137). O conceito pode ser estendido de indivíduos a empresas ou associações.

A *accountability* política indica, então, a obrigação que os poderes públicos têm de se responsabilizar por seus atos. Isto se refere ao controle que os poderes estabelecidos exercem uns sobre os outros (*accountability* horizontal), mas, sobretudo, à necessidade que os representantes têm de prestar contas e se submeter ao veredicto da população (*accountability* vertical). Uma definição mais formal indica duas dimensões da *accountability*, seja ela horizontal ou vertical: a *answerability*, isto é, a obrigação de justificar seus atos, respondendo aos questionamentos sobre eles, e o *enforcement*, a submissão ao veredicto daquelas a quem são prestadas contas (Schedler,

DEMOCRACIA E REPRESENTAÇÃO **173**

1999, p.14-5). Entendido dessa forma o conceito, a *accountability* horizontal é apenas um elemento entre outros dos "freios e contrapesos", uma vez que mecanismos como a capacidade de veto mútuo entre os poderes ou as casas legislativas, por exemplo, funcionam de outra maneira. E o bom funcionamento da *accountability* vertical exigiria uma interlocução permanente entre representantes e representados (a *answerability*), com a realização do veredicto (*enforcement*) no momento da eleição.

Enrique Peruzzotti e Catalina Smulovitz (2001) apresentam um tipo adicional de *accountability* que denominam "social" e que ganhou certo trânsito na literatura da ciência política, em particular a produzida na América Latina. Ela seria exercida pela mídia e por organizações não governamentais. A supervisão permanente sobre os funcionários públicos, eleitos ou não, representaria uma forma de controle. Decerto. Porém, não é adequado equivaler *accountability* a controle social, um conceito bem mais amplo. Falta a essa dimensão a capacidade de aplicação de sanções; suas advertências e denúncias ganham efetividade apenas quando sensibilizam algum dos poderes constituídos, em especial o judiciário (*accountability* horizontal), ou então o eleitorado (*accountability* vertical). Julgo relevante entender o papel desempenhado pela mídia e pelas ONG's no funcionamento das democracias representativas contemporâneas, mas dar a elas o *status* de uma terceira dimensão da *accountability* é injustificado. São antes instrumentos de *indução* de *accountability*, cuja efetivação pode ou não ocorrer – funcionários públicos denunciados podem ou não ser condenados, podem ou não ser reeleitos.[1]

---

1 Nunes e Castro (2009) mostram um elevado índice de derrota eleitoral entre parlamentares envolvidos em escândalos de grande repercussão midiática que se recandidataram à Câmara dos Deputados. No entanto, as exceções não são desprezíveis, o que mostra que a efetividade da sanção não é automática. Por outro lado, ocupantes de funções executivas parecem apresentar padrão diferente – as denúncias relativas à emenda da reeleição ou às privatizações não afetaram Fernando Henrique Cardoso em 1998, assim como o "mensalão" não impediu a reeleição de Luiz Inácio Lula da Silva em 2006. Seja como for, a sanção "simbólica" própria do que seria a *accountability* social não é forte o

O ponto culminante da *accountability* vertical é a eleição que, assim, ocupa a posição central nas democracias representativas, efetivando os dois mecanismos centrais da representação política democrática: a autorização, pela qual o titular da soberania (o povo) delega capacidade decisória a um grupo de pessoas, e a própria *accountability*. As esperanças depositadas na *accountability* (vertical), no entanto, não encontram mais do que uma pálida efetivação na prática política. A capacidade de supervisão dos constituintes sobre seus representantes é reduzida devido a fatores que incluem a complexidade das questões públicas, o fraco incentivo à qualificação política e o controle sobre a agenda.

Torna-se necessário, então, entender o quanto se pode esperar da *accountability* vertical como instrumento de vinculação entre representantes e representados. O primeiro passo é um aprofundamento da discussão do conceito, sobretudo no sentido de diferenciar o mecanismo da *accountability* eleitoral dos objetivos que ele busca implementar, evitando, desta maneira, a confusão, comum na literatura, de tratar o mecanismo como um fim em si mesmo.

É praticamente um lugar comum observar que *accountability* não possui tradução precisa para o português (e para outras línguas neolatinas) e, daí, extrair conjecturas sobre a qualidade (baixa) de nossas democracias em comparação com as anglo-saxãs. O vocabulário da ciência política em língua portuguesa no Brasil, porém, possui o vocábulo "responsividade", que ainda não está dicionarizado – tanto o *Aurélio* quanto o *Houaiss* registram apenas o adjetivo "responsivo" – mas encontra razoável curso nos escritos da área.

"Responsividade", entretanto, corresponde mais de perto ao inglês *responsiveness*, um conceito muito próximo, mas ainda distinto de *accountability*.[2] A *accountability* diz respeito à capacidade de os constituintes imporem sanções aos governantes, notadamente reconduzindo ao cargo aqueles que se desincumbem bem de sua

---

suficiente para afastar, por si só, funcionários públicos de seus cargos, como a *accountability* horizontal e vertical pode fazer.

2 Cf. Manin, Przeworski e Stokes (1999, p.9-10).

missão e destituindo os que possuem desempenho insatisfatório. Inclui a prestação de contas dos detentores de mandato e o veredicto popular sobre essa prestação de contas. É algo que depende de mecanismos institucionais – sobretudo da existência de eleições competitivas periódicas – e é exercido pelo povo. Já a responsividade se refere à sensibilidade dos representantes à vontade dos representados; ou, dito de outra forma, à disposição dos governos para adotarem as políticas preferidas por seus governados.

À primeira vista, a distinção entre os dois conceitos é inóxia, já que a disposição dos representantes para respeitar as preferências dos constituintes (responsividade) depende da possibilidade que estes dispõem de premiar ou punir o comportamento dos tomadores de decisão (*accountability*). Trata-se de algo que está na base da construção das instituições dos regimes constitucionais modernos: não confiar na bondade dos governantes e, ao contrário, estabelecer um sistema de controles sociais sobre eles, tanto horizontais (divisão de poderes) quanto verticais (eleições periódicas). Mas a diferenciação entre os conceitos ganha maior utilidade – como será visto adiante – quando entram em cena propostas de ampliação da responsividade por meio de mecanismos que minimizam ou ignoram a *accountability*.

Nos estudos sobre democracia, a *accountability* ganha destaque por prometer um grau razoavelmente alto de controle do povo sobre os detentores do poder político, mas de uma forma exequível em sociedades populosas, extensas, complexas e especializadas como as contemporâneas. Ela apresenta um modelo mais sofisticado e atraente das relações entre representantes e representados do que as visões antitéticas do "mandato livre" e do "mandato imperativo".

Uma visão ingênua da representação política tende a considerar o representante como delegado de seus constituintes, cabendo-lhe apenas expressar, nos fóruns decisórios, a vontade majoritária de sua base. É a ideia de "mandato imperativo", que, no limite, reduz o representante à posição de um emissário. Quando muito, ele poderia negociar soluções de compromisso, que, no entanto, precisariam ser referendadas pelos representados, como costuma ocorrer na representação sindical. No primeiro caso, o *representante--emissário* cumpre função mecânica e, a rigor, com o avanço das tecnologias de comunicação, chega a ser dispensável. No segundo, o *representante-negociador* retém recursos de poder importantes, sobretudo na medida em que combina capacidade de interlocução (externa) com liderança (interna), mas o processo decisório torna-se excessivamente moroso, exigindo múltiplas rodadas de negociação e de assembleias de base. Não é um modelo viável para a representação multifuncional, em caráter permanente, nas complexas sociedades contemporâneas.

Em oposição ao mandato imperativo há a ideia de "mandato livre" – formulada com clareza exemplar, na segunda metade do século XVIII, por Edmund Burke (1942 [1774]) – que triunfou nas democracias representativas. No famoso "Discurso aos eleitores de Bristol", o pensador inglês alinhou dois argumentos principais para justificar a autonomia dos representantes em relação a seus eleitores. O primeiro diz respeito à natureza da representação: um deputado representa a nação, não seu distrito em particular, muito menos só aqueles que sufragaram seu nome. O parlamento, diz ele, não é "um congresso de embaixadores que defendem interesses distintos e hostis", mas a "assembleia deliberante de uma nação, com um interesse: o da totalidade".

O segundo argumento está ligado à *competência*. Além de serem escolhidos por suas qualidades distintivas, os deputados são colocados numa posição que lhes permite compreender melhor as questões públicas, graças às informações a que têm acesso, às discussões no próprio parlamento e à especialização na tarefa legislativa. Burke enfatiza que o legislador não age com base na vontade, mas na *razão* – uma resposta a Rousseau que, anos antes, n'*O contrato social*, escrevera que a representação política era inadequada porque não é possível representar a vontade.

A doutrina burkeana permite responder à célebre crítica platônica ao governo popular, garantindo a *expertise* dos tomadores de decisão. Compatibiliza a democracia com a "liberdade dos modernos", focada na vida privada, própria do liberalismo, que Benjamin

DEMOCRACIA E REPRESENTAÇÃO **177**

Constant exaltava; graças à divisão do trabalho político, a maior parte da população pode (e deve) dedicar-se quase que exclusivamente a seus assuntos pessoais, enquanto a minoria cuida dos assuntos de governo. Especialização e *expertise*, aliás, são duas faces de uma só moeda: uma leva à outra.

No entanto, o mandato livre que Burke preconiza não concede nenhum espaço à interlocução dos representantes com os representados; a estes últimos resta um papel predominantemente passivo. É possível ver, então, a *accountability* como uma espécie de "termo médio" entre o mandato livre e o mandato imperativo.[3] O representante não está preso às preferências expressas de seus constituintes, mas idealmente deve decidir da forma que eles decidiriam caso dispusessem das condições – tempo, informação, preparo – para deliberar. Esse vínculo hipotético é resgatável a qualquer momento, já que o mandatário deve estar pronto para responder aos questionamentos do público. O representante deve explicar as decisões que toma aos seus constituintes, convencendo-os do acerto de seus posicionamentos à luz das informações que possuía, mesmo que à primeira vista possam parecer incorretos ou desconectados de seus interesses. E é o público quem decide o quão convincente foram suas explicações, pronunciando-se nas eleições seguintes.

Trata-se de uma descrição engenhosa do funcionamento da *accountability*, mas é necessário abordar com mais cautela os diversos obstáculos à sua efetivação. Entre eles, as lacunas de informação por parte do eleitorado; ou, então, a intermediação de grupos de interesse poderosos, capazes de controlar o comportamento dos representantes em troca de financiamento de campanha ou visibilidade, como grandes empresas, corporações profissionais ou conglomerados de mídia. Seja como for, as promessas da *accountability* são efetivadas de forma muito imperfeita.[4]

O obstáculo mais crucial está ligado ao fato de que a representação política nas sociedades modernas é *multifuncional*; ou seja,

---

3 É a posição que transparece no clássico estudo de Pitkin (1967).
4 Cf. Cheibub e Przeworski (1997).

178 LUIS FELIPE MIGUEL

o mandato concedido, tanto no executivo quanto no legislativo, abrange uma quantidade indeterminada de questões. O mandatário possui poder de decisão sobre os temas mais diversos e tipicamente, ao longo de seu termo, participará de centenas de diferentes processos deliberativos. Os custos de informação para os eleitores se tornam altos, sobretudo porque, por definição, eles podem dedicar às questões públicas apenas uma pequena parcela de seu tempo e de sua atenção.

A multifuncionalidade da representação implica múltiplas prestações de conta; o eleitor deve não apenas ser capaz de acompanhá-las, na medida de seu interesse, como de dar a cada uma seu justo peso no momento de produzir uma avaliação global do desempenho do governante. Ao final, o eleitor possui um único voto, que, idealmente, deveria refletir a resultante desse processo plural de avaliação do mandato em relação às inúmeras questões nas quais ele esteve envolvido, chegando à conclusão de reconduzir ou não reconduzir o representante a seu cargo.

De fato, aqui se trava uma das batalhas políticas fundamentais nos regimes concorrenciais. Governo e oposição buscam levar a atenção pública para uma ou outra questão, conforme se julgue que o desempenho dos atuais ocupantes das posições de poder é melhor ou pior – corrupção no Estado ou desempenho da economia, segurança pública ou relações internacionais. A expectativa é que as questões de maior visibilidade terão mais peso na decisão dos votos individuais. Aqui, uma vez mais, os meios de comunicação de massa desempenham um papel central, como é demonstrado pela literatura relativa ao chamado *media priming* (Iyengar, 1991, p.133).

Diante disto, é frequente que se recomendem estratégias de redução dos custos de informação, o que facilitaria o exercício da *accountability*. Tais estratégias podem ser divididas em dois grupos. O primeiro busca a simplificação do jogo político. Quanto mais fácil for a identificação da responsabilidade pela tomada de decisões, melhor; essa clareza seria uma condição *sine qua non* para o próprio exercício da *accountability* (Powell Jr., 2000, p.50-1). Se uma decisão é resultado de uma barganha entre múltiplos agentes, então é difícil determinar quem deve ser punido ou premiado pela solução alcançada, isto é, fica comprometido o exercício do *enforcement*. Idealmente, com uma responsabilidade nítida e evidente sobre as decisões, a interlocução sobre as alternativas políticas poderia ser transformada em mera avaliação impressionista do impacto da ação governamental sobre a vida de cada indivíduo, como no modelo de Downs (1957). A responsabilização dos agentes governamentais seria obtida mesmo com baixa informação por parte dos cidadãos.

O modelo exige a formação de maiorias governamentais sólidas e uma alta capacidade de controle do poder executivo na formulação e aplicação de políticas. Um sistema político bipartidário é recomendado, já que além de simplificar as opções apresentadas ao eleitorado também conduz à produção de maiorias nítidas. Sistemas eleitorais de votação majoritária em circunscrições uninominais (o chamado "voto distrital") teriam o duplo mérito de favorecer o bipartidarismo e fazer com que cada eleitor precisasse acompanhar a atuação de apenas um parlamentar, em vez de uma bancada (como ocorre em países como o Brasil, por exemplo, em que os distritos são plurinominais e cada eleitor de cada unidade da federação está sendo representado simultaneamente por 8 a 70 deputados federais). Arranjos federativos fortes são contraindicados, dada a sobreposição de atribuições de governo.

A rigor, esse modelo caminha na direção de uma democracia delegativa, em que o sistema de freios e contrapesos entre os poderes é atenuado. A *démarche* realista que exige menor capacidade de interlocução política por parte dos cidadãos comuns é, também, um rebaixamento do ideal democrático. Por fim, a simplificação das alternativas colocadas à disposição do eleitorado é um daqueles casos em que a busca de maior *accountability* trabalha contra a responsividade. Cidadãos que devem escolher entre poucos candidatos têm mais chance de optar "corretamente" com um mínimo de informação, mas menos chance de encontrar alguma alternativa que se aproxime daquilo que corresponde à sua visão de mundo e seus interesses (Miguel, 2010).

180 LUIS FELIPE MIGUEL

O segundo grupo de estratégias reduz o escopo da *accountability*, limitando-a, em particular, a formas de controle sobre a corrupção, exilando de vez a apreciação de políticas substantivas, o que aparece, por exemplo, em documentos do Banco Mundial (1999) ou influenciados por sua perspectiva (Shah, 2007). O papel dos cidadãos deixa de ser o de formulação da vontade coletiva para ser o de fiscalização do Estado, a partir de um código moral compartilhado.

São estratégias que tornam mais fácil a efetivação da *accountability*, mas ao preço de rebaixar o sentido da democracia, na medida em que abrem mão da ideia de governo popular. Caso esse valor seja resgatado, as exigências se tornam muito maiores. O bom funcionamento da *accountability* vertical vai depender da existência institucional de sanções efetivas sobre os representantes, da provisão de informação adequada e plural (não apenas sobre a atuação dos governantes, mas sobre o mundo social de forma geral) e de interesse pela política disseminado nos diferentes grupos da população.

Atualmente, os regimes considerados democráticos garantem sanções de tipo eleitoral para os governantes, mas falham, em maior ou menor grau, nos demais quesitos. O pluralismo dos meios de informação é limitado, seja pelos constrangimentos profissionais, seja pela pressão uniformizadora da concorrência mercantil; ou, ainda mais importante, devido aos interesses comuns dos proprietários das empresas de comunicação de massa, que, aliás, formam um mercado cada vez mais concentrado (Bagdikian, 1997; McChesney, 1999). Vários indicadores mostram que o interesse pela política, por sua vez, é em geral baixo, conforme visto no capítulo "As dimensões da representação". Mais grave ainda, é distribuído de forma muito desigual; via de regra, pessoas pertencentes aos grupos de menor poder político, como trabalhadores, mulheres ou minorias étnicas, são também as que revelam menor interesse pela política (demonstrando que o interesse é, ao menos em parte, função das *oportunidades* de participação efetiva abertas pelo sistema político).

Cabe acrescentar um último critério para o bom funcionamento da *accountability*: os representantes devem ter poder efetivo para a implantação das políticas que preferem. O sentido do controle

DEMOCRACIA E REPRESENTAÇÃO 181

popular fica comprometido quando parte significativa das decisões é determinada por entidades externas, não sujeitas às sanções determinadas pelo eleitorado, sejam elas organismos multilaterais internacionais (Nações Unidas, União Europeia), agências de financiamento (Fundo Monetário Internacional, Banco Mundial), grupos econômicos privados com forte poder de chantagem (o "mercado") ou mesmo Estados estrangeiros. Se tais organismos têm a capacidade de bloquear alternativas, resta pouco espaço para o exercício da soberania popular. Fica claro que o processo de globalização complicou o exercício da *accountability*, sobretudo nos países periféricos, que formam a ponta mais vulnerável da ordem globalista.

É claro que uma compreensão adequada dos entraves à *accountability* não pode se limitar à primeira dimensão da representação política. Eles têm a ver também com os mecanismos de controle da agenda, com a dificuldade de acesso à discussão pública e com os impedimentos à produção autônoma das preferências por parte dos grupos dominados. Deste ponto de vista, a questão que se coloca não é tanto a redução das exigências de informação para os eleitores, mas a ampliação da capacidade de interlocução entre representantes e representados, com a diminuição da distância que os separa. Isto é, não se trata de "educar" a população, mas de transformar a divisão do trabalho político, o que promoveria a qualificação política do eleitorado.

Os problemas da representação política nas democracias eleitorais têm levado ao surgimento de propostas inovadoras, tais como a introdução de determinado grau de aleatoriedade na escolha dos representantes ou a reserva de espaços para grupos considerados prejudicados (por meio de cotas eleitorais, por exemplo). De maneira geral, tais propostas perseguem um ou mais dos seguintes objetivos:

(1) ampliação da representatividade mimética do corpo decisório, isto é, tornar os governantes mais parecidos com os governados;

(2) ampliação da pluralidade de vozes e perspectivas presentes nas esferas decisórias;

(3) ampliação da força política de grupos tradicionalmente marginalizados; e

(4) ampliação da rotatividade nos cargos decisórios, impedindo a cristalização de uma elite política.

Todos os quatro objetivos têm em comum o diagnóstico sobre o qual se apoiam. A separação entre uma minoria governante, relativamente homogênea em suas características e tendendo a ocupar de forma permanente as funções de poder, e a massa governada gera vieses no processo de tomada de decisões que comprometem seu caráter democrático e que os mecanismos formais de supervisão sobre os representantes não são capazes de sanar. Entre as críticas geralmente apontadas contra tais propostas destacam-se três. A primeira se vincula ao possível cerceamento da liberdade do eleitor-cidadão, já que sua escolha seria limitada por critérios prévios de representatividade de determinados grupos ou mesmo descartada em favor de uma seleção aleatória. Esse é o ponto destacado por Andrew Arato (2002 [2000]), em sua condenação sumária da representatividade descritiva. No entanto, a crítica incorre numa circularidade: mecanismos de representação descritiva visam exatamente garantir a presença de grupos que tendem a ficar ausentes, dados os constrangimentos estruturais que incidem sobre as escolhas "livres" do eleitorado.

A segunda crítica foca a provável redução da competência dos governantes, que levaria tanto à diminuição da efetividade da ação governamental quanto à ampliação do poder das burocracias de Estado. A valorização da especialização funcional se coloca, assim, contra o princípio democrático de rotação entre governantes e governados. Ao mesmo tempo, o foco na competência pressupõe que exista um critério para avaliá-la que seja independente dos interesses dos grupos. O foco na representação democrática impede que capacidades e interesses sejam tratados como questões distintas.

A crítica mais importante, porém, diz respeito à redução da *accountability*. Na medida em que o acesso aos postos de decisão depende menos da vontade dos governados – e mais de regras prévias de distribuição das vagas entre grupos ou então, no caso de seleção lotérica, da sorte –, a responsividade dos governantes à vontade popular estaria seriamente comprometida.

DEMOCRACIA E REPRESENTAÇÃO 183

A forma mais radical de transformação dos mecanismos representativos, que tem sido explorada por diferentes vias por teóricos políticos, é a introdução de mecanismos aleatórios para o preenchimento de cargos públicos, recuperando um procedimento próprio da democracia clássica. Sorteios garantiriam a igualdade absoluta entre os cidadãos. Em relação a outros instrumentos de garantia de espaço para grupos em posição subalterna, como as cotas eleitorais, possuem vantagens indiscutíveis. Cotas exigem uma decisão prévia sobre quais grupos devem ser beneficiados, o que é uma decisão complexa e polêmica. Ao determiná-los, políticas de cotas tendem a perpetuar a relevância política das diferenças, que, no entanto, se desejava abolir. Se a porta para o ingresso no parlamento diferencia homens e mulheres, por exemplo, fica mais difícil imaginar um futuro em que o sexo seja irrelevante para predizer as chances de sucesso de uma pessoa na carreira política. Por fim, as cotas se prestam bem à aplicação sobre variáveis discretas, como sexo ou crença religiosa, mas não sobre variáveis contínuas, como cor, classe social e renda (Phillips, 1993, p.100).[5]

As múltiplas propostas de utilização de sorteio, no entanto, incluem sugestões bastante moderadas, como a "pesquisa de opinião deliberativa" de James Fishkin (1989), em que uma amostra aleatória da população estuda os problemas políticos e os debate com os candidatos, servindo de subsídio para as escolhas dos eleitores,[6] ou a geração de câmaras consultivas, isto é, sem poder decisório, como o "minipopulus" proposto por Robert Dahl (1989, p.122-5; 1990b, p.340), cujo único poder efetivo seria a "influência moral" sobre a câmara eleita. Trata-se, a rigor, de fazer funcionar um corpo de representantes lotéricos, mas sem capacidade decisória, que refletiria a vontade dos representados e obrigaria os representantes

---

5 Tanto sexo quanto crença religiosa são hoje variáveis bem mais complexas do que costumavam ser entendidas, dados os fenômenos da transexualidade e da fluidez do pertencimento sectário. Mas essa é uma questão que deixo de lado.
6 Tentativas de implantação do que passou a se chamar "Deliberative Polling™", como um empreendimento comercial-político-midiático-acadêmico, estão descritas em Fishkin (1997).

184   LUIS FELIPE MIGUEL

eleitos a responderem a essa vontade. Ou seja, um mecanismo de aprimoramento da *accountability*. Resta saber se, na ausência de interesse prévio e de poder efetivo, haveria incentivo suficiente para o engajamento adequado dos escolhidos nas tarefas esperadas dessa câmara consultiva.

Em ordem crescente de radicalidade, temos a "votação lotérica" proposta por Akhil Reed Amar (1984), em que cada candidato teria tantas chances de ser sorteado quanto os votos que recebeu (como forma de incentivar a participação política eleitoral); um sistema bicameral, com uma câmara legislativa eleita e outra sorteada, como a proposta de Ernest Callenbach e Michael Phillips (1985); o complexo mecanismo da "demarquia" de John Burnheim (1985), com vários órgãos decisórios formados por sorteio, cada um decidindo sobre um único tema; e, por fim, a utopia de Barbara Goodwin (1992), de uma sociedade em que *todos* os recursos sociais – e não apenas o poder político – são distribuídos por sorteio.

Muitas dessas propostas guardam contato com a ideia de democracia deliberativa, discutida no capítulo "Os limites da deliberação". Os corpos de cidadãos selecionados aleatoriamente seriam espaços de trocas argumentativas sobre as questões públicas, que resolveriam os problemas de escala, próprios da esfera pública ampla, sem cair nos vieses da escolha eleitoral ou meritocrática. Nos termos de Fishkin, existe hoje um dilema: ou as decisões são tomadas de forma igualitária, pela massa, que é incompetente, ou de forma competente, pela elite, mas com desigualdade (Fishkin, 1991, p.1-2). A solução seria a instituição de espaços de discussão compostos aleatoriamente. Ao contrário do que ocorre nas pesquisas de opinião, que indicariam aquilo que o povo pensa, nesses espaços seria possível saber aquilo que o povo *pensaria* se pudesse refletir sobre as questões (Fishkin, 1991, p.81).

As propostas de sorteio se defrontam com quatro objeções básicas. A primeira – e que repercute de maneira mais intensa no senso comum – é a descrença na premissa democrática da igualdade entre todos; o sorteio deixa de lado o caráter *seletivo* do processo eleitoral. É a crítica platônica da democracia, sustentada na ideia

DEMOCRACIA E REPRESENTAÇÃO 185

de que existem diferenças significativas de competência entre os diversos indivíduos e que, portanto, a condução do governo deveria ser destinada aos melhores dentre eles. Numa parábola famosa, Platão compara o Estado a um navio; na democracia, ele careceria de um bom comandante, ficando à mercê dos palpites dos simples marinheiros e da luta entre os grupos que disputam o poder (Platão, 1988 [c. 375 a.C.], p.248-9). Tratar-se-ia, portanto, de reconhecer que a humanidade é desigual e de dar o comando aos indivíduos mais capacitados, deixando de lado a fantasia perniciosa da rotação entre governantes e governados.

Ao optarem pela eleição como forma de seleção dos governantes, os fundadores dos regimes eleitorais – na Inglaterra, na França e nos Estados Unidos, nos séculos XVIII e XIX – mostravam-se sensíveis à crítica platônica e introduziam um elemento aristocrático. Conforme demonstrou Bernard Manin (1997), a "democracia representativa" não foi pensada como uma solução técnica para a impossibilidade da democracia direta em sociedades extensas, mas como forma de gerar um corpo governante superior, em qualidade, ao conjunto do povo – uma aristocracia. Isto não quer dizer que propostas de "representação descritiva", isto é, do corpo de representantes como uma miniatura perfeita do povo, não tenham surgido. Mas foram vozes minoritárias, seja nos debates sobre a Constituição dos Estados Unidos, seja na Constituinte francesa.

Assim, no "Federalista nº 35", Alexander Hamilton expressa sua confiança na sub-representação das classes trabalhadoras: "Mecânicos e manufatureiros sempre estarão inclinados, com poucas exceções, a dar seus votos para comerciantes, de preferência a pessoas de suas próprias profissões ou ocupações" (Hamilton, Madison e Jay, 1990 [1788], p.113). Outra formulação do princípio aristocrático aparece no "Federalista nº 57", atribuído a Hamilton ou James Madison: "O objetivo de qualquer constituição política é, ou deve ser, primeiro, conseguir, para governantes, homens que possuam mais sabedoria para discernir, e mais virtude para perseguir o bem comum da sociedade" (Hamilton, Madison e Jay, 1990 [1788], p.176-7).

Não há tensão entre a distinção de classe, presente na primeira citação, e a de sabedoria e virtude, na segunda: os autores seguramente acreditavam que as classes superiores eram mais sábias e mais virtuosas. Seja como for, o corpo de representantes é distinto do povo. É um corpo selecionado, em que se apresenta não um retrato da sociedade, mas aquilo que nela haveria de melhor. O regime representativo, portanto, seria superior à democracia direta. É possível, como faz Ellen Meiksins Wood, ler o argumento dos escritos federalistas pelo avesso da interpretação corrente: não é a representação que é necessária porque a república é extensa, mas uma república extensa que é desejável por tornar a representação inevitável (Wood, 1995, p.216).

A defesa da superioridade intrínseca do governo representativo, devida, entre outros motivos, ao seu caráter seletivo, vai culminar, no século XIX, no pensamento de John Stuart Mill. Nele, são perceptíveis as tensões entre os aspectos democráticos e aristocráticos da combinação. Fiel à máxima utilitarista de que cada um é o melhor juiz dos próprios interesses, ele precisa dar espaço à participação política de todos. Por outro lado, há o medo da "tirania da maioria", que se traduz concretamente no "duplo perigo" causado pela predominância de trabalhadores manuais no eleitorado – perigo do "padrão demasiadamente baixo da inteligência política" e da "legislação de classe" (J. S. Mill, 1995 [1861], p.115). Assim, a representação deveria favorecer as minorias e, em especial, uma minoria específica: as classes proprietárias (e cultas).

A segunda objeção está ligada à ideia da eleição como *autorização* para que o representante aja em nome dos representados, o que a seleção aleatória não contemplaria. A rigor, essa não é uma objeção muito séria, já que hoje se considera que a autorização é dada mesmo por aqueles que votaram nos candidatos derrotados. Ou seja, a participação no processo eleitoral significaria que há concordância quanto à justeza do processo de escolha, independentemente dos resultados alcançados. O mesmo tipo de concordância poderia valer para o sorteio.

A terceira e mais importante objeção se refere à *accountability*, isto é, o fato de que os representantes são responsáveis perante seus

DEMOCRACIA E REPRESENTAÇÃO   187

constituintes. Ela seria eliminada se os governantes não devessem seus mandatos à vontade expressa da maioria da população, mas ao simples acaso. Seria grave a ausência da disputa eleitoral quando os candidatos enunciam seus pontos de vista, e, mais ainda, da sanção facultada aos cidadãos, que é a possibilidade da não recondução de seus representantes ao cargo.

Esse é o ponto crucial, já que todas as propostas de reintrodução do sorteio estão ancoradas num mesmo diagnóstico: a inoperância (ou, pelo menos, insuficiência) dos mecanismos de *accountability* eleitoral. A busca da eleição e da reeleição não torna os políticos especialmente sensíveis à vontade do cidadão comum, e sim dos "grandes eleitores" – controladores de máquinas políticas locais, grupos de mídia e financiadores de campanha. Por outro lado, o papel limitado que o sistema concede ao simples cidadão, condenado a dissolver seu voto em meio a milhares ou milhões de outros, não poderia promover a participação ativa visada por Stuart Mill, mas apenas, como de fato ocorreu, o desinteresse e a passividade.

Com o sorteio, o escolhido deixa de depender dos grupos poderosos, que perderiam influência política. O contra-argumento é que, sem a sanção da não reeleição, o governante estaria muito mais exposto às tentações da corrupção e do exercício do poder em benefício próprio. A resposta, em parte, estaria em outro benefício esperado do sorteio: o rodízio de cidadãos nos cargos de governo. Um dos problemas relacionados à democracia representativa é precisamente o fato de que os representantes, ao se especializarem nessa função, desenvolvem interesses particulares, diferentes daqueles de seus constituintes – o fenômeno que, há um século, Robert Michels chamou, com exagero retórico, de "a lei de ferro da oligarquia". Com a escolha ao azar, deixa de existir o político profissional. Cada mandato será, provavelmente, o único daquele indivíduo. Ou seja, seu interesse em médio e longo prazos não é o interesse do governante, mas do governado que em breve voltará a ser. Esse era um elemento não desprezível na arquitetura da *polis* grega.

Com esse rodízio nas funções públicas, aumentaria em muito o número daqueles que teriam alguma experiência de governo. Cada

188 LUIS FELIPE MIGUEL

cidadão já teria cumprido um mandato ou estaria na expectativa de cumpri-lo. Entre seus familiares, na vizinhança ou no seu ambiente de trabalho, encontraria muitos outros na mesma situação. Isto geraria o interesse e a qualificação políticas que se contrapõem à apatia e à passividade próprias dos regimes eleitorais.[7]

Essa qualificação difusa da cidadania é a resposta possível, ainda que insuficiente, à quarta objeção à escolha de representantes por sorteio. Se as eleições parecem ser um meio insuficiente de estimular a qualificação política, a ausência delas representa um incentivo a menos para o debate sobre as questões públicas entre os cidadãos comuns. São dois problemas estreitamente vinculados. Por um lado, o desinteresse pelas formas de ação política que ocorrem fora das instâncias representativas. Por outro, a premissa implícita de que há uma identificação automática entre a posição social e os interesses que o indivíduo possui. Isto é, *qualquer* mulher sorteada estará capacitada a falar em nome do conjunto das mulheres; qualquer negra representa os interesses das negras e assim por diante. No entanto, a própria ideia de que existem interesses objetivamente identificáveis, ligados às diversas posições sociais, é questionável. Mulheres, negros ou integrantes de qualquer outro grupo social, subalterno ou mesmo dominante, podem discordar sobre quais são seus reais interesses ou qual tipo de medida política as beneficia. Falta às propostas de sorteio, portanto, a reflexão sobre a construção das identidades

---

7 É bem verdade que a extensão dos mandatos, a dimensão dos corpos de representantes e o tamanho da população incidem quanto ao impacto esperado desta medida. Na Grécia antiga, estima-se que um em cada dois cidadãos participaria uma vez na vida da *boulē*, a magistratura mais importante, que fixava a agenda da assembleia popular (Manin, 1997, p.30). No Brasil de hoje, levando em conta o eleitorado de 2012 e estimando uma vida política dos 21 anos (idade mínima para candidatura a deputado federal) aos 70 anos (fim da obrigatoriedade do voto), bem como a manutenção dos atuais mandatos e bancadas na Câmara dos Deputados e no Senado, cada cidadão teria uma chance em 20 mil de ser sorteado alguma vez para o Congresso Nacional. Incluídos todos os outros cargos eletivos (no poder executivo e nos níveis subnacionais) e ajustada a idade mínima para eleição para 18 anos, há uma chance em 163 de ocupar um cargo alguma vez na vida.

coletivas. Sem um espaço no qual os grupos sociais possam pensar a si mesmos e às políticas que desejam, a legislatura aleatória não passará de um punhado de indivíduos atomizados.

Uma última vantagem da seleção aleatória seria a garantia de representatividade (no sentido mimético) da população. Com base na lei dos grandes números, é possível afirmar que haveria uma proporcionalidade aproximada dos diferentes setores no corpo governante. A procura de uma proporcionalidade mais estrita, com a aplicação de técnicas de amostragem, coloca problemas graves – idênticos aos das cotas – já que teriam que ser definidas *a priori* tanto as clivagens sociais relevantes quanto a alocação de cada indivíduo dentro dos grupos.

De todas as propostas de transformação dos mecanismos de seleção de representantes, o sorteio é a que avança de forma mais decidida em direção aos quatro objetivos citados acima, embora ao custo de maiores perdas de autoridade para a população comum. Outras medidas poderiam resolver ou minorar cada um dos problemas enfrentados pelas democracias representativas. Cotas de representação podem melhorar a participação de grupos politicamente minoritários. Restrições à reeleição, inclusive para o legislativo, contribuiriam para impedir a formação de estratos oligárquicos. Uma legislação severa de financiamento público de campanhas obstaculizaria a ação do poder econômico. Apenas o sorteio, porém, parece capaz de prover soluções a todos esses aspectos, simultaneamente. Ele seria o método ideal para promover a redistribuição do capital político, isto é, da capacidade da tomada de decisões públicas.

No entanto, a ausência de compromisso do sorteado em relação àqueles que deveria "representar" torna a alternativa pouco atraente. Em escala local, onde há a possibilidade de controle direto por parte da população, a seleção aleatória talvez possa alcançar resultados interessantes. Para além disso, significa abrir mão do fiapo de soberania popular que os regimes competitivos ainda conservam. Mesmo diante dos benefícios que a seleção lotérica possa trazer, parece um preço alto demais para ser pago.

As cotas eleitorais representam uma abordagem mais moderada, mas mais factível. Elas têm impacto pequeno, embora não nulo, no quarto objetivo (ampliação da rotatividade entre governantes e governados), mas prometem avanços significativos no que se refere aos outros três. Ao contrário da seleção aleatória, que levaria à melhoria da representatividade mimética dos corpos decisórios, mas cujo procedimento inicial é a atomização dos cidadãos, as cotas estão ligadas à ideia de *representação de grupos*.

Afinal, um dos principais problemas identificados na representação política contemporânea diz respeito à sub-representação de determinados grupos sociais. O grupo dos governantes, em relação ao conjunto da população, tende a ser muito mais masculino, muito mais rico, muito mais instruído e muito mais branco – uma observação que vale para o Brasil e para as democracias eleitorais em geral. A expansão da franquia eleitoral, com a incorporação de novos grupos, como as mulheres, os trabalhadores e os analfabetos, à cidadania política, não modificou de forma substantiva a situação. Como observou Anne Phillips (1999, p.35), não basta eliminar as barreiras à inclusão, como no modelo liberal: é necessário incorporar explicitamente os grupos marginalizados no corpo político.

A afirmação da relevância política dos *grupos* sociais leva a uma ruptura com o individualismo abstrato que marca o pensamento liberal (e, por intermédio dele, o ordenamento constitucional das democracias ocidentais). O rompimento com essa tradição vai ser embasado teoricamente por uma miríade de pensadores, que, no entanto, oscilam desde a exaltação à diferença de grupo, com o abandono de qualquer perspectiva unificadora, como nas formulações iniciais de Iris Marion Young (1990a), até a busca de um compromisso com o republicanismo cívico, enfatizando a necessidade de as pessoas perceberem os limites de sua própria posição diante "da comunidade mais ampla à qual todos em última análise pertencemos", que é a posição de Anne Phillips (1993, p.106) e de obras posteriores da própria Young (2000).

O principal mecanismo institucional da promoção da participação política de grupos subordinados é a adoção de cotas eleitorais.

DEMOCRACIA E REPRESENTAÇÃO   191

Embora por vezes elas sejam adotadas para proteger minorias étnicas, em especial grupos indígenas, a maior parte das experiências de cotas eleitorais beneficia as mulheres (como acontece no Brasil), que passam a ter uma reserva de cadeiras no parlamento ou de candidaturas às eleições. A efetividade da medida – isto é, o aumento real da presença feminina nos fóruns decisórios – é influenciada por diversos fatores, notadamente o sistema eleitoral, a fragmentação partidária e a magnitude dos distritos. No caso brasileiro, a combinação entre o sistema eleitoral de listas abertas, a possibilidade de que os partidos lancem mais candidaturas do que vagas, a ausência de provisões para equalizar recursos de campanha e, em especial, a falta de sanções para os partidos que não apresentam a quantidade mínima de candidatas mulheres fez com que o impacto das cotas eleitorais na presença feminina nos parlamentos fosse reduzido (Miguel, 2008b, 2012b).

Embora tenham se tornado uma experiência banal, tentada em diversos países e em geral discutida mais a partir da sua efetividade esperada do que dos princípios que punha em movimento, as cotas eleitorais colocam em cena diversas questões merecedoras de atenção, do ponto de vista da teoria política. Elas representam uma ruptura com elementos de base do ordenamento político liberal – além, é claro, de uma manifestação de desencanto com a possibilidade de que esse ordenamento seja capaz de incluir, nos seus próprios termos, os grupos hoje deixados à margem.

Durante muito tempo, a luta das minorias – termo que inclui também as mulheres, já que se refere a uma inferioridade social e política, não numérica – foi pelo *acesso* aos direitos individuais e políticos prometidos pelo liberalismo e pela democracia. Desde Mary Wollstonecraft até as sufragistas, essa foi uma bandeira essencial, senão *a* bandeira essencial, dos movimentos de mulheres. Os princípios do liberalismo não eram colocados em questão: o que se criticava era sua insuficiente aplicação prática e a exclusão de segmentos da sociedade, como mulheres, negros, indígenas etc.

Quando se perde a fé nos instrumentos da democracia liberal, são os princípios que passam a ser repensados (Mendus, 1993).

192 LUIS FELIPE MIGUEL

Uma fecunda corrente da teoria política, vinculada ao feminismo, procura demonstrar que um viés sexista contamina os conceitos da democracia a partir de sua origem e que é necessária uma ruptura radical com as tradições anteriores de pensamento. De maneira mais prática, os mecanismos de ação afirmativa são a demonstração de que a mera igualdade formal é insuficiente; que ela perpetua, recobre e, em última análise, legitima a desigualdade substantiva. Mas a defesa de cotas eleitorais, em particular, revela também outro fato: a valorização dos mecanismos institucionais de representação, o que, ao menos em parte, é devido ao colapso dos projetos da esquerda revolucionária. Um dos argumentos das críticas de tais políticas, aliás, é que elas promovem uma reacomodação dentro do sistema político vigente que pode obscurecer a necessidade de transformações estruturais mais profundas (Varikas, 1996 [1994]).

O conflito dessa posição com o liberalismo político reside na defesa do direito das mulheres ou de outra minoria – isto é, de um *grupo* – a terem seus interesses representados na arena política. Embora a filosofia liberal clássica não negue, em abstrato, a possibilidade de um interesse de grupo (sempre redutível aos interesses de seus integrantes), ela nega que os grupos possam ter direitos. O único sujeito de direito é o indivíduo; se as mulheres, por exemplo, querem se fazer representar, cada indivíduo do sexo feminino deve fazer sua opção nesse sentido, sem qualquer constrangimento *a priori*. Se as mulheres desejam ver mulheres candidatas, elas que ingressem nos partidos políticos, participem das convenções e conquistem seu espaço em "igualdade de condições" com os homens.

Esse individualismo é um traço constitutivo do liberalismo desde seus primórdios. Quando Hobbes e Locke, por exemplo, formulam suas teorias do contrato social, no século XVII, eles também delineiam uma imagem atomística da sociedade (Hobbes, 1997 [1651]; Locke, 1998 [1690]). Seu fundamento é o bem individual, sem consideração pela comunidade (palavra, aliás, desprovida de sentido para os dois autores). O único móvel para a constituição da sociedade política é a vantagem pessoal – a preservação da vida, no caso

DEMOCRACIA E REPRESENTAÇÃO 193

de Hobbes, ou da propriedade, no caso de Locke, ambas ameaçadas pela ausência de poder coercitivo imperante no estado de natureza. Convém notar, mesmo *en passant*, que para ambos a igualdade (existente no estado de natureza) está na raiz dos conflitos. Para que a convivência entre humanos seja harmônica, há a necessidade de introduzir a desigualdade – com a instituição do poder soberano absoluto, como em Hobbes, ou de magistrados que monopolizam o direito de julgar e punir, como em Locke. Rousseau faz com os contratualistas anteriores o que Marx dizia ter feito com Hegel: vira--os de cabeça para baixo. Ele mostra que é a desigualdade que gera conflitos (Rousseau, 1964b [1755]). Mas aí não são mais embates entre indivíduos isolados, como na "guerra de todos contra todos" hobbesiana ou seu sucedâneo lockeano, e sim entre grupos – ricos contra pobres, poderosos contra oprimidos etc. É por isso que Rousseau extrapola por completo os limites do liberalismo, ao contrário de seus ilustres predecessores.

Com Hobbes, há um desvio na direção do absolutismo. Em Locke, porém, a doutrina liberal encontra uma expressão inicial bastante satisfatória, isto é, o filósofo inglês delineou com precisão as linhas mestras que guiariam o liberalismo político pelos séculos seguintes. O pressuposto indispensável é a existência de *direitos individuais*, em geral considerados naturais (jusnaturalismo), que restringem o âmbito do poder estatal (Bobbio, 1988 [1986], p.17). A ideia de direito individual passa a ser a marca do Estado liberal. Em tal sistema de pensamento, é difícil abrir espaço para a concepção de "direitos coletivos" (salvo quando são entendidos como a mera agregação de direitos de diferentes indivíduos). Basta observar a tensão permanente entre o chamado "direito de autodeterminação dos povos", um direito coletivo por excelência, e os direitos humanos individuais.

A primazia do direito individual e da participação política individualizada possui um subtexto utilitarista, com o entendimento de que cada pessoa determina quais são seus próprios interesses melhor do que qualquer outra (tal como foi discutido no capítulo "As dimensões da representação"). Quando da luta pela conquista

194 LUIS FELIPE MIGUEL

do voto feminino, esse foi um dos argumentos utilizados, já que o malabarismo de James Mill (1992 [1820]) para excluir as mulheres da franquia eleitoral (com a alegação de que seus interesses estariam subsumidos nos de seus pais ou maridos) feria seu próprio dogma utilitarista. Uma vez que as mulheres tenham conquistado o direito a voto, porém, o argumento se volta contra qualquer forma de ação afirmativa. Se cada qual é quem melhor discerne o próprio interesse, então as mulheres elegeriam outras mulheres para o parlamento ou para o poder executivo, sem necessidade de nenhuma medida além da mera igualdade política formal, caso isso fosse realmente a sua vontade. Se não as elegem, é porque não o desejam. Portanto, qualquer justificativa para uma política de cotas implica o rompimento com a visão liberal-utilitarista de formação dos interesses.

Isso não significa que seja possível justificar políticas de cotas a partir de uma compreensão simplista dos interesses compartilhados das integrantes de grupos minoritários. Usando as mulheres – beneficiárias da maior parte das experiências de cotas eleitorais do mundo – como exemplo: o que justifica a concessão de reserva de candidaturas ou de vagas no parlamento para as mulheres? Há, em primeiro lugar, uma questão de justiça intuitiva: não pode estar certo que metade da população seja representada por apenas 5% ou 10% dos integrantes do Congresso. Mas isso é insuficiente. Existem outras sub-representações (as crianças, os adolescentes, os muito idosos, os deficientes mentais etc.) que parecem não afetar do mesmo modo esse senso de justiça. Portanto, o argumento, por si só, está longe de ser decisivo.

Uma segunda resposta está baseada na ideia de que as mulheres trariam um aporte diferenciado à esfera política por estarem acostumadas a cuidar dos outros, a velar pela família, enfim, devido ao seu papel de mãe – referido como "política do desvelo" (*care politics*) ou então "pensamento maternal".[8] A ampliação do espaço das mulheres no poder significaria um abrandamento do caráter agressivo (tido como inerentemente masculino) da atividade política e uma valori-

---

8 Para uma crítica, cf. Miguel (2001).

DEMOCRACIA E REPRESENTAÇÃO   195

zação da solidariedade e da compaixão, com uma maior preocupação em relação a áreas como amparo social, saúde, educação ou meio ambiente. No lugar da "política de interesses", egoísta e masculina, ou mesmo da "justiça" fria e imparcial, o desprendimento e o zelo pelos outros, a tolerância e a sensibilidade (Diamond e Hartsock, 1981; Elshtain, 1981, 1992, 1995; Ruddick, 1989; Baier, 2004 [1994]). Responsáveis pela proteção e pelo crescimento dos mais frágeis (as crianças), as mulheres veriam nessa tarefa um imperativo moral, que transportariam para suas outras áreas de atividade. O resultado seria uma atividade política mais ética e generosa, voltada para o bem comum, em vez da crua disputa pelo poder.

Entretanto, a experiência de mulheres no poder mostra que essa relação entre gênero e "política do desvelo" não é nada automática. Muitas vezes, esse é o único nicho disponível para elas no campo político (Miguel e Feitosa, 2009). O discurso da "política maternal" insula as mulheres nesse nicho e, desta forma, mantém a divisão do trabalho político, uma divisão que, mais uma vez, destina aos homens as tarefas socialmente mais valorizadas. Ao mesmo tempo, torna impossível que se cobre dos homens a sua parcela de responsabilidade na educação das crianças ou, em termos mais gerais, para com as futuras gerações.

Trata-se de um entendimento essencialista, que apresenta um "eterno feminino" (associado às tarefas de cuidar dos outros) e, assim, naturaliza a atribuição dos papéis sexuais. A mulher é agente de uma "política do desvelo" oposta à "política de interesses" porque é característica sua preocupar-se mais com aqueles que a cercam do que consigo própria. O que existe, na verdade, é a negação do direito da mulher a possuir interesses próprios (Phillips, 1991, p.49) – uma negação imposta pela sociedade patriarcal, emblematizada na figura da mãe que se imola pelos filhos, e incorporada e exaltada por essa corrente da teoria política feminista. Dessa forma, a subalternidade é mantida e mascarada por um véu de "superioridade moral".

A terceira – e mais interessante – via de justificativa para a ampliação da representação feminina parte de premissas opostas. As mulheres devem se fazer representar não porque sejam os vetores de

196   LUIS FELIPE MIGUEL

uma "política desinteressada", mas, ao contrário, porque possuem interesses especiais, legítimos, ligados ao gênero, que precisam ser levados em conta. Quando o sistema político está estruturado de forma tal que veda ou obstaculiza a expressão desses interesses (ou de quaisquer outros), ele se revela injusto.

Está subjacente, aí, a visão de que as mulheres serão as melhores advogadas de seus próprios interesses. Somente quando essa crença se dissemina é que a sub-representação feminina passa a ser considerada iníqua – o que ajuda a entender porque, em geral, não se acha errado o déficit de representação de grupos como crianças ou doentes mentais, cujos interesses seriam melhor representados por outros (embora tal afirmação mereça ser relativizada).

O problema é que, colocada desta forma a questão, parece que as mulheres, apenas por serem mulheres, terão sempre interesses idênticos. A *accountability* seria desnecessária porque ocorreria uma coincidência espontânea entre as ações das representantes e as vontades de suas eleitoras – uma visão que "pretende substituir o acordo em torno a ideias políticas pela *confiança* que teríamos nas representantes do nosso sexo", como escreveu Eleni Varikas (1996 [1994], p.79). A citação mostra que, dada a dicotomia estabelecida por Anne Phillips (1995) entre uma "política de presença" e uma "política de ideias", é muito difícil simplesmente abrir mão desta última em favor da primeira.

Contra a visão ingênua de coincidência imediata de preferências, há o fato de que os indivíduos ocupam, ao mesmo tempo, diferentes "posições de sujeito", para voltar à expressão de Laclau (1986 [1983]), cujas pressões são variadas e, por vezes, contraditórias (por exemplo, mulher, negra, trabalhadora manual, evangélica, consumidora e moradora da periferia). As situações de representante e de representado são, elas próprias, posições divergentes que podem impactar nos interesses dos agentes. Por outro lado – e esse é um dos pontos fortes da argumentação por uma política de ideias, em vez de uma política de presença –, pertencer a um grupo não significa expressar suas demandas. Mulheres candidatas não precisam ter comprometimento com a questão feminina. Enfim, conforme foi

DEMOCRACIA E REPRESENTAÇÃO   **197**

discutido no capítulo "As dimensões da representação", é questionável a própria ideia de que existem interesses objetivamente identificáveis, ligados às posições sociais.

Neste sentido, é útil o deslocamento proposto por Iris Marion Young (2000), que fala em "perspectiva social" em vez de "interesse". O acesso das mulheres às deliberações públicas seria necessário não porque elas compartilham das mesmas opiniões ou interesses, mas porque elas *partem* de uma mesma perspectiva social, vinculada a certos padrões de experiências de vida. A palavra é significativa: trata-se de um ponto de partida, não de chegada. A formulação de Young não é isenta de problemas, que serão discutidos com certo detalhe no próximo capítulo. Ainda assim, sua abordagem é importante, pois mostra que a necessidade da presença das mulheres (como de outras minorias) na arena política não é suprimida caso se encontrem outras formas de proteger seus "interesses", qualquer que seja a forma pela qual eles sejam concebidos.

Aqui é possível voltar aos problemas da *accountability*. Anne Phillips (1995), ao defender o que prefere chamar de "política de presença" das críticas correntes à noção de representação descritiva – presentes já na própria Hanna Pitkin –, admite que essa política nasce da desilusão com a *accountability* vertical, que se mostrou incapaz de proteger as minorias. No entanto, como visto, a ruptura promovida pela adoção de cotas é muitas vezes menos drástica do que a da seleção lotérica. A reserva de vagas para integrantes de determinados grupos sociais não exclui a necessidade de que todos os representantes passem pelo processo eleitoral, respondendo aos cidadãos comuns.

A compreensão corrente da *accountability*, na ciência política, assume que a interlocução entre representantes e representados é, sobretudo, individual e os interesses dos constituintes aparecem como prévios à relação de representação. É por isso que, como visto antes, um ponto central de preocupação é com a quantidade de informação colocada à disposição dos eleitores, mas não com a qualidade das trocas comunicativas em que eles podem se engajar. A interlocução entre representado e representante é vista sempre nos

198   LUIS FELIPE MIGUEL

moldes de perguntas e respostas, não de uma discussão ativa. Se as preferências do eleitor são entendidas como dadas, o importante é que ele tenha clareza sobre as opções que o mercado político lhe oferece, para assim decidir de forma correta. A "informação" – sobre o comportamento pretérito dos candidatos e as expectativas presentes que geram – é, assim, o ambiente no qual um eleitor "fixo" (quanto às suas ambições, anseios, vontades) se situa.

No entanto, se a representação é compreendida em suas múltiplas dimensões e com atenção a seu caráter constitutivo, a dinâmica vertical da *accountability* precisa ser entendida como acoplada aos processos horizontais de construção das preferências dos representados. Em vez de ser uma relação entre dois interlocutores, é uma relação entre múltiplos agentes, relativa à produção dos interesses coletivos, na qual um deles ocupa a posição especial de "representante". Desta forma, a reserva de vagas para minorias políticas pode ser compreendida também como uma maneira (mas não a única) de reconstruir os mecanismos de *accountability* vertical e dotá-los de efetividade, garantindo que grupos socialmente signficativos estejam presentes no processo. Mas, para isso, é preciso avançar para além da primeira dimensão da representação política (a transferência formal de poder decisório).

A definição de quais grupos merecem ter garantida a presença nos espaços decisórios torna-se, assim, uma questão política de primeira grandeza. No princípio da política eleitoral, o local de moradia era apresentado como a divisão mais importante, o que motivou a eleição dos representantes por distritos. Hoje, é possível uma multiplicidade de divisões: classe social, raça ou cor, gênero, orientação sexual, religião, deficiência física. Ou então a altura, a cor do cabelo, o time do coração. A fixação dos cortes sociais politicamente relevantes não é uma tarefa "técnica"; ao contrário, já é, em si, fruto da luta política.

Em vez de pensar num critério com ambição universalizante, é mais interessante entender as políticas afirmativas como reparadoras de padrões de injustiça concretos a serem identificados em cada formação social. Vale, aqui, introduzir a contribuição de Melissa

DEMOCRACIA E REPRESENTAÇÃO 199

Williams (1998, p.15-6), que define os "grupos marginalizados imputados" como sendo aqueles que sofrem com padrões de desigualdade estruturados de acordo com o pertencimento de grupo – o qual não é experimentado como voluntário, nem como mutável –, e quando a cultura dominante atribui um sentido negativo à identidade do grupo. São esses os grupos que podem reivindicar representação mais efetiva. Além disso, acrescenta Williams, a força moral da reivindicação está vinculada aos processos históricos que levaram à exclusão: "Os grupos em mais profunda desvantagem na sociedade contemporânea também foram sujeitos à exclusão legal da cidadania e à discriminação patrocinada pelo Estado" (Williams, 1998, p.17). É um critério que inclui trabalhadores, mulheres, negros, indígenas e homossexuais, pelo menos.

Tanto as propostas de seleção aleatória dos governantes quanto as de reserva de vagas para grupos marginalizados revelam descontentamento com o funcionamento dos mecanismos de *accountability* vertical. As sanções de que os constituintes dispõem – e que se resumem, para todos os efeitos, ao poder de retirar ou manter os representantes em seus cargos a cada eleição – parecem insuficientes para garantir a responsividade de suas decisões. A representatividade mimética surge como uma aposta para prover responsividade sem necessidade de *accountability*; em seu lugar, entra a *similitude*. As decisões políticas poderiam corresponder à vontade dos cidadãos comuns porque seriam tomadas por pessoas similares a eles.[9]

No caso das cotas, a similitude é um complemento à *accountability* – os representantes continuam dependentes do voto popular, mas as perspectivas de determinados grupos serão levadas em conta graças à presença de um contingente de seus integrantes nos espaços decisórios. No extremo, a *accountability* se realizaria exclusivamente entre semelhantes, como se depreende da proposta de Iris Marion Young (1990a, p.184-7) de conceder poder de veto aos

---

9 O formalismo de boa parte da teoria democrática convencional tende a desprezar este tipo de colocação, que, no entanto, já estava bem presente (de diferentes maneiras) num pensamento sensível aos determinantes sociais da política, como em Rousseau ou em Tocqueville.

200 LUIS FELIPE MIGUEL

representantes das minorias, naquelas questões que as afetam. A maior parte dos autores, porém, prefere evitar tal passo que arrisca uma fragmentação excessiva da sociedade, isola os grupos entre si e abandona a esperança de construção de uma unidade social mínima. A proposta foi, posteriormente, abandonada pela própria Young (2000).

Já o sorteio, por sua lógica intrínseca, leva ao abandono completo da *accountability* vertical, então substituída (e não apenas complementada) pela similitude. O sorteio reforça a similitude também na medida em que promove a rotação nos cargos públicos. Isto é, quem exerce o poder decisório sabe que em breve voltará à condição de cidadão comum; a posição de governante, sendo transitória, não criaria interesses duradouros, diferenciados de sua posição enquanto integrante do povo.

Do ponto de vista prático, no entanto, essa continua sendo a objeção mais forte contra a aposta na similitude. Sem os freios e incentivos que oferece a possibilidade de imposição de sanções, tanto positivas quanto negativas, pelo povo comum, os detentores do poder decisório dificilmente resistiriam à tentação de prover seu benefício particular. O resultado seria ou o descalabro ou o inchamento dos organismos de controle, isto é, o reforço da *accountability* horizontal a expensas da vertical. De um jeito ou de outro, é reduzida a soberania popular.

Do ponto de vista teórico, há outro problema grave. Quando a vida política é pensada apenas em termos da promoção de *interesses*, como em geral se faz, fórmulas que visam garantir a presença de determinados grupos nas esferas de poder perdem força. Afinal, os eleitores manifestam seu interesse através do voto. Aceita a premissa do interesse individual esclarecido, os grupos hoje marginalizados elegeriam representantes para os cargos decisórios sem necessidade de nenhuma medida além da mera igualdade política formal, caso isso fosse realmente a vontade de seus integrantes. Por outro lado, se os indivíduos estão submersos na "falsa consciência" e encontram obstáculos para a identificação de seus interesses verdadeiros, tais fenômenos de alienação continuariam presentes, independentemente do acesso de tais ou quais pessoas ao poder. Por isso, a noção de "perspectiva social" se mostra útil para abrir novos caminhos de investigação.

Rousseau (1964a [1757], p.429), em sua famosa condenação à representação política, afirmava que não se pode representar a soberania, pois ela consiste essencialmente na vontade (geral) e "a vontade absolutamente não se representa". É razoável dizer que a perspectiva também não se representa – no máximo, é compartilhada. O que não significa que ela esgote o problema do exercício do poder nas sociedades contemporâneas. Prosseguindo com Iris Marion Young (2000, p.134-6), ela observa que a representação envolve tanto *interesses* (aquilo que se considera necessário para agentes individuais ou coletivos alcançarem seus fins) e *opiniões* (valores e princípios que fundam os julgamentos) quanto *perspectivas*.

Mecanismos representativos adequados devem envolver essas três facetas. O bom funcionamento da *accountability* vertical, que exige formas de empoderamento dos cidadãos comuns, é imprescindível para que interesses e opiniões dos diferentes grupos sociais estejam presentes nas esferas decisórias; mas as perspectivas não são contempladas desta maneira. Elas demandam presença política; se integrantes dos diversos grupos não participam do debate, os aspectos da realidade aos quais eles se tornaram sensíveis, por conta de suas experiências de vida, não serão levados em consideração.

Instrumentos que promovam a responsividade de forma independente da *accountability* podem ser importantes para garantir a presença das diferentes perspectivas sociais nos locais de discussão e decisão política. É o que justifica a adoção de cotas eleitorais, medida que o individualismo liberal pode aceitar na prática, mas é incapaz de assimilar em seu corpo doutrinário. As propostas de sorteio padecem de contraindicações mais sérias; suas fragilidades são bastante evidentes e, de maneira geral, parecem inviáveis para implementação efetiva, salvo, talvez, a nível local. Mas elas incorporam críticas importantes, que merecem ser levadas em consideração, a respeito do funcionamento da representação eleitoral e, em particular, da *accountability*.

PERSPECTIVAS SOCIAIS E DOMINAÇÃO SIMBÓLICA

No capítulo anterior, as cotas eleitorais para mulheres serviram de veículo para o debate sobre mecanismos alternativos de representação, que compensariam alguns dos problemas das democracias concorrenciais. Agora, aprofundo a discussão, apontando alguns limites da aposta na inclusão de diferentes perspectivas sociais nos espaços de tomada de decisão – isto é, a aposta central da "política de presença", tal como encampada por parte significativa do pensamento feminista (mas não só por ele).

Continuando com o principal caso discutido anteriormente, nas últimas décadas, a fraca presença de mulheres nos espaços de tomada de decisão afirmou-se como um problema político de primeira grandeza. A experiência das democracias eleitorais demonstrou que a mera conquista do voto feminino era insuficiente para eliminar a assimetria entre homens e mulheres nos cargos públicos. Da mesma forma que outros grupos sociais dominados, como trabalhadores e minorias étnicas, as mulheres enfrentam obstáculos para transformar votos em representantes.

É possível, ainda hoje, encontrar quem leia tal situação como demonstração de um desinteresse "natural" das mulheres pela política. Uma percepção minimamente sofisticada, porém, entende que o acesso à franquia eleitoral é uma condição necessária, mas

204 LUIS FELIPE MIGUEL

nem de longe suficiente, para se chegar às esferas de exercício do poder político. A participação política das mulheres é limitada por fatores materiais e simbólicos que prejudicam sua capacidade de postular candidaturas, reduzem a competitividade daquelas que se candidatam e atrapalham o avanço na carreira política daquelas que se elegem. Principais responsáveis pela gestão das unidades domésticas e pelos cuidados com as crianças, as mulheres dispõem de menos tempo livre, recurso crucial para a ação política. Também tendem a receber salários menores e a controlar uma parcela inferior de recursos econômicos. Ao mesmo tempo, o universo da política é construído socialmente como algo masculino, que inibe o surgimento, entre elas, da "ambição política", ou seja, da vontade de disputar cargos.[1] Há, aqui, uma excelente ilustração daquilo que Pierre Bourdieu chamava de *efeito de doxa*, isto é, nossa visão do mundo social constrange nosso comportamento, comprovando (e naturalizando) aquilo que pensamos.

As cotas eleitorais são uma tentativa de enfrentar esse problema e implicam, em primeiro lugar, no reconhecimento de que a resultante das escolhas dos indivíduos pode ser perniciosa do ponto de vista coletivo, isto é, que uma assembleia formada pelo voto dos cidadãos pode, no entanto, frustrar expectativas socialmente válidas, como a presença mais ou menos proporcional de determinados grupos nos espaços de poder. Implicam também no rompimento com a separação, da qual o liberalismo sempre foi tão cioso, entre a igualdade política formal e as desigualdades sociais, assumindo a existência de fatores inibidores da ação política das mulheres que não se resolvem com a mera extensão de direitos iguais a elas. E implicam, por fim, na admissão de que políticas voltadas a proteger os direitos desse grupo – as mulheres – são legítimas, ainda que signifiquem limitações ou cerceamento do exercício de direitos individuais.

---

1 Dados relativos aos Estados Unidos revelam que, entre indivíduos com *status* profissional similar, homens apresentam uma predisposição a concorrer a eleições significativamente superior à das mulheres (Fox e Lawless, 2004).

DEMOCRACIA E REPRESENTAÇÃO   205

A expressão "política de presença" – mencionada no capítulo anterior – ganhou curso a partir da obra de Anne Phillips (1995) e sintetiza a reabilitação da representação descritiva por parte do movimento de mulheres e de outros grupos minoritários. Ela a contrasta com a "política de ideias" subjacente ao modelo formalista dominante. A política de ideias vê os representantes como vetores descarnados de plataformas políticas, entre os quais os eleitores escolhem. Uma vez que, como cidadão, alguém se identifica com as propostas, os valores ou as políticas sugeridas por um candidato e sua identidade são irrelevantes. Os mecanismos de *accountability* permitiriam que o indivíduo supervisionasse a ação de seu representante, garantindo que ele se mantivesse fiel àquilo que expressou durante a campanha. Assim, o que interessa não é se mulheres são escolhidas representantes, mas se as reivindicações e interesses femininos são expressos, ainda que por homens, nos locais de deliberação.

A adoção de mecanismos descritivos sugere que a ausência de *accountability* efetiva seria como que compensada por uma maior similaridade entre os tomadores de decisão e seus constituintes, conforme visto no capítulo "A *accountability* eleitoral e seus limites". Se eu não tenho como avaliar adequadamente a ação do meu representante, ao menos posso esperar que, sendo parecido comigo, ele seja sensível às minhas preferências. Mas não é essa a linha de argumentação preferida por Phillips. A política de presença, tal como ela a apresenta, é uma exigência da igualdade política. Um representante, afinal, *não é* um canal neutro pelo qual passam as preferências ou os interesses de seus constituintes. Ele exerce poder. A ausência de mulheres – ou de outros grupos em posição de subalternidade política – entre candidatos e eleitos pode ser atribuída a um menor interesse pela política, mas esse interesse menor já é, em si, uma marca da desigualdade. Como diz a própria autora, é natural que nem todos gostem de política, mas se "participação e envolvimento têm coincidido tão de perto com diferenças de classe, gênero ou etnicidade", então estamos diante de uma forte evidência de desigualdade política (Phillips, 1995, p.32).

206   LUIS FELIPE MIGUEL

A ausência de mulheres no corpo de representantes contribui para perpetuar as condições de seu próprio afastamento, reafirmando a esfera pública – e a política, em particular – como território masculino. Há aqui uma questão de grande significado que Phillips não desenvolve plenamente. A política de ideias, tal como ela a define, tende a aceitar a visão liberal de que os interesses são constituídos de forma prévia à sua representação. Sem isso, não é possível sustentar a noção de que a identidade do representante é irrelevante. Quando entendemos, ao contrário, que os interesses não são dados, mas construções sociais, fica mais fácil perceber que a exclusão das mulheres da arena política tem impacto na forma como elas vão entender sua posição no mundo social e, portanto, seus próprios interesses.

Anne Phillips aponta, ela mesma, alguns dos problemas associados às políticas de cotas, três dos quais merecem ser destacados. Cotas em geral guardam um potencial conservador pois tendem a perpetuar a relevância social das diferenças que deveriam ajudar a abolir; e cotas também não se adaptam a uma realidade em que cada indivíduo possui múltiplas identidades pessoais (questões já observadas no capítulo "A *accountability* eleitoral e seus limites"). E cotas, agora especificamente as eleitorais, podem fazer com que os eleitos por meio delas sejam vistos com preconceito, como representantes de segunda linha que não representam o povo, mas apenas as minorias às quais estão ligados (Phillips, 1991, p.153-6).

Fiel ao legado burkeano, que enfatiza que o representante representa não seus constituintes em particular, mas o povo em geral, Phillips investe contra este último ponto. Observa que a representação de grupo, tal como ela a entende, não é uma forma de corporativismo, em que os representantes falam pelo grupo e a ele respondem. É a busca de uma distribuição mais igualitária das posições de representação entre diferentes grupos sociais, proporcionando um conjunto mais amplo de perspectivas sociais (Phillips, 1999, p.40). As cotas reservam vagas nas listas partidárias ou mesmo cadeiras no parlamento para integrantes de grupos minoritários, mas eles vão buscar o voto de todos os eleitores, indistintamente, e, tal como quaisquer outros representantes, aderem à ficção de que buscam, no exercício de suas responsabilidades, o "bem comum", o "interesse geral" ou a "vontade do povo", não de um segmento social em particular.

Por todos esses problemas associados à introdução das cotas, Phillips é cuidadosa ao insistir que não prega a troca da política de ideias pela de presença. Ela propõe a correção de vieses atuais da representação política por meio da adoção de mecanismos descritivos. A necessidade de supervisão dos representantes pelos representados não é abandonada. Justamente por isso, não são levadas em conta as propostas de substituição das eleições por sorteios – que escapam aos problemas das cotas descritos acima, mas, ao contrário delas, são infensos à *accountability*.

Como resultado, seria ampliada a pluralidade de vozes nos espaços decisórios. Phillips afirma, então, que a defesa da política de presença é parte de um deslocamento que vai do "pluralismo convencional", preocupado com grupos de interesse, ao "pluralismo radical", atento aos grupos de identidade (Phillips, 1993, p.17). Essa formulação já sinaliza a oposição entre interesses e identidades, que é crucial ao debate. Se meu interesse é representável por qualquer outra pessoa, que pode verbalizá-lo em meu lugar e agir para promovê-lo, minha identidade só se torna visível por meio de um igual. Ela se aproxima da "vontade" que, dizia Rousseau em sua defesa da participação direta, não se transmite a outro (Rousseau, 1964a [1762], p.368). A identidade tampouco. Eu posso não estar presente no grupo de governantes, mas minha identidade estará lá não por meio de um representante e sim corporificada em alguém que a possui em comum.

Em sua obra posterior, porém, Phillips vai cada vez mais falar de perspectiva social em lugar de identidade. Menos fechado e com caráter mais relacional, o conceito de perspectiva social é capaz de cumprir a mesma função da identidade – o não representável que exige a presença política – escapando às suas dificuldades, sobretudo a um essencialismo em potencial. Ele vai ser mobilizado para justificar de forma mais sofisticada as demandas por presença, fugindo tanto da concepção de que as mulheres possuem uma sensibilidade

208 LUIS FELIPE MIGUEL

diferenciada que as credenciaria à posição de vetores de uma política mais altruísta e humana quanto da visão de que elas precisam ocupar espaços de poder para defender seus interesses específicos, que levaria à questão espinhosa: quem define quais são os interesses das mulheres?

O conceito de perspectiva social vai ganhar curso a partir, sobretudo, da obra de Iris Marion Young. A discussão adquire centralidade em *Inclusion and Democracy* [Inclusão e democracia] (2000), em que ela se dedica a reunir e sistematizar sua reflexão sobre os problemas da representação política. Mas se liga estreitamente à polêmica sobre o ideal da imparcialidade, que estrutura *Justice and the Politics of Difference* [Justiça e a política da diferença] (1990a), e também a seus textos dos anos 1970 e 1980 sobre corpo e experiência vivida, que foram reunidos na última seção de *Throwing Like a Girl* [Lançando como uma menina] (1990b) e depois republicados, ao lado de trabalhos posteriores com enfoque similar, em *On Female Body Experience* [Sobre a experiência feminina do corpo] (2005).

Na formulação mais sintética e operacionalizável, perspectiva social é definida como "o ponto de vista que membros de um grupo têm sobre processos sociais por causa de sua posição neles" (Young, 2000, p.137). No entendimento da própria autora, a principal vantagem de recorrer a esse conceito é que ele captaria a sensibilidade da experiência gerada pela posição de grupo, sem postular um conteúdo unificado – é um ponto de partida, não de chegada.

A representação política, então, englobaria três facetas: interesse, opinião e perspectiva (Young, 2000, p.134-6). Não se trata de negar a legitimidade da busca da satisfação de interesses entendidos como instrumentos para a realização de fins individuais ou coletivos, por meio da ação política; nem de descartar as opções políticas baseadas em opiniões, isto é, nos princípios e valores que fundam o juízo, correspondendo em linhas gerais à "política de ideias" de Phillips. Essas duas facetas, porém, estariam bem incorporadas nas compreensões correntes sobre a representação política. O esforço seria acrescentar a terceira faceta, a das perspectivas, que engendra a exigência de presença.

DEMOCRACIA E REPRESENTAÇÃO   209

Creio que a produção do conceito de perspectiva social atravessa três conjuntos de problemas. Primeiro, o entendimento do que constitui um grupo social; em seguida, o valor ou ausência de valor da imparcialidade como critério de justiça; por fim, a relação entre experiência vivida e pensamento. As respostas que Young apresenta aos dois primeiros problemas são mais sólidas que aquelas dadas ao terceiro, fonte de parte das dificuldades surgidas na utilização do conceito.

Young assinala que a filosofia política em geral não é apta a lidar com a noção de grupo social, incapacidade que ela atribui à visão individualista dominante. Quando um "grupo" aparece na filosofia política, ou bem é sob a forma de um conjunto de indivíduos que compartilham de uma característica comum identificada pelo observador externo (o grupo dos maiores de 65 anos, o grupo dos que vivem com menos de um dólar por dia, o grupo dos que têm olhos castanhos), ou bem é como uma reunião de indivíduos que decidem agir em defesa de um interesse comum. Nos termos da autora, são agregados ou associações (Young, 1990a, p.43). Ambos os entendimentos são insensíveis ao caráter constitutivo do grupo, que é o aspecto relevante para Young.

Um grupo social, diz ela, é definido em primeiro lugar "não por um conjunto de atributos compartilhados, mas por um sentido de identidade" (Young, 1990a, p.44).[2] Não é um agregado formado por indivíduos reunidos por alguma classificação menos ou mais arbitrária, nem uma associação cujos integrantes possuem *selves* e interesses constituídos de forma independente de seu pertencimento a ela: as pessoas formam associações, mas os grupos constituem os indivíduos (Young, 1990a, p.44-5). A pluralidade de grupos sociais é formadora, assim, da pluralidade de visões de mundo, de valores, de concepções do bem que caracteriza as sociedades contemporâneas.

---

2 Embora Young não faça essa discussão, há aproximações entre sua definição de "grupo social" e aquilo que Rousseau chama de "associação" – termo que, na obra dele, não designa, como na obra dela, uma reunião voluntária, consciente e autointeressada, e sim um conjunto de relações capaz de transformar as identidades pessoais e gerar um sentimento de bem comum que transcende o individualismo (Rousseau, 1964a [1762], p.359).

210 LUIS FELIPE MIGUEL

Young vê essa pluralidade e a diferenciação de grupos da qual ela brota como intrinsecamente *desejável*. Numa *démarche* comum ao pensamento radical do século XX, o ideal de uma igualdade homogeneizante é substituído pela valorização das múltiplas diferenças identitárias. É bem verdade que, a esse respeito, cabe considerar com atenção a ressalva feita por Nancy Fraser sobre o que chama de "versão indiferenciada e acrítica da política da diferença" (Fraser, 1997, p.190) – que não distingue entre diferenças nefastas, que devem ser abolidas (como a diferença de classe), e diferenças que expressam a diversidade humana e devem ser afirmadas. Porém, apesar dessa ponderação, o deslocamento de uma visão niveladora para uma visão complexa da igualdade é bem sustentado. Tal movimento se liga, no pensamento de Young, a uma fundamentada crítica ao ideal de imparcialidade, cujo pano de fundo é a discussão gerada pela teoria da justiça de John Rawls (analisada com maior cuidado no capítulo "Representação e justiça").

Em Rawls, a imparcialidade, que nasce da ausência de posição social, é uma condição necessária (e, ao lado da razão, suficiente) para a construção de uma compreensão válida e universalizável da justiça. Entre os muitos debates que *Uma teoria da justiça* provoca na filosofia política, os mais importantes questionam a noção de indivíduo abstrato, "desencaixado" de suas características distintivas, subjacente à ideia de posição original.[3] Em *Justice and the Politics of Difference*, Young começa por ressituar o debate, passando da abstração dos princípios gerais para uma constatação situada historicamente: "justiça social significa a eliminação da dominação e opressão institucionalizadas" (Young, 1990a, p.15). Longe de ser um deslocamento banal, ele indica que, da mesma forma como os agentes são socialmente situados, o debate sobre justiça é social e historicamente situado. São esses os desafios que a filosofia política deve enfrentar – e aos quais a obra de Rawls não consegue responder.

---

3 Crítica central das "teóricas da diferença", corrente na qual é possível situar Young, mas também, de outra forma, dos chamados "comunitaristas" (ver Sandel, 1998 [1982]).

DEMOCRACIA E REPRESENTAÇÃO 211

O ideal da imparcialidade é enganoso, na medida em que não existe o ponto arquimediano que nos permitiria escapar de nossas perspectivas socialmente situadas. O que é possível, isto sim, é uma determinada perspectiva ganhar curso como sendo não situada: a ilusão da imparcialidade é a imposição de um ponto de vista dominante, que aparece diante dos outros como sendo neutro, desvinculado de interesses e valores (Young, 1990a, p.97). Há, aqui, um poderoso mecanismo de reprodução das relações de dominação, que, ao negar o caráter situado dos discursos dominantes, faz deles porta-vozes do interesse universal, em contraposição aos interesses necessariamente parciais dos outros. É assim que só as mulheres têm sexo, só os negros têm cor, só os trabalhadores pertencem a uma classe social, só os homossexuais têm orientação sexual. Ou, para usar exemplos mais concretos, na política de classes os partidos operários se viam constrangidos a apresentar seu compromisso com um segmento específico, ao passo que os partidos burgueses não se anunciavam como tais, mas como defensores do interesse nacional, isto é, geral (ver Przeworski, 1989 [1985]). E os opositores das ações afirmativas não se manifestam como defensores da manutenção do acesso privilegiado de determinados grupos a determinados espaços (a universidade para os brancos, a política para os homens), e sim em nome da meritocracia "neutra" ou da opção "autônoma" individual.[4]

Ignorar os pertencimentos de grupo, como o ideal da imparcialidade propõe, prejudica aqueles que possuem experiências diferentes dos grupos privilegiados e estigmatiza os que se desviam do padrão considerado geral, ao mesmo tempo que permite que os privilegiados ignorem ou não tematizem sua própria especificidade (Young, 1990a, p.164-5). Por outro lado, "a ideia do tomador de decisão imparcial funciona, em nossa sociedade, para legitimar uma estrutura decisória antidemocrática e autoritária" (Young, 1990a, p.112).

---

4 No romance 2666, do chileno Roberto Bolaño, um repórter explica a seu colega que, na sua redação, todos os profissionais são afro-americanos – e o outro questiona, "isso é bom para o jornalismo objetivo?" (Bolaño, 2009 [2004], p.354). De fato, não se julga que jornalistas brancos contaminariam seu ofício com uma perspectiva parcial, branca, porque não se observa que eles a têm.

212 LUIS FELIPE MIGUEL

De fato, o debate pressupõe uma multiplicidade de interesses, de valores, de vivências – tudo aquilo que Rawls julga necessário abolir para alcançar a imparcialidade.

A crítica à imparcialidade, tal como apresentada em *Justice and the Politics of Difference*, é o momento de maior radicalidade no pensamento de Young. Deslocando-se para o terreno da representação política, ela afirma que a especificidade de cada grupo exige que cada um adquira um determinado conjunto de direitos – e que uma democracia reconhecedora dos grupos deve promover ativamente formas de auto-organização dos membros do grupo para que reflitam sobre suas experiências e interesses, e para dar a eles formas especiais de acesso aos tomadores de decisão (Young, 1990a, p.183-4). São propostas das quais ela recua posteriormente, sobretudo em *Inclusion and Democracy*, obra marcada por sua maior aproximação com o deliberacionismo habermasiano – que, se não adere à ilusão da imparcialidade, adota como ideal um consenso que é a transcendência das parcialidades.

Assim, Young fundamenta a relação entre grupo social e identidade, além de justificar sua oposição à imparcialidade. Mas o conceito de perspectiva social pressupõe também uma relação entre experiência e pensamento que, embora Young esteja longe de explicitar, pode ser rastreada em seus textos mais tributários do feminismo de Simone de Beauvoir e, tal como ele, da fenomenologia de Maurice Merleau-Ponty.

O recurso à noção de perspectiva só faz sentido se julgamos que a experiência vivida engendra uma visão de mundo, uma premissa razoável, mas geradora de uma questão: como isso ocorre? Não é uma relação mecânica, nem toma a forma de uma determinação simples; ao contrário, existem mediações a serem levadas em conta. Não se trata de dizer que os interesses nascem das condições sociais objetivas, já que Young recusa expressamente tal leitura (e perspectiva aparece precisamente como alternativa, ou melhor, complemento à noção de interesse). Tampouco é possível dizer que é o "ser social que [...] determina a consciência" (Marx, 1983 [1859], p.24), pois as perspectivas aparecem como uma forma aberta de ver o mundo, marcada pela

DEMOCRACIA E REPRESENTAÇÃO   213

sensibilidade especial para certos fenômenos ou aspectos de fenômenos, escapando ao discurso estruturado e fechado que é a ideologia.

Ignorar os pertencimentos de grupo, como o ideal da imparcialidade propõe, prejudica aqueles que possuem experiências diferentes dos grupos privilegiados e estigmatiza os que se desviam do padrão considerado geral, ao mesmo tempo em que permite que os privilegiados ignorem ou não tematizem sua própria especificidade (Young, 1990a, p.164-5). No decepcionante capítulo sobre a *hexis* corporal feminina, Young afirma que a mobilidade e espacialidade das mulheres é moldada pela tensão entre transcendência e imanência, própria da sua experiência numa sociedade patriarcal, em que a mulher é tanto sujeito quanto objeto (Young, 2005, p.32). O argumento, inspirado em Beauvoir (2009 [1949]), é forte o suficiente para nocautear seu adversário ostensivo, a tese de que, sem ser fruto da fisiologia nem da cultura, o modo de a mulher mover e situar seu corpo seria a expressão de uma "essência feminina" de caráter metafísico. Derrotado o oponente, aliás não muito notável, o raciocínio se revela de pouca valia.

Primeiro, porque a tensão entre imanência e transcendência pode ser identificada também na figura do trabalhador numa sociedade de classes, e nem por isso a *hexis* corporal de um operário homem será similar à feminina – ao contrário, é Young quem ressalva que sua argumentação sobre as mulheres não vale, por exemplo, para aquelas que desempenham trabalho braçal pesado. Depois, porque se avança muito pouco no passo seguinte (ou reverso da moeda): de que maneira essa *hexis* corporal específica, estruturada socialmente, estrutura ela própria, por sua vez, as vivências das mulheres no mundo. O mesmo vale para as discussões em que ela incorpora o tema da "heterossexualidade normativa", em que o foco está muito mais na percepção de que as regras de comportamento impostas limitam as experiências permitidas do que na relação entre as vivências e a produção de uma dada sensibilidade e um dado conhecimento sobre o mundo social (Young, 1990a, p.24-5).[5]

---

5 A abordagem é diferente naqueles textos em que trabalha momentos específicos da corporalidade da mulher, como gravidez, aleitamento e menstruação

214   LUIS FELIPE MIGUEL

Se ficarmos por aqui, a perspectiva é a incompletude; é somente o fruto das relações de dominação e do cerceamento da interação com o mundo, sem guardar nada daquele caráter de pluralidade fecunda a ser festejada e estimulada. O ideal de Rawls seria o nosso ideal, apenas lamentaríamos o fato de ele ser inalcançável.

Como *não* é assim, não para Young, o mecanismo de geração da perspectiva permanece dentro de uma caixa preta. Há uma série de experiências, de vivências, associadas a posições sociais e inacessíveis enquanto tais aos outros, por mais empatia e solidariedade que sintam.[6] Mas *como* isso gera uma visão distinta do mundo social é uma lacuna que, ao não ser preenchida, abre espaço para o mero senso comum, na forma de uma epistemologia empirista vulgar. No texto em que trata com mais cuidado da questão dos corpos vividos, Young não dedica mais do que dois parágrafos ao problema, não sem antes alertar que não teria espaço para desenvolver uma resposta satisfatória. Após afirmar que as estruturas de gênero condicionam e precedem a ação e a consciência das pessoas e que cada indivíduo vai lidar de sua própria forma com o conjunto constrangido de possibilidades que encontra (Young, 1990b, p.25) – uma afirmação que, imagino, valeria para outras clivagens sociais –, ela descarta o conceito bourdieuano de *habitus*. Considera-o excessivamente rígido e anistórico, "especialmente em seu entendimento das estruturas de gênero" (Young, 1990a, p.26), sendo preferível uma abordagem

---

("Pregnant embodiment", "Breasted experience", "Menstrual meditations", todos incluídos em Young, 1990a), quando a vinculação entre vivência e formação de uma sensibilidade distinta se coloca de forma mais clara. Mas está longe de seu projeto a ideia de uma pluralidade de perspectivas ancorada, em última análise, na biologia.

6 Para usar outro exemplo extraído da literatura: ao narrar a volta para casa de uma operária, no primeiro capítulo do romance *A filha do coveiro*, Joyce Carol Oates mobiliza uma série de questões – vinculadas à posição subalterna no local de trabalho, à responsabilidade com a criação do filho, ao temor da violência sexual, que se expressam em suas ideias, em seu olhar sobre o ambiente, em sua postura corporal e que remetem a experiências próprias de uma mulher numa sociedade sexista, que um homem só é capaz de conhecer de fora (Oates, 2008 [2007]).

DEMOCRACIA E REPRESENTAÇÃO 215

baseada nos corpos vividos de Merleau-Ponty, mas que a conectasse com as estruturas sociais.

Mas a precária sensibilidade de Bourdieu às complexidades das questões de gênero, demonstrada em *La domination masculine*, não seria razão para descartar o conceito de *habitus*, que creio ser muito mais flexível e sensível às dinâmicas sociais do que a fenomenologia preferida por Young. O ponto central, porém, não é esse. Entender *habitus* e perspectiva como conceitos concorrentes em relação aos quais há que se optar (ou, no máximo, que precisam ser fundidos) não é um ganho. Melhor é mantê-los como conceitos paralelos, capazes de vincular as formas de conhecimento do mundo e disposições para ação tanto aos efeitos estruturantes dos campos específicos quanto a posições na estrutura social em geral. Isso é que pode abrir caminho para entender, por exemplo, as mulheres na política, levando em conta os dois substantivos da expressão. Estão *na política*, ou seja, num campo social que exige a adequação a um *habitus* àqueles que nele ingressam, mas são *mulheres*, portadoras de uma perspectiva social minoritária naquele campo e específica na estrutura social.

Ainda que o conceito de perspectiva, tal como desenvolvido por Young, guarde esta lacuna, relativa à relação entre experiência e pensamento, que traz implicações na forma de sua apropriação para se entender a presença política, ele permanece como uma ferramenta útil, capaz de contribuir para a análise quer no plano descritivo, quer no normativo. Mas há dois pontos adicionais que devem ser levados em consideração. Primeiro, o que julgo ser uma insuficiência na visão de Young sobre representação. Em seguida, sua adesão, por vezes pouco crítica, a um ideal – a deliberação habermasiana – que compromete as virtualidades emancipatórias de seu empreendimento teórico.

A percepção de que as experiências vividas estruturam perspectivas que, então, se devem fazer ouvidas nos espaços de poder leva Young – e aqueles que partem de sua reflexão – a desconsiderar ou, no máximo, deixar em segundo plano o caráter constitutivo da representação política (discutido no capítulo "As dimensões da representação").

216   LUIS FELIPE MIGUEL

Young não é insensível a esse problema (Young, 2000, p.130), mas, quando o aborda, coloca-o à parte, dissociando-o por completo de sua discussão sobre representação de grupos sociais. Sua utilização pontual do conceito sartreano de "serialidade", para discutir o problema da pluralidade de vivências interna ao coletivo "mulheres" (que discuti brevemente também no capítulo "As dimensões da representação"), é contraditória com sua obra anterior. De acordo com esse entendimento, as mulheres formariam uma "série", uma coleção de indivíduos com posições heterogêneas, em vez de um grupo. Com isso, o risco do "essencialismo" fica afastado, mas o preço que Young paga é adotar uma concepção de grupo muito mais restritiva do que no restante de sua obra. Para as mulheres formarem uma série, mas não um grupo, estes últimos devem ser definidos como "coletivos autoconscientes que se reconhecem mutuamente como tendo propósitos comuns ou experiências compartilhadas" (Young, 1997, p.34). A estimulante compreensão do grupo como algo que produz os indivíduos encontra pouco espaço nessa formulação.

A ideia de serialidade em Sartre não contempla qualquer identidade compartilhada – o que é importante no caso de gênero, segundo a própria Young afirma em outros momentos. Creio que parte do problema advém da compreensão subjacente de que a identidade de grupo simplesmente brotaria da experiência comum, que é o reverso da negação do caráter constitutivo da representação.

O ponto final que desejo enfocar nesse sobrevoo pelo conceito de perspectiva é o ideal para o qual ele parece apontar em muitas de suas utilizações, incluídas aí as da própria Young. A tarefa do momento seria abrir as portas do debate público para as múltiplas vozes, dar presença às perspectivas hoje ausentes dos espaços decisórios. Feito isso, o resultado seria uma espécie de polifonia para a qual todos os grupos contribuiriam. A inclusão, por si só, geraria a legitimidade das decisões e a justiça.

Trata-se de uma versão multiculturalista do ideal da esfera pública discursiva de Habermas e seus epígonos da vertente democrática deliberativa, que discuti no capítulo "Os limites da deliberação". A relação de Young com o modelo habermasiano não

DEMOCRACIA E REPRESENTAÇÃO   217

é isenta de oscilações. Em *Justice and the Politics of Difference*, ela afirma expressamente seu endosso crítico à "concepção geral de justiça derivada de uma concepção de ética comunicativa" (Young, 1990a, p.34), com o adjetivo "crítico" correspondendo à sua oposição ao universalismo kantiano que contamina a obra de Habermas (Young, 1990a, p.118). Em *Inclusion and Democracy*, a crítica está bem atenuada e ela se situa firmemente no campo da democracia deliberativa, com seus critérios normativos sobre o tipo de discurso aceitável para o debate – apenas aquele em que há a transformação de preferências privadas em apelos públicos por justiça (Young, 2000, p.51), embora ela se mostre generosa ao ponto de permitir que, secundariamente ao argumento racional, sejam incluídas a saudação, a retórica e o testemunho (Young, 2000, p.79). Mas em artigo pouco posterior ela apresenta uma crítica aprofundada das mazelas da deliberação, observando como é distorcida pela existência de um discurso hegemônico e, em muitos casos, conservadora (Young, 2001).

Alguns dos problemas associados à visão de democracia deliberativa são importantes para a discussão sobre perspectiva. Num movimento similar ao do liberalismo, que estabelece a igualdade política formal a despeito das desigualdades materiais, o espaço público discursivo ideal seria capaz de deixar as assimetrias sociais "entre parênteses", relevando as diferenças de *status*, dinheiro e poder ao considerar apenas a força dos argumentos racionais. Além de, uma vez mais, desconectar a política do restante do mundo social, essa posição não consegue tematizar as condições de emissão do discurso aceitável – o que faz alguns grupos serem dotados da capacidade de produzir "argumentos racionais" e outros, não. O discurso argumentativo racional não é uma mera derivação da racionalidade humana, mas um modelo específico, com suas próprias regras, constituído historicamente. O consenso, que idealmente é o resultado das trocas discursivas de razões, pode sinalizar apenas a incapacidade de alguns grupos em formatar seus interesses em termos adequados. Exilados do debate efetivo, não restaria a eles outra opção que não abraçar preferências adaptativas, com o consenso recobrindo não a

218   LUIS FELIPE MIGUEL

livre e igual aceitação de todos, mas uma forma disfarçada de permanência da dominação.

Sobretudo em *Inclusion and Democracy*, Young apresenta o pleito pela incorporação das perspectivas marginalizadas como um aprimoramento da democracia deliberativa. Assim, ela vê as diferentes perspectivas como formas de um "conhecimento social" associado à experiência vivida, que precisam ser incluídas no debate a fim de melhorar a qualidade da deliberação (Young, 2000, p.136). Em outro trecho, as restrições aplicadas aos discursos pelos democratas deliberativos, a fim de que sejam considerados dignos de ingressar na conversação pública, são expressamente endossadas:

> A inclusão não deve significar simplesmente a igualdade formal e abstrata entre todos os membros de um público de cidadãos. Ela significa considerar explicitamente as divisões e diferenciações sociais e encorajar grupos diversamente situados a dar voz a suas necessidades, interesses e perspectivas sobre a sociedade, de maneira que correspondam a condições de publicidade e razoabilidade. (Young, 2000, p.119)

Ora, os imperativos de publicidade e razoabilidade são, aqui, implicitamente admitidos como universais; suas determinações concretas para obter tal validade e não incorrer na acusação de favorecer algum grupo social em detrimento de outros devem necessariamente partir de uma posição não situada socialmente. Trata-se de um evidente retrocesso em relação a *Justice and the Politics of Difference*. Sem os conceitos de dominação e opressão – centrais naquela obra, mas que empalidecem depois – a radicalidade da posição de Young se torna invertebrada. A urgência da incorporação das vozes subalternas é afirmada com convicção e há o reconhecimento, mais claro que em outros habermasianos, do caráter conflitivo da política (Young, 2000, p.44). Mas tal conflito perde o sentido moral e torna-se, ao mesmo tempo, sanável pela força do argumento racional, agora ladeado por saudação, retórica e testemunho, formas discursivas menores, mas que os grupos desprivilegiados talvez manejem melhor.

DEMOCRACIA E REPRESENTAÇÃO   219

A ênfase nas vantagens cognitivas das múltiplas perspectivas tende a ofuscar o problema dos conflitos de interesses. Surge aqui outra questão importante, a vinculação entre as perspectivas e os interesses. Young tende a isolar perspectivas de interesses, o que ocorre em parte devido à estratégia de exposição de sua teoria, em parte por influência do ideal deliberativo, que julga que todos os participantes do debate devem estar prontos a mudar de posição diante de argumentos superiores, o que limita o espaço da defesa de interesses (Young, 2000, p.139-40). Mas não é possível desvincular interesses e perspectivas, exceto como artifício heurístico – ou teríamos que descartar a ideia de que há um nexo entre as posições na estrutura social e a produção dos interesses (Williams, 1998, p.171). Enfim, a presença de múltiplas perspectivas sociais no debate público pode, sim, ser vantajosa para ampliar sua qualidade epistêmica, mas não é razoável deixar de lado o fato de que ela, sem postular qualquer derivação mecânica ou determinista, amplia a possibilidade de os interesses dos grupos dominados se fazerem representar.

Fica claro que a crítica imperfeita ou interrompida de Young a Habermas é o principal limite de sua empreitada teórica. A noção de que a luta por justiça significa o enfrentamento dos padrões historicamente constituídos de opressão e dominação recua diante da visão procedimental, que faz a norma justa ser o fruto, qualquer fruto, da deliberação levada a cabo de maneira "adequada". O próprio efeito das injustiças sociais no processo deliberativo é anulado pelo fetichismo do "argumento racional", que permanece lá a despeito dos adendos apostos a ele por Young . Enfim, a acomodação com os preceitos habermasianos a leva a oscilar em seu compromisso, próprio de uma intelectual crítica, com uma percepção substantiva do que é a boa sociedade, a justiça e a igualdade.

É realmente uma oscilação. Em "Activist challenges to deliberative democracy", publicado apenas um ano após *Inclusion and Democracy*, ela constrói o diálogo hipotético entre uma deliberacionista e um ativista; este último vocaliza a *urgência* das transformações sociais, vendo o processo deliberativo como protelatório, potencialmente conservador, legitimador do *status*

220 LUIS FELIPE MIGUEL

quo e enviesado pelas desigualdades já existentes. Embora conclua pela necessidade de afirmar tanto o deliberacionismo quanto o ativismo, reconhecendo as tensões entre ambos, Young admite a questão central, que a existência de uma dada hegemonia distorce a deliberação (Young, 2001, p.685-6), rompendo com o ponto cego do idealismo habermasiano. Aqui, ao que parece, a incorporação das perspectivas dos grupos marginalizados ao debate público não é mais um ponto de chegada, uma solução para o problema da justiça. Seria antes um ponto de partida para a luta contra dominação e opressão.

O conceito de "campo político", extraído da obra de Pierre Bourdieu, é uma ferramenta útil que permite problematizar algumas das lacunas deixadas por Young. Campo, na terminologia do sociólogo francês, designa uma configuração de relações objetivas entre posições de agentes ou de instituições. Essa configuração constitui o campo, ao mesmo tempo que é constituída por ele. Os diferentes campos sociais se formam à medida que determinadas práticas geram um espaço de autonomia. Assim, a formação de um campo artístico ou literário, por exemplo, permitiu que a arte ou a literatura – até certo ponto – regulassem a si mesmas (Bourdieu, 1998). Muito concretamente, fez com que as modalidades de consagração dependessem das relações estabelecidas *no próprio campo* e não mais fossem impostas de fora, pelo dinheiro ou pelo Estado.

Desta forma, os campos são as estruturas objetivas que impõem sua lógica aos agentes que deles participam: a busca do lucro no campo econômico; do reconhecimento pelos pares no campo artístico etc. Cada campo gera uma prática específica e também uma espécie de capital, isto é, uma forma de valor que só se estabelece enquanto tal porque é socialmente reconhecida. Portanto, campo e *habitus* são conceitos complementares. O *habitus* é o campo interiorizado, ao mesmo tempo que são as práticas dos agentes, conformadas pelo *habitus*, que propiciam a reprodução das estruturas do campo. Justamente por isso, o efeito de *doxa*, a adesão imediata entre as minhas categorias mentais e aquilo que aprendo como sendo a realidade, é possível.

O conceito de "campo político", em particular, permite entender que a disputa política não se esgota nos locais institucionalizados de tomada de decisão – eleições, parlamentos, partidos, governos. Mas também evita o "tudo é política" que retira dela qualquer especificidade, tornando-a coextensiva à própria sociedade. O espaço da política não é dado: é construído historicamente e moldado e remoldado de acordo com os embates entre os agentes. Tampouco é um espaço oco. É um campo estruturado, com sua hierarquia de influência, que privilegia certas posições e barra a entrada de grupos estranhos. O campo exclui, na medida em que estabelece um dentro e um fora. É mais do que ter ou não ter acesso aos espaços formais de tomada de decisão (no caso da política); é a distância entre aqueles socialmente considerados capazes de intervir no debate político e a massa dos que devem se abster de tentar participar, porque eventuais tentativas não serão levadas a sério. E o campo exige adaptação a seus códigos, às suas regras, em suma, ao *habitus* que lhe é próprio:

> o *habitus* do político supõe uma preparação especial. A começar, é claro, por toda a aprendizagem necessária para adquirir o *corpus* de saberes específicos (teorias, problemáticas, conceitos, tradições históricas, dados econômicos etc.) produzidos e acumulados pelo trabalho político dos profissionais do presente e do passado ou das capacidades mais gerais, como o domínio de uma certa linguagem e de uma certa retórica política, a do tribuno, indispensável nas relações com os profanos, ou a do debatedor, necessária nas relações entre profissionais. Mas é também e sobretudo essa espécie de iniciação, com as suas provas e os seus ritos de passagem, que tendem a inculcar o domínio prático da lógica imanente do campo político e a impor uma submissão de fato aos valores, às hierarquias e às censuras inerentes a esse campo. (Bourdieu, 1981, p.5-6; ênfases suprimidas)

A incorporação de perspectivas diferentes, tal como preconizada por Young e por outros teóricos da diferença, encontra limites no fato de que o campo político exige a acomodação das variadas trajetórias e posições sociais à sua própria lógica. Essa incorporação pode ser conflituosa, mas isto não elimina a tendência à reprodução das hierarquias de acordo com os critérios imperantes no campo. Por mais que, como o próprio Bourdieu indica, os integrantes do campo sejam capazes de agir de forma estratégica para reconfigurá-lo, buscando torná-lo mais favorável à sua própria posição e trajetória, uma pluralidade de perspectivas de origem sempre precisará lidar com a exigência uniformizadora da posse de um *habitus* adequado para a permanência naquele espaço. A concentração do capital político, própria dos regimes representativos nos quais o poder de participar efetivamente das discussões e de tomar as decisões fica monopolizado por um grupo restrito de indivíduos, é em si mesma geradora de desigualdade.

Um mecanismo especialmente importante de exclusão do campo político é a exigência de adequação a um determinado padrão discursivo. O "discurso político espontâneo dos dominados", como diz Bourdieu, é desacreditado simbolicamente. Ele não corresponde aos critérios de elevação de vocabulário, de respeito à norma linguística culta, de apresentação na forma de "argumentos racionais" que garantem a respeitabilidade necessária para que seja de fato ouvido no campo político. Múltiplas instâncias, no coração do campo político ou à volta dele, como é o caso dos meios de comunicação de massa (Miguel e Biroli, 2011, cap.2), reforçam esse fechamento dos modos do discurso.

Aos grupos dominados, resta a opção entre insistir em sua dicção própria – gerando um discurso com pouca legitimidade no campo, portanto potencialmente menos efetivo – ou mimetizar os modos dominantes, traindo a experiência vivida que se desejava expressar, e contribuindo para a reprodução das estruturas que excluem a eles próprios (Bourdieu, 1979, p.538). Esse dilema, analisado com mais vagar adiante, situa o limite da incorporação das vozes dominadas ao debate político. Não se trata de dizer que o subalterno não pode falar, uma vez que o silêncio está definido por sua própria subalternidade (Spivak, 1998), fórmula que sacrifica as complexidades do embate político concreto à elegância retórica. Mas entender que a fala do subalterno permanece uma fala subalterna, submetida a dilemas que as falas dominantes não precisam enfrentar.

O ideal habermasiano de consenso esclarecido é uma espécie de canto monódico; acrescentado da exigência de incorporação das múltiplas perspectivas sociais, torna-se a polifonia referida antes. Mas essa polifonia, enquanto resultado harmonioso da convivência entre diferentes melodias, também exigiria a compatibilização (embora não a uniformização) dos vários conhecimentos sociais situados, que se comunicam uns aos outros por meio do debate racional. Uma consciência mais aguda das limitações impostas pela estrutura do campo à presença dos discursos dominados permite entender que, antes de participantes do arranjo polifônico, a eles cabe o papel de ruído, de dissonância.

Perspectiva social (o fruto da posição ocupada na estrutura da sociedade) e *habitus* (as disposições para ação associadas aos campos) permanecem como conceitos em paralelo. Não tenho a pretensão de eliminar as tensões imanentes entre eles ou produzir um sistema capaz de incluir a ambos. Mas para a questão que importa aqui – a presença de grupos dominados no campo político –, ambos se mostram úteis. De maneira ainda esquemática, como primeira aproximação, é possível dizer que o *habitus* tende a refletir perspectivas daqueles que se encontram em posição dominante no campo. O ruído que a adição de novas vozes gera tem relevância na medida em que pode desnaturalizar as perspectivas dominantes incorporadas no *habitus*, forçar seus limites e, assim, gerar mudanças.

É possível avançar na discussão relacionando-a à diferenciação que Nancy Fraser faz entre estratégias "afirmativas" e estratégias "transformadoras" (Fraser, 2003, p.75). As primeiras têm por objetivo a incorporação de mais grupos aos espaços sociais de poder e *status*, questionando as hierarquias vigentes e modificando a composição dos seus estratos superiores, mas não colocando em xeque sua existência. Se uma determinada política garante o ingresso de mais negros nas universidades, reduz-se a desigualdade entre os grupos raciais e dilui-se a vinculação entre raça ou cor e determinadas posições no mercado de trabalho. Mas não é afetada a distinção entre aqueles que possuem um título do ensino superior, portanto acesso potencial a espaços sociais privilegiados, e aqueles que não o possuem; nem se questiona a validade de raça ou cor para adscrever um indivíduo em determinado grupo. O resultado, por assim dizer, não é a abolição da desigualdade social, mas sua "melhor distribuição" entre os diversos grupos.

O mesmo se pode dizer das cotas eleitorais para mulheres. Elas não enfrentam o problema da concentração do poder decisório nos regimes representativos, o fato de que as pessoas comuns, embora nominalmente sejam coparticipantes da soberania, estão fadadas à situação de objetos da decisão política. Não enfrentam, para traduzir o problema nos termos assumidos antes, o fato de que o campo político gera a desigualdade política, excluindo os cidadãos comuns e hierarquizando suas próprias posições internas.

Já as estratégias transformadoras incorporariam uma ambição utópica. Elas teriam por objetivo "desconstruir" tanto as oposições binárias fundantes das identidades de grupo quanto as próprias estruturas da desigualdade social. Aplicando a distinção a outra dicotomia estruturante de seu pensamento – redistribuição e reconhecimento – Fraser indica que, no caso da redistribuição, a estratégia afirmativa geral é o Estado de bem-estar, que não mexe nas relações de produção, mas mitiga seus efeitos iníquos, e a transformação é o socialismo (Fraser, 2003, p.74). No caso do reconhecimento, as estratégias são o multiculturalismo, voltado a revalorizar identidades hoje estigmatizadas como inferiores ou desviantes (estratégia afirmativa), e a "desconstrução" das oposições simbólicas identitárias (estratégia transformadora) (Fraser, 2003, p.75).

Conforme ela mesma aponta, a diferenciação proposta ecoa a velha polêmica, que marcou o movimento socialista do século passado, sobre reforma e revolução. Não interessa, aqui, discutir os limites desse paralelo, que só ganha maior relevância na medida em que a autora vai buscar na estratégia das "reformas não reformistas", vinculada por ela a interpretações à esquerda sobre a política social-democrata até meados do século XX, a resposta para

DEMOCRACIA E REPRESENTAÇÃO 225

o impasse que sua dicotomia abre: ou uma opção "realista" capaz de promover mudanças efetivas, porém limitadas, que carregam em si um elemento conservador, ou então uma opção "utópica" com escassas possibilidades de se efetivar. A estratégia das reformas não reformistas, diz ela, "combina a praticabilidade da afirmação com o empuxo radical da transformação, que ataca as injustiças desde a raiz" (Fraser, 2003, p.80).

É difícil ver nessa fórmula mais do que *wishful thinking* ou uma solução apenas retórica para um dilema real. O exemplo que Fraser elege é a proposta de renda básica universal, que assegura a todos um rendimento pelo simples fato de ser um cidadão, independentemente de participar ou não do mercado de trabalho. Ela libertaria os trabalhadores da obrigação de vender sua força de trabalho em troca da subsistência, ao mesmo tempo que manteria a economia de mercado e a propriedade privada. Um de seus principais difusores, o filósofo belga Philippe Van Parijs, chega a afirmar que a renda universal realizará o "velho ideal emancipatório associado ao movimento comunista, sem exigir para tanto nada semelhante a um modo socialista de produção" (Van Parijs, 1992, p.466) ou mesmo que constitui "uma via capitalista para o comunismo" (Van Der Veen e Van Parijs, 1987).

Mas a permanência da ordem capitalista impõe restrições às mudanças que a renda básica pode promover. Em nome de uma proposta mais radical, que dividiria de forma igualitária o trabalho e distribuiria o tempo livre, visto como principal bem social, André Gorz aponta que a mera concessão desse salário-cidadão contribuiria para a atomização dos indivíduos, eliminando o espaço público associado às atividades produtivas, sem apresentar outro em troca (Gorz, 1991, p.174). Mais importante ainda, a alocação universal "permite à sociedade não se ocupar da repartição equitativa do fardo" do trabalho (Gorz, 1991, p.176). A sociedade seria cortada em duas, alguns permanecendo vinculados a um etos aquisitivo, buscando maior retribuição monetária e, assim, maiores possibilidade de consumo, e outros se eximindo de dar sua contribuição para o bem-estar coletivo. Em suma, o projeto desempenharia um papel conservador,

226 LUIS FELIPE MIGUEL

visando apenas "tornar socialmente suportável a dominação [da racionalidade econômica] sobre a sociedade" (Gorz, 1988, p.165) e negando a uma parcela da população o "direito de acesso à esfera econômica pública através do próprio trabalho [que] é indissociável do direito à cidadania" (Gorz, 1988, p.175).

Fraser não ignora tais problemas, mas prefere julgar que o caráter meramente afirmativo da renda básica universal pode se metamorfosear em transformador num regime social-democrata, alterando a relação de forças entre capital e trabalho e mesmo, combinado com estruturas públicas de atenção à criança, modificando a divisão sexual do trabalho (Fraser, 2003, p.78-9). Há um salto argumentativo: passa-se da noção de que políticas afirmativas *podem* ser apropriadas por estratégias transformadoras, o que Fraser de fato diz, à de que elas engendram, por sua própria dinâmica, processos de transformação, correspondente à ideia de "reformas não reformistas" e que *não* transparece de seu exemplo.

Fazendo a discussão retornar ao campo político, a incorporação das perspectivas dominadas (estratégia afirmativa, nos termos de Fraser) sofre ainda com as exigências de adequamento ao *habitus* imperante, conforme visto anteriormente. Há um movimento, assim, de reprodução das estruturas já estabelecidas que, se fosse inconteste, tornaria inócua a absorção de integrantes de outros grupos sociais.

Mas a presença política gera, sim, efeitos, na medida em que força os limites do campo político e do *habitus* a ele associado. Quanto mais distante o grupo está do campo – e quanto menos os integrantes desse grupo dominam os códigos discursivos considerados legítimos –, mais a exigência de incorporação encontra resistências e mais mudanças na estrutura do campo requer para ser atendida. Esse é o valor do "ruído" que os grupos dominados introduzem no debate público. A reivindicação da pluralidade de perspectivas, assim, tensiona as formas estabelecidas de exclusão e dominação. Se não há um "ponto de chegada", uma situação ideal em que todas as perspectivas sociais estejam igualmente presentes, uma vez que o campo reinventa a cada momento os seus princípios

DEMOCRACIA E REPRESENTAÇÃO **227**

de hierarquização, a consciência da exclusão pode forçar a redefinição permanente dos seus limites.

Em suma, a incorporação de perspectivas diferenciadas convive com a reprodução de concentração de poder que caracteriza esses campos, mas impõe novos desafios às formas como essa reprodução se dá. A afirmação da pluralidade social ou a defesa da ampliação das perspectivas sociais presentes não encerra nenhuma panaceia, nem tem como resultado a polifonia imaginada por Young. Mas quanto mais radical for a exigência de inclusão, maior seu efeito potencial na reconfiguração das estruturas de desigualdade da política. Os diferentes agentes sociais não são objetos passivos dos mecanismos de reprodução, mas participantes ativos de um "regime dinâmico de lutas contínuas por reconhecimento", para usar a expressão de Nancy Fraser (2003, p.57), capazes de buscar uma nova conformação das relações de poder, mais convenientes para si próprios. Embora a obra de Bourdieu seja, com frequência, lida como demasiado focada nas formas de perpetuação da dominação – e de fato essa é sua ênfase predominante –, ela é sensível também aos mecanismos de mudança. O campo e o *habitus*, portanto, enquadram os agentes sociais, mas também se modificam a partir de suas práticas.

Ainda assim, permanecemos no espaço das ações de caráter afirmativo. Elas tensionam os limites do campo, portanto não são irrelevantes. É verdade que não ameaçam a desigualdade política, mantendo a linha divisória entre os simples cidadãos e aqueles que têm oportunidade de intervir no debate público. Alternativas para reduzir a desigualdade política, como aquelas aventadas pelos defensores da democracia participativa das décadas de 1970 e 1980, dirigem-se a outro conjunto de questões. Elas se referem antes às relações entre representantes e representados do que à composição do grupo de representantes.

A política de presença, porém, não se opõe, nem obstaculiza a adoção de medidas de caráter mais radicalmente igualitário. Antes, é possível ver ambas como complementares, até porque a composição do grupo de representantes possui reflexos na forma de sua interlocução com os constituintes. Isso não significa aderir à visão

228 LUIS FELIPE MIGUEL

das "reformas não reformistas", mas entender que ações afirmativas podem – ou não – ser combinadas com ações transformadoras; e que, a menos que se opte por um mergulho sem escalas na utopia, a política afirmativa pode manter sua relevância mesmo quando uma política transformadora é posta em prática. Trocando em miúdos: a defesa da política de presença não deve embaçar a consciência de que é necessário enfrentar de forma mais radical o problema da desigualdade política; mas como a remoção da representação não está no horizonte de possibilidades (e, portanto, há de permanecer alguma diferenciação funcional relativa às responsabilidades políticas), não podemos evitar o problema da pluralização dos grupos sociais presentes nos espaços de poder. E como esses espaços não serão ocos, mas estruturados na forma de campos, não é possível ignorar as maneiras pelas quais as hierarquias já estabelecidas trabalham para neutralizar as perspectivas potencialmente disruptivas.

Para entender melhor a tensão entre a irrupção de novas vozes e a sua manutenção em situação de subalternidade, desloco-me para exemplos extraídos do campo literário brasileiro. O paralelo com o campo político se estabelece com facilidade: ambos são espaços que exigem o domínio de uma determinada forma discursiva. Embora em princípio qualquer um possa fazer literatura ou fazer política, o reconhecimento de um discurso como literário ou como político passa pela adequação aos códigos consagrados no campo. E o campo da literatura brasileira se mostra tão homogêneo quanto o da política. Tomando como base os romances publicados pelas editoras de maior prestígio entre 1990 e 2004, verifica-se que 93,9% dos autores são brancos, 78,8% têm diploma universitário, 72,7% são homens (Dalcastagnè, 2005, p.31). As personagens também são quase todas brancas, heterossexuais e pertencentes às elites econômicas ou às classes médias, com uma significativa maioria do sexo masculino, disparidades acentuadas quando são isolados os protagonistas. Num universo de 258 romances analisados, aparecem apenas três mulheres negras como protagonistas e uma única é narradora (Dalcastagnè, 2005, p.47). A literatura dos anos 1960 e 1970 apresenta perfil muito semelhante (Dalcastagnè, 2007, 2008).

DEMOCRACIA E REPRESENTAÇÃO 229

Nesse cenário, surgem, vez por outra, vozes diferenciadas.

O caso mais emblemático é o de Carolina Maria de Jesus, negra, pobre, favelada, mãe solteira, catadora de papel, descoberta por um jornalista e que publicou seu diário – *Quarto de despejo* – em 1960. Embora ela construa para si mesma a imagem de escritora, de criadora, sua obra é enquadrada como testemunho, devendo ser apreciada não pelos critérios estéticos utilizados para a "verdadeira" literatura, mas por seu caráter de documento autêntico. Por isso, as edições de seus livros mantêm os erros de ortografia e gramática dos originais, ao contrário do que ocorre com os autores da elite, cujas obras são corrigidas por um revisor antes de chegar ao público.

O texto de Carolina Maria de Jesus não esconde sua pretensão de ser aceita como literata, manifestada desde antes de sua "descoberta", o que transparece tanto na imagem que externa de si mesma quanto no estilo, marcado pela utilização de palavras pouco usuais, de metáforas, pela inversão de frases, pela referência a outros autores, pela hipercorreção (Jesus, 1983 [1960]). Trata-se de uma estratégia de distinção voltada, em primeiro lugar, para seu próprio ambiente. "Se a autora Carolina Maria de Jesus não possui os instrumentos mais eficientes, e legítimos, para se afirmar no campo literário, a Carolina que nasce das páginas de seu livro é bastante eficaz em mostrar aos vizinhos a diferença que separa uma artista de um punhado de favelados sem eira nem beira" (Dalcastagnè, 2002, p.66). É este o seu drama: ela é capaz de virar escritora na favela, mas continua não o sendo no campo literário.

Mais do que em qualquer outro momento, esse drama transparece num trecho de um dos diários em que narra sua vida após a publicação de *Quarto de despejo*, que proporcionou uma relativa ascensão econômica e possibilitou a sua saída da favela. Ela vai a uma recepção em homenagem a Clarice Lispector; lá, sente-se deslocada e mesmo hostilizada: "eu fiquei sem ação. Sentei numa poltrona e fiquei" (Jesus, 1996, p.201). Quanto à homenageada, "não a vi. Não a cumprimentei. [...] Retornei para casa pensando no dinheiro que gastei pintando unhas e pagando conduções. Dinheiro que poderia guardar para comprar pão e feijão para os meus filhos" (Jesus, 1996,

230 LUIS FELIPE MIGUEL

p.203; ortografia e gramática corrigidas). A sentença final é reveladora. Em *Quarto de despejo*, a literatura surge como o contraponto à dura privação, como promessa de superação da luta cotidiana pela sobrevivência narrada, página após página. Recusada como escritora, só resta a ela se voltar novamente para a contabilidade dos trocados, para a preocupação com a necessidade mais básica (o alimento), único discurso que ela tem legitimidade para proferir.

Assim, a aparente inclusão de Jesus como escritora recobre a não aceitação de sua dicção como legitimamente literária. Ela se esforça para adequar sua linguagem ao modelo, mas nunca é o suficiente. Aliás, qualquer esforço é inútil. Quanto mais ela se aproximasse dos modos discursivos consagrados no campo literário, mais se afastaria da "autenticidade" que é, afinal, o único recurso de que dispõe para ser aceita.[7] Seus livros foram editados – alguns deles, ao menos – e até receberam alguma atenção da crítica, mas sua posição está fixada de antemão. Ela é a *avis rara* que escreve sem ser escritora. Carolina Maria de Jesus é barrada na entrada; a tensão que gera é a de alguém que esmurra a porta pelo lado de fora. Ela não obriga o campo literário a admitir uma dicção diferenciada, simplesmente porque este a marca com o emblema do não literário.

Décadas depois, as favelas geraram um novo escritor de sucesso – Paulo Lins, do festejado romance *Cidade de Deus* (1997). As situações são díspares, uma vez que Lins, ao contrário de Jesus, possuía educação superior e contatos nas rodas intelectuais. Mas seu livro também se beneficia da aura de autenticidade, advinda da experiência vivida, ao mesmo tempo que o autor busca incorporar signos de literariedade que o diferenciem do mero testemunho. Sua obra é um romance, não diários. Tal como Jesus, há o uso de um vocabulário distendido, mas aqui é marcada a diferença entre a fala das personagens, eivada de incorreções e gírias, e o registro culto do narrador. Em especial, Lins, embora fale "de dentro", faz um recorte

---

7 Ao falecer, em 1977, Carolina Maria de Jesus deixou 4.500 páginas manuscritas com poemas, romances e peças de teatro. Quase nada de sua obra poética e ficcional, porém, foi publicada; apenas os diários atraíram a atenção das editoras (cf. o "Preâmbulo necessário" a Jesus, 1996).

da vida na favela, monopolizado pela violência, não muito diferente daquele apresentado pelos escritores "do asfalto".

O sucesso de Paulo Lins na busca do reconhecimento como escritor parece ter sido bem maior que o de Carolina Maria de Jesus. Mas sua obra também se distancia bem menos das regras dominantes do campo em comparação com a dela. O contraste entre os dois autores ilustra o dilema de indivíduos de grupos marginalizados que ingressam ou pretendem ingressar em campos sociais, de forma geral, vedados a eles. A adaptação ao padrão dominante pareceria o caminho mais fácil, mas implica no abandono de sua própria especificidade – a perda das vantagens que a incorporação de novas perspectivas traria – e encontra limites, uma vez que a frustração das expectativas sobre seu diferencial também produz ônus simbólicos. A reafirmação da diferença pode representar a renovação da marginalidade, além do risco de isolá-los em suas temáticas específicas: o escritor da elite pode tratar de qualquer assunto, ainda que lhe falte a "autenticidade", mas de que pode tratar o favelado se não da favela? E do que pode tratar a mulher na política se não de temas "femininos"? Um dos principais mecanismos de incorporação marginal dos grupos minoritários é o insulamento em nichos com escasso prestígio no campo. A experiência da presença das mulheres na política é outra ilustração nítida do fenômeno.

Não é raro que a defesa de uma presença maior de mulheres na política seja apoiada na afirmação de uma suposta diferença feminina no exercício do poder. Características maternais que, de acordo com o senso comum, são uma das marcas da "feminilidade" alcançariam a arena política. É um discurso frequente entre as próprias mulheres na política, pois marca com positividade suas pretensas características. Mesmo a sua pouca experiência pode ganhar conotação positiva – elas não estariam contaminadas pelas práticas tradicionais, corruptas, da política feita pelos homens (Pinheiro, 2007).

Mas do discurso da "política maternal" decorre a manutenção da divisão social do trabalho político que, confinando as mulheres ao âmbito das questões sociais, reserva aos homens as tarefas com maior potencial para obtenção de capital político. Um estudo realizado a partir de uma ampla amostra de discursos pronunciados no plenário da Câmara dos Deputados revelou que, de fato, as mulheres tendem a falar mais sobre temáticas sociais (família, assistência social, educação), ao passo que os homens se concentram nos temas de *hard politics* (política econômica, infraestrutura, gestão do Estado). Tal associação, no entanto, condiciona as possibilidades de avanço na carreira política. Deputadas e deputados que ocupam as posições centrais, reconhecidos como detentores de maior capital simbólico, vinculam-se aos temas considerados masculinos. Mulheres que avançam na carreira precisam adotar o padrão masculino de ação política. A distância que separa uma deputada mais influente de outra menos influente, no que se refere aos assuntos de seus discursos, é muito maior do que a que separa dois deputados homens. Acumular capital político, para uma mulher, significa então aproximar-se do padrão tido como masculino de escolha temática.

De fato, os dados sinalizam com clareza que, à medida que o capital político cresce, o parlamentar tende a se dedicar mais à política *hard*. Os temas sociais aparecem como um nicho temático interessante para iniciantes ou, de maneira mais geral, para aqueles, mulheres e homens, que, encontrando-se nas posições periféricas do campo político, procuram seu espaço de visibilidade em questões menos disputadas ou para as quais a disputa é menos qualificada. Mas o que é apenas um degrau na carreira política de um homem aparece como sendo o espaço definitivo para a ação parlamentar de uma mulher. Assim, o cruzamento entre sexo e posição no campo reforça a hipótese de que a vinculação das mulheres aos temas julgados femininos contribui para mantê-las em situação de menor prestígio e influência (Miguel e Feitosa, 2009).

Não se trata de uma opção que se resolve pela preferência da mulher política por um ou outro caminho. Existem ônus associados à escolha de uma mulher por temas vistos como masculinos, que vão desde a estigmatização (basta pensar no rótulo de "Dama de Ferro" ou na *blague* atribuída a Ronald Reagan, de que Margaret Thatcher seria "o melhor homem da Inglaterra") até a exclusão pura e simples.

DEMOCRACIA E REPRESENTAÇÃO 233

O nicho dos temas aceitos como femininos não propicia maiores voos, mas é relativamente mais seguro para elas. A necessidade de fazer uma escolha é imposta às mulheres de uma forma muito mais veemente do que para os homens, até porque, sendo dominantes, não há tema interdito para eles – mesmo nas temáticas preferidas por elas, a maioria dos discursos é proferida por deputados do sexo masculino.

É de se esperar que o volume da presença feminina tenha algum significado – a exclusão sistemática de menos de 10% do corpo de parlamentares das posições de elite da Câmara parece mais fácil do que a exclusão de, digamos, metade dos representantes. A experiência da obtenção do direito de voto, porém, mostra que a transformação de número em acesso não é automática. Volume importa, sim, mas não resolve. Os mecanismos de exclusão e cooptação permanecem ativos e, assim, o ingresso nos espaços de decisão é apenas um passo na busca por maior equilíbrio no exercício do poder político.

Os dados sobre a vinculação entre determinadas temáticas e a progressão na carreira política são um claro exemplo do funcionamento do *habitus* próprio ao campo. É possível questionar se alguns dos problemas admitidos como femininos não seriam socialmente mais importantes do que os masculinos. Mas, ainda que o sejam, eles aparecem no campo com um sinal negativo. Quando as mulheres são admitidas na esfera política, elas são associadas de maneira automática às posições inferiores e, justamente por isso, sua capacidade de transformar as hierarquias do campo é reduzida. Para ascender às posições centrais, têm que se curvar às disposições dominantes.

O insulamento das mulheres nessas temáticas, convém ressaltar, não é assumido aqui como resultado de uma perspectiva social diferenciada e sim de estereótipos de gênero. As experiências socialmente estruturadas comuns às mulheres podem contribuir para gerar uma sensibilidade e um ponto de vista diferenciados que se manifestam a respeito de um conjunto de temas não necessariamente considerados femininos. A circunscrição da fala legítima das mulheres a estes últimos não é efeito de uma perspectiva própria delas,

234 LUIS FELIPE MIGUEL

mas da percepção estereotipada sobre quem são e como se situam na sociedade. A persistência dos estereótipos contribui para restringir a penetração das perspectivas minoritárias, de antemão consideradas pertinentes apenas em relação a um conjunto específico e limitado de questões. O efeito combinado e de reforço mútuo de estereótipos e do *habitus* é a principal barreira à efetivação do potencial igualitário da ampliação da presença das perspectivas dos grupos dominados.

O cruzamento com o conceito de campo permite, então, apreciar melhor as potencialidades e os limites de uma abordagem focada nas perspectivas sociais. Uma das maneiras de entender os processos sociais é vê-los sob a ótica do embate entre impulsos para mudança – que partem da resistência daqueles que sofrem com as injustiças – e mecanismos de reprodução da dominação, vinculados não apenas aos grupos em posição privilegiada, mas também às estruturas sociais estabelecidas. O conceito de perspectiva social se mostra útil para avançar na compreensão desse embate, mas não é suficiente para abarcar todas as suas facetas.

De maneira sintética, podem ser indicados três conjuntos principais de problemas que a obra de Young deixa em aberto ou resolve de maneira insatisfatória: a relação entre perspectiva e conflito social, os limites da inclusão política e o efeito das estruturas dos campos na perpetuação das desigualdades.

(1) *Grupos dominados não possuem apenas perspectivas diversas de grupos dominantes: possuem também interesses conflitantes.* Apesar das ressalvas em contrário que ela mesma não deixou de fazer, a perda de centralidade dos conceitos de dominação e opressão na obra de Young posterior a *Justice and the Politics of Difference* fez que a ideia de perspectiva social se distanciasse das injustiças sociais. Com isso, a variedade de perspectivas se aproxima mais da pluralidade própria de uma sociedade multicultural e deixa desbotado o foco na estruturação das vivências de acordo com constrangimentos associados às desigualdades de poder, recursos materiais e prestígio social.

Mas não se trata somente de diversidade. A posição da mulher numa sociedade sexista não é apenas diferente da posição do homem.

DEMOCRACIA E REPRESENTAÇÃO **235**

Ela carrega os signos da subalternidade. A mulher possui menos acesso às posições de poder, menos controle dos bens materiais. Está mais sujeita à violência e à humilhação. O feminino transita socialmente como a marca do inferior, do frágil, do irracional. É o outro do universal masculino. A ruptura com esse estatuto subalterno implica na revisão dos privilégios masculinos. Ainda que muitos homens possam ser solidários às reivindicações femininas – e muitas mulheres ocupem postos de guardiãs da dominação masculina –, há, sim, um conflito entre a emancipação delas e a permanência do papel social dominante deles.

Dizer que os grupos dominados possuem interesses conflitantes em relação aos grupos dominantes parece arriscado – afinal, não se deseja recair na percepção de que os interesses são derivados de forma automática das posições na estrutura social. Uma noção mais apropriada de interesse precisa se referir à consciência dos agentes; caso contrário, logo estaríamos postulando a existência de um possível observador privilegiado, dotado da capacidade de localizar os interesses verdadeiros, objetivos, dos indivíduos, cuja veracidade e objetividade não estariam comprometidas mesmo se contradissessem os desejos manifestos desses mesmos indivíduos.

A questão se coloca não em termos de interesses verdadeiros ou falsos, mas de um conjunto de preferências que se constrói de maneira mais livre ou sob maior constrangimento. O primeiro obstáculo ao desenvolvimento das preferências é a privação material (Sunstein, 1991, p.239) que absolutiza os imperativos da subsistência. O outro – e talvez mais relevante para a presente discussão – é o que Iris Young chama de "imperialismo cultural" (Young, 1990a, p.58), vinculado ao fato de que alguns grupos monopolizam os meios de interpretação do mundo e de comunicação, portanto produzem os artefatos culturais que contribuirão para conformar a maneira com que todos entenderão suas posições neste mundo.

Os grupos dominados, assim, precisam mais do que de um lugar para a verbalização de suas perspectivas; precisam obter condições que lhes permitam constituir autonomamente seus interesses. A ênfase exclusiva na pluralidade de perspectivas, obscurecendo o

236 LUIS FELIPE MIGUEL

papel dos interesses, conta apenas metade da história e deixa de lado
o elemento conflitivo que é inerente à atividade política.

(2) *Embora importante, a incorporação de novos grupos à esfera
política não resolve o problema da desigualdade de poder.* O processo
de debate público, em sociedades marcadas por desigualdades, não
as neutraliza ou as refuta. Ao contrário, ele as incorpora de forma
decisiva. Os grupos dominantes controlam mais recursos materiais,
incluído aí o tempo livre, que lhes permitem agir de forma eficaz
na arena política. São melhor treinados na produção do discurso
adequado – ou o discurso considerado adequado é mais próximo de
seus padrões de fala, marcados positivamente, ao contrário do que
ocorre com a fala dos dominados. Seus interesses são mais facilmente
travestidos de interesses universais, outro efeito do "imperialismo
cultural": a experiência e cultura do grupo dominante é universali-
zada e surge como a norma (Young, 1990a, p.59).

Mesmo com os avanços da presença feminina na política, nas
últimas décadas, o discurso político das mulheres continua carre-
gando os signos de sua subalternidade. Elas se movem dentro de
um círculo restrito de temáticas consideradas apropriadas e que as
segregam nas posições menos centrais do campo político. As marcas
de "feminilidade" na fala reduzem sua legitimidade, mas a ausência
delas é denunciada como uma falha daquela que não as tem: a emo-
tividade excessiva não seria pertinente num político, qualquer que
seja o seu sexo, mas, ao mesmo tempo, a frieza e a racionalidade não
caberiam a uma mulher. Em suma, o campo político impõe a elas
alternativas sempre onerosas, de forma bem mais enfática do que
faz com seus competidores do sexo masculino.

A ilusão da polifonia de perspectivas, como denominei neste
capítulo, liga-se ao obscurecimento do conflito de interesses. A
aposta dos teóricos deliberativos na obtenção do consenso racional,
por meio da troca pública de argumentos, é o pano de fundo desses
problemas; e a dificuldade de Young para se desvincular desse ideal
normativo está na fonte de muitas das insuficiências de sua obra.

Dada uma sociedade desigual, as trocas discursivas não obe-
decerão aos quesitos de igualdade e liberdade exigidos pela teoria

DEMOCRACIA E REPRESENTAÇÃO   237

deliberativa de fundo habermasiano. As desigualdades continuarão manifestadas, mas os grupos dominantes podem dar à imposição de seus interesses um verniz de consenso livremente produzido. É possível traçar um paralelo com o efeito da escolarização nas sociedades desenvolvidas. Conforme demonstrou uma literatura crítica, dentro da qual se destaca o trabalho de Bourdieu e Passeron (1970), as hierarquias sociais saem praticamente intactas da instituição escolar. As crianças oriundas dos grupos privilegiados possuem melhores condições de sucesso no ambiente educacional. Mas as diferenças resultantes são legitimadas, pois passam a ser atribuídas ao mérito, não mais às injustiças.

Isso não quer dizer que a ampliação da presença seja irrelevante, mas sim que é necessário não retirar das relações comunicativas "as relações de força que nelas se efetivam sob uma forma transfigurada" (Bourdieu, 1997, p.81). Ao isolar as trocas discursivas das desigualdades sociais, essas vertentes reproduzem o defeito que Marx criticava no pensamento liberal, a crença na possibilidade de um céu político desvinculado da terra material. Uma teoria que se deseje crítica deve começar pela negação dessa desvinculação.

(3) *O campo político é um espaço social hierarquizado que reproduz assimetrias e exclusões*. A presença dos integrantes de grupos dominados nos espaços de poder não elimina, nem reduz substantivamente, por si só, a desigualdade política – apenas torna o conjunto de tomadores de decisão mais similar ao corpo social. Ela pode, sim, gerar tensões e ampliar os custos da reprodução da dominação, mas sempre na contramão dos mecanismos de exclusão e cooptação que o campo põe em funcionamento. E o entendimento desses efeitos depende da consciência da força conservadora das estruturas do campo.

A homogeneidade do grupo politicamente dominante é mantida por uma série de barreiras com ação conjunta. No caso das mulheres, em particular, eliminadas as barreiras legais com a conquista do sufrágio feminino, permanecem os constrangimentos materiais e simbólicos que as afastam da disputa política. A demanda por presença política e as medidas associadas a ela, em particular a fixação

238 LUIS FELIPE MIGUEL

de cotas por sexo, contrapõem-se aos efeitos desses constrangimentos. Mas as estruturas do campo político resistem à inclusão efetiva, mantendo as mulheres em posição periférica e impondo ônus simbólicos especiais à sua ação. Aparecem aqui dois problemas interligados. O primeiro, já abordado, é relacionado à opção entre estratégias afirmativas e transformadoras. Longe de negar relevância às demandas por presença política, a posição que quero desenvolver indica ser necessária a presença, mas sua defesa não pode recusar o reconhecimento da permanência dos mecanismos de hierarquização e exclusão próprios do campo, nem ignorar que a edificação de uma ordem mais igualitária exige não apenas a redistribuição dos postos políticos entre os grupos, mas uma redistribuição *geral* do capital político, isto é, da capacidade de intervir no debate sobre as questões de interesse coletivo.

O segundo problema diz respeito à relação entre *habitus* e perspectiva. Os dois conceitos se dirigem a aspectos diferentes da experiência social humana. Defendi a posição de que ambos são ferramentas úteis para a compreensão dos processos de produção e reprodução das desigualdades sociais em geral e da desigualdade política em particular. E avancei a hipótese, ainda muito embrionária, de que os padrões de silenciamento sistemático de perspectivas subalternas em determinados campos sociais se explicam pela ligação, historicamente construída, entre o *habitus* e as perspectivas dos grupos dominantes no campo.

A obra de Iris Marion Young, tal como a de Pierre Bourdieu, constrói instrumentos que possibilitam entender os fenômenos da dominação e buscar brechas para contestá-los. A força dos mecanismos de reprodução das hierarquias dadas não permite sonhar com soluções instantâneas e definitivas. Mas é possível esperar avanços que serão mais sólidos na medida em que reconheçam francamente a complexidade dos desafios a serem enfrentados, e que se fundem no compromisso radical com a justiça, entendida como superação da opressão e da dominação historicamente constituídas.

DA AUTORIZAÇÃO À ADVOCACY

A valorização da política de presença e as reconstituições da noção de representação política baseadas na ideia de *advocacy* são movimentos importantes no âmbito da teoria política. Um modelo de representação política fundado na autorização do eleitorado e na promessa de *accountability*, despreocupado com as características dos representantes, era o ponto de chegada da obra de Pitkin (1967). Hoje, as insuficiências desse modelo estão bem mais evidentes. Por um lado, essa mudança indica a crescente inconformidade com formas de exclusão política que as correntes liberais tendem a ignorar. As visões que defendem a política de presença ou formas alternativas de verbalização das preferências dos grupos subalternos tocaram em pontos sensíveis do ordenamento político liberal.

Mas, por outro lado, algumas de suas vertentes mais contemporâneas terminaram obscurecendo de tal modo elementos centrais do fenômeno que mesmo seu potencial crítico foi diluído. As relações entre representação, interesses e poder ficaram obscurecidas por uma espécie de voluntarismo teórico-político, que deposita na boa vontade de alguns agentes individuais e coletivos a esperança de uma prática representativa renovada. Meu objetivo neste capítulo, ao discutir algumas teorias recentes da representação política, é pontuar a necessidade de recolocar a noção de *interesse* no centro da nossa compreensão da representação política, bem como de restabelecer o entendimento de que a atividade representativa é uma forma de *exercício de poder*.

Participo, assim, da percepção de Ian Shapiro, que afirmou provocativamente: "Chega de deliberação, política é sobre interesses e poder" (Shapiro, 1999). Não se trata de uma coincidência. O alvo de Shapiro, a virada deliberacionista do pensamento político crítico, que apresentei no capítulo "Os limites da deliberação", é o pano de fundo das *démarches* na teoria da representação com as quais dialogo. Há um esvaziamento do caráter conflitivo da política, ao mesmo tempo que a posição crítica deixa de remeter a valores substantivos, invocando, em seu lugar, um ideal de justiça agnóstico em relação às diversas concepções de bem e basicamente procedimental. Mas uma abordagem crítica do ordenamento das "democracias realmente existentes", preocupada com a igualdade política, não pode abrir mão de uma compreensão realista do funcionamento da política. E as fontes para tal compreensão, muito mais do que nas teorias alternativas hoje em voga, estão no pensamento liberal e em seu filho enjeitado, o marxismo.

Por *realismo* indico a tradição que remonta a Maquiavel, focada no entendimento de que os conflitos políticos possuem sua própria gramática. Em particular, essa tradição reconhece que os embates políticos não se resolvem em termos de justiça, apesar de mobilizarem diferentes concepções de justiça e de sua capacidade de se vincular a tais concepções ter impacto em sua efetividade. São embates por poder, formulação que não implica que os agentes políticos sejam necessariamente "maus", segundo a moralidade convencional, ou insensíveis às preocupações e ao bem-estar de outros. Indica apenas que o poder é o recurso necessário para a realização de qualquer objetivo político, até mesmo para a efetivação de alguma determinada concepção de justiça.

A política democrática coloca a questão em outro patamar. Há uma norma de reciprocidade, portanto de justiça, quando se reconhece que são legítimas a presença, a discordância e a ação do outro em busca de suas próprias preferências. A construção da democracia

DEMOCRACIA E REPRESENTAÇÃO   241

tanto abraça quanto se contrapõe ao caráter agonístico da luta política. Tal tensão não pode ser eliminada, seja na prática, seja na reflexão teórica, pois a busca de uma democracia isenta do conflito político nega seu próprio caráter democrático.

Trata-se de algo que já se apresenta nos entendimentos correntes da representação política, expressos no senso comum, na mídia e no autodiscurso dos próprios agentes do campo político. É uma compreensão cindida em duas. De um lado, um requisito normativo de atenção ao "bem comum" ou algo similar, frouxamente definido a ponto de nele caberem tanto Burke quanto Rousseau. Do outro, a percepção de que as esferas representativas são a arena em que se resolvem os embates entre "grupos de interesse", entendidos de acordo com a vulgata pluralista que nasce da obra do primeiro Robert Dahl e de David Truman.

O conceito de "interesse" é central para a ciência social e particularmente complexo. Albert Hirschman (1979 [1977]) faz uma erudita e fascinante reconstituição dos usos do "interesse" no pensamento europeu, desde seu surgimento como "interesse de Estado", sua expansão para abranger também os agentes privados e, enfim, o movimento pelo qual a "paixão dos bens e do dinheiro" perde seu caráter de "paixão" e torna-se o interesse por excelência, não apenas racional como capaz de moderar as outras paixões. Não pretendo, aqui, aprofundar-me nessa discussão, mas identificar três problemas principais a serem enfrentados.

Em primeiro lugar, a relação entre interesse e egoísmo. A afirmação da centralidade do interesse é, muitas vezes, tomada como incluindo a postulação de um comportamento egoísta próprio a uma "natureza humana". Não se trata, porém, de afirmar a universalidade do autointeresse na agência humana, flanco atacado por aqueles que buscam demonstrar a banalidade do altruísmo. Jon Elster (1990, p.46) define o altruísmo puro como contribuição anônima (portanto, não explicável pela busca de prestígio social) a beneficiários indeterminados (portanto, não explicável pelo prazer de proporcionar prazer). Ainda que definido de forma tão estrita, o altruísmo motivaria transferências globais de cerca de

242 LUIS FELIPE MIGUEL

1% da renda das pessoas, um volume significativo. O conceito de altruísmo manejado por Elster, no entanto, é passível de críticas. Por um lado, é amplo em excesso, pois não leva em conta as motivações egoísticas vinculadas a crenças no sobrenatural (salvação da alma, vida eterna, reencarnação etc.). Por outro, é estreito, uma vez que exige que a ação altruísta possua uma ou mais pessoas concretas como beneficiárias, não aceitando que seja voltada ao bem de uma coletividade abstrata ("a nação", "o povo", "o partido" ou ainda "o planeta").

Seja como for, o sacrifício do próprio dinheiro, conforto e segurança em prol de outras pessoas, próximas ou distantes, ou de uma causa é algo corrente. Chamá-lo de "egoísta" por conta do envolvimento afetivo ou do sentimento de dever mobilizados exigiria que uma ação, para ser considerada genuinamente altruísta, fosse não motivada, o que é um evidente contrassenso. De fato, não é possível reduzir as ações humanas a uma única motivação e a ideia de um autointeresse onipresente só se sustenta caso o conceito se torne tautológico (minha ação revela meu autointeresse, portanto, toda ação é autointeressada). O ponto é entender que, para além do comportamento específico deste ou daquele agente individual, a dinâmica do conflito social só é compreendida com referência aos interesses dos grupos que dele participam.

O segundo problema é a relação entre interesses, preferências e escolhas. Como observou Sunstein (1997, p.15-16), a corrente da *rational choice* tende a equiparar preferências e escolhas, como se cada escolha fosse o índice imediato de uma preferência que nela se desvela. No entanto, escolhas são fruto da interação de preferências com contextos e, por si sós, pouco dizem das motivações dos agentes. Por exemplo: diante da opção entre A e B, eu escolho A, não porque prefira A – posso ser indiferente ou mesmo preferir B –, mas porque, no contexto em que minha decisão é tomada, a escolha de A projeta diante dos outros (ou de mim mesmo) uma determinada imagem. Assim, o que eu prefiro não é A nem B, mas essa imagem; e a escolha, em si mesma, não revela minha preferência, a menos que outros elementos sejam acrescentados ao cenário.

É possível, então, entender *preferência* como a predileção por alguma situação ou estado, que leva ao *interesse* em determinadas medidas e a *escolhas* em situações concretas. Minha preferência por mais tempo livre me leva a ter interesse na redução da jornada de trabalho e, assim, a determinadas escolhas políticas. O interesse se estabelece como o móvel privilegiado do conflito político porque organiza as escolhas e porque as desavenças se vinculam a medidas que podem ou não ser efetivadas, não a predileções abstratas.

A frequente opção por trabalhar com as "escolhas" se liga ao fato de elas serem identificadas sem ambiguidade, ao contrário do que acontece com interesses ou preferências – e esse é o terceiro problema. A tradição dominante da ciência política toma os interesses como dados que não podem ser questionados e ignora os processos sociais de produção das preferências. Do outro lado, uma tradição marxista afirma que a "falsa consciência" impede os integrantes dos grupos dominados de identificarem seus verdadeiros interesses, numa leitura mecânica e simplista do processo de formação das preferências. Ambas as posições são insatisfatórias (conforme discutido no capítulo "As dimensões da representação"). A privação material ou o "imperialismo cultural", isto é, a importação de chaves simbólicas para a leitura do mundo produzidas por outros grupos sociais (Young, 1990a, p.58), são impedimentos importantes à formação autônoma de preferências.

As dificuldades com o conceito de interesse justificam a mudança patrocinada por Iris Marion Young, que apresenta opiniões e perspectivas como elementos paralelos a serem levados em conta na avaliação dos sistemas representativos. No capítulo anterior, analisei as limitações do uso de "perspectiva social" como chave para um entendimento renovado da representação política. Uma delas é que, ao enfatizar que a perspectiva é um ponto de vista sobre o mundo, que não se desdobra necessariamente em interesses, abre-se espaço para uma leitura epistêmica da pluralidade de vozes nos locais de tomada de decisão. A presença dos grupos subalternos deixa de ser um imperativo de justiça, vinculado à necessidade de evitar a concentração de recursos de poder político em umas poucas

244 LUIS FELIPE MIGUEL

pessoas, para se tornar um mecanismo de melhoria da qualidade da deliberação.

O "conhecimento situado" das diferentes posições de grupo surge então como um recurso "para alargar o entendimento de todos e movê-los para além de seus próprios interesses paroquiais" (Young, 2000, p.109). Apesar de explicar que o "julgamento objetivo" que defende, pelo qual meu próprio interesse é apenas um entre outros, não é uma forma de transcendência das particularidades (Young, 2000, p.113), ressurge aqui um ideal de imparcialidade, transmutado na absorção das perspectivas alheias (Squires, 2001, p.20).[1] Assim, o conflito associado aos interesses é sobrepujado pela diversidade, que é própria das perspectivas.

Uma formulação radical da compreensão epistêmica da política de presença está na obra de Robert Goodin. Para ele, a boa prática deliberativa exige o diálogo *interno* com vozes que representariam os outros, uma vez que o diálogo concreto é inviável na prática. É fundamental a empatia para que cada um possa reproduzir, em sua mente, as posições que, supõe-se, seriam as defendidas pelos outros (Goodin, 2000). Este acaba por ser o mecanismo de inclusão por excelência. Observando a impossibilidade da presença de representantes de todos os grupos subalternos, dada a multiplicidade de clivagens sociais potencialmente relevantes, Goodin propõe que *alguns* desses grupos estejam representados. O objetivo é "representar o fato irredutível da diversidade [*sheer fact of diversity*], mais que o exato parâmetro desta diversidade" (Goodin, 2004, p.463), lembrando a todos dos outros ausentes e acionando os mecanismos mentais de empatia que garantiriam a boa representação.

Assim, a visão epistêmica se aproxima de uma percepção idealista da política em que a multiplicidade de vozes geraria uma visão

---

1 Squires apresenta uma "solução" para o dilema – utilizar uma noção menos exigente de imparcialidade, que não estabeleça um ponto de vista universal, mas apenas "inclusividade e ausência de viés" (Squires, 2001, p.23). Creio que é uma solução meramente verbal, na medida em que não é possível determinar a ausência de viés fora de um ponto de vista universal.

DEMOCRACIA E REPRESENTAÇÃO 245

mais completa da realidade e, assim, uma decisão cognitivamente superior. O conflito político fica afastado, o que é mais um efeito da influência da "democracia deliberativa". Conflito é, no final das contas, conflito de interesses e a defesa da política de presença tem a ver com a necessidade de que os múltiplos interesses se produzam e se manifestem na arena política. Considero um retrocesso o fato de que, na voga da "democracia deliberativa", as concepções críticas sobre a esfera política tenham paulatinamente desinflado o caráter conflitivo da política.

Dizendo de outra forma, uma noção útil de perspectiva não passa ao largo da relação entre as perspectivas e os interesses. Perspectivas sociais compartilhadas são a base a partir da qual interesses coletivos podem ser construídos. E, dadas as relações de dominação presentes na sociedade, tais interesses tendem a entrar em confronto. Não há, entre beneficiários e prejudicados pelas desigualdades, um "conflito de perspectivas", mas um conflito de interesses. Os grupos dominados, assim, precisam mais do que de um lugar para a verbalização de suas perspectivas. Precisam de recursos para produzir e defender seus interesses. A ênfase exclusiva na pluralidade de perspectivas, obscurecendo o papel dos interesses, conta apenas metade da história e deixa de lado o elemento conflitivo inerente à política.

A noção de perspectiva, desvinculada de conflito, de interesses e de poder, permite tais desdobramentos. Além disso, conforme visto no capítulo anterior, a presença de integrantes de grupos subalternos nos espaços decisórios não garante automaticamente uma efetiva pluralidade de perspectivas. É necessário levar em consideração a influência homogeneizadora do campo político.

A presença política de grupos subalternos não se justifica pela necessidade de construir um arco-íris de perspectivas, mas porque a posse do capital político, assim como do capital econômico, do capital cultural etc., engendra a possibilidade do exercício de poder – e a concentração do poder nas mãos de poucos é uma forma de injustiça social (daí a necessidade de redistribuição desses capitais). Assim como a associação entre uma maior ou menor possibilidade de aceder a tais formas de poder e determinadas

246   LUIS FELIPE MIGUEL

características imputadas, isto é, a monopolização dessas posições por uns poucos grupos, é também uma injustiça.[2] As perspectivas, por sua vez, se mostram ferramentas úteis para pensar a produção social dos interesses. As vivências associadas a determinadas posições na sociedade geram pontos de vista que estão na raiz dos interesses sociais. O reconhecimento da importância das perspectivas produz a reivindicação de que tais grupos possuam espaços em que possam construir, de forma dialógica, um entendimento autônomo sobre seus próprios interesses. Mais do que diretamente na demanda por representação, está nesse ponto – que liga perspectivas compartilhadas e produção de interesses – o elemento mais produtivo do conceito de Young.

A tensão entre autenticidade e efetividade, descrita no capítulo anterior como um efeito dos constrangimentos à ação dos dominados impostos pela estrutura do campo político, aparece de forma diferente – neutra e mesmo positiva – na visão de Nadia Urbinati. A cientista política italiana se coloca como uma defensora das virtudes da representação política, um ponto constante em sua obra. A representação não é, para ela, um sucedâneo da participação ou mesmo da democracia direta, adotado *faute de mieux*. É uma forma superior de organização política que deve ser avaliada por seus próprios méritos.

Urbinati indica duas vantagens principais da representação eleitoral. Ela

> destaca a natureza idealizadora e julgadora da política [...], uma arte pela qual os indivíduos transcendem o imediatismo de sua experiência e de seus interesses [...]. A representação – e o julgamento eleitoral que é parte necessária da representação democrática – projeta os cidadãos numa perspectiva orientada para o futuro e assim confere à política sua dimensão ideológica. (Urbinati, 2000, p.760; ênfases suprimidas)

---

2   Não é necessário ir muito longe: tal monopólio fere a segunda parte do segundo princípio de justiça de Rawls.

DEMOCRACIA E REPRESENTAÇÃO 247

O voto em candidato privilegiaria a *longue durée*, ao contrário do voto em questões, como na democracia direta, que refletiria demandas mais imediatas (Urbinati, 2006, p.31).

A segunda vantagem, a mais relevante para a presente discussão, é que ela distancia os representantes de seus constituintes, o que tanto exige a produção de "formas de unificação [...] construídas simbólica ou politicamente" (Urbinati, 2006, p.20, ênfases suprimidas; ver também Urbinati, 2006, p.6) quanto amplia o papel das ideias na política. Assim, a autora italiana se coloca nos antípodas da "política de presença". A autonomia dos representantes (não apenas no sentido do mandato livre burkeano, mas também da ausência de laços identitários) é necessária para o bom funcionamento dos processos deliberativos. O caráter democrático seria protegido pelo simples mecanismo eleitoral, encarnação do "poder negativo" dos cidadãos – a possibilidade de destituição dos governantes pela não recondução ao cargo (Urbinati, 2006, p.29).

O poder negativo, tal como apresentado por Urbinati, não é uma mera reedição da "democracia protetora" dos utilitaristas, em que a franquia eleitoral visa exclusivamente dar aos governados uma arma para evitar a tirania dos governantes. Os cidadãos possuem outros interesses além da não escravização e seu poder se exerce num julgamento eleitoral complexo e multifacetado.

Ao defender a ideia de representação como *advocacy*, Urbinati desenvolve com mais clareza a defesa do distanciamento entre o representante e seus representados. O *advocate* é definido como alguém que combina a vinculação "apaixonada" à causa de seus constituintes com a autonomia de julgamento (Urbinati, 2000, p.773). De acordo com sua abordagem, essa solução é melhor tanto para os representados quanto para o funcionamento do sistema político geral. A noção de *advocacy* inclui compromisso com uma posição, mas não se confunde com o partidarismo cego. Os *advocates* são "defensores apaixonados e inteligentes" (Urbinati, 2000, p.775), mas preparados para entender as razões alheias (Urbinati, 2000, p.776). Assim, o conflito de interesses é admitido, mas controlado pelo distanciamento que os representantes são capazes de guardar

248 LUIS FELIPE MIGUEL

em relação às posições que advogam. Esse distanciamento é o espaço para que a razão possa se fazer presente na arena política.[3] Já para os representados, as vantagens se colocam em termos de eficácia. "Nós buscamos conseguir o melhor defensor [de nossas posições], não uma cópia de nós mesmos" (Urbinati, 2000, p.776). A *expertise* do profissional da política permite que os interesses sejam promovidos de maneira mais efetiva – uma versão repaginada do velho argumento da especialização funcional, contra o qual sempre se levantaram todos aqueles que viam a ação política como essencial para a liberdade, fossem republicanistas ou participacionistas. Na medida em que tal *expertise* se associa à posse de competências desigualmente distribuídas na sociedade, é provável que os *advocates*, não importa quais posições defendam, provenham dos mesmos grupos sociais. Mas isso não é um problema para Urbinati.

Ainda que ela diga que a representação, tal como defende, é uma "política de presença por meio de ideias" (Urbinati, 2006, p.247; ênfase suprimida), fica clara sua distância em relação às preocupações de autoras como Young ou Phillips. No máximo, Urbinati anota que "o representante que acredita na e partilha da visão de seus constituintes presumivelmente estará mais motivado e determinado a advogar sua causa" (Urbinati, 2006, p.48). Mas não se trata de uma abertura para a importância das perspectivas sociais e sim de uma (tímida) desvinculação da ideia de que a representação é uma técnica a ser aplicada por um profissional que não liga para qual é sua clientela. A *identificação* é útil (embora, pelo que se depreende da prudente formulação de Urbinati, não obrigatória); a *identidade*, por outro lado, permanece supérflua.

Falta, na compreensão de Urbinati, a atenção a três elementos. Primeiro, o fato de que o representante ocupa uma posição de poder.

---

3 Cumpre ressaltar que "Representation as advocacy", de 2000, é o momento de maior aproximação de Urbinati com a teoria deliberativa. Na breve retomada, por vezes literal, que faz da noção de *advocacy* em seu *Representative democracy* (Urbinati, 2006, p.44-8), os elementos deliberacionistas já são deixados de lado. E no artigo "Unpolitical democracy" predomina um tom crítico em relação a pressupostos da corrente (Urbinati, 2010).

DEMOCRACIA E REPRESENTAÇÃO   249

Ele possui acesso a recursos políticos que o colocam em posição de autoridade em relação a seus próprios constituintes. Graças à especialização na política, possui também uma superioridade de conhecimento. A assimetria entre representantes e representados é um dos problemas da democracia representativa e o modelo de *advocacy*, com sua ênfase na eficácia, tende a agravá-la.

Também falta a Urbinati o entendimento das consequências geradas pelas assimetrias de recursos políticos entre representantes e representados. Sua aposta no "julgamento eleitoral", que não é nada mais do que a crença no funcionamento dos mecanismos de *accountability*, é pouco sustentável. Esse julgamento é contaminado pela baixa informação dos eleitores, pelo baixo incentivo à capacitação política que a mera participação eleitoral provê e pelo distanciamento entre a vivência cotidiana e o mundo das decisões políticas. Um modelo que exige um fluxo de comunicação pujante e horizontal entre representantes e representados pode funcionar em seus próprios termos, mas não se aplica às sociedades desiguais realmente existentes.[4]

Por fim, falta a Urbinati entender que a representação política possui um caráter *constitutivo* que não deve ser ignorado.[5] Um dos principais desafios da representação política democrática reside aí: em não bloquear a constituição de determinadas identidades coletivas, nem impô-las autoritariamente, garantindo um diálogo entre representantes e representados que depende da capacitação política destes últimos. A delegação das funções representativas a *advocates* dotados de *expertise* superior pode gerar ganhos de eficácia, como quer Urbinati, mas apenas se as identidades e as preferências são percebidas como dados prévios. Como não é o caso, a delegação que o entendimento de representação como *advocacy* prevê implica reti-

---

4 Num parágrafo da conclusão de *Representative democracy*, Urbinati observa a necessidade de controlar a influência do dinheiro e da mídia (Urbinati, 2006, p.236-237). É o único momento, em todo o livro, em que o mundo real aparece. Feito o lembrete, não se discute *como* tal controle pode ser efetivado, nem, na sua ausência, o que permanece de válido no modelo proposto.

5 Cf. capítulo "As dimensões da representação".

rar dos constituintes a possibilidade de construir autonomamente suas preferências políticas – um incentivo, de fato, a que abracem "preferências adaptativas" (Knight e Johnson, 1997, p.298), oferecidas por aqueles que, de uma posição social diferenciada, falam em seu nome.

A noção de representação como *advocacy*, tal como apresentada por Urbinati, deságua em interpretações menos cautelosas – no Brasil pelas mãos, por exemplo, de Avritzer (2007) e de Gurza Lavalle, Houtzager e Castello (2006). Os rótulos são variados: representação presuntiva, representação virtual, representação pelas organizações da sociedade civil, representação por afinidade. Sem querer aplainar as diferenças entre esses autores e essas concepções, há um ponto comum importante: é a ideia de que, cada vez mais, existem intermediários na relação entre Estado e sociedade civil (que são organismos da sociedade civil ou organizações não governamentais), aceitos como interlocutores legítimos, na condição de representantes de determinados interesses ou grupos. Como pretendo demonstrar, a despeito da riqueza de *insights* nelas contidos, tais interpretações aprofundam seriamente os problemas já identificados na posição de Urbinati, sobretudo porque retiram o último anteparo – o "julgamento eleitoral" – que garantia alguma esperança de controle dos representantes pelos representados. Tal como no caso de Young e Urbinati, minha discussão aqui se volta para textos, não para autores – isto é, não farei mais do que referências breves a inflexões presentes em outras obras, quer de Avritzer, quer de Gurza Lavalle e seus colaboradores.

Mesmo nos momentos em que se mostra mais receptiva à "representação democrática não eleitoral", Urbinati aponta os problemas da ausência de formas de autorização e *accountability*. Bem ou mal, a representação eleitoral garante um patamar de igualdade entre os representados por meio do acesso de todos à franquia. "Não há igualdade equivalente de influência ou voz no domínio não eleitoral, onde as vantagens de educação, renda e outros recursos desigualmente distribuídos são mais capazes de se traduzir em padrões de sobre e sub-representação" (Urbinati e Warren, 2008, p.405).

DEMOCRACIA E REPRESENTAÇÃO   251

Tal preocupação parece ausente em muitos estudos que tratam de *advocates* não eleitos.

"Representação política e organizações civis", de Gurza Lavalle, Houtzager e Castello, se apresenta como uma investigação empírica sobre organizações da sociedade civil em São Paulo, que os autores *constatam* que exercem funções representativas. Trata-se, então, de adaptar a teoria a uma situação dada pela realidade. As entidades da sociedade civil "assumem compromissos de representação", num "esforço de intermediação orientado a conectar" os grupos sub-representados ao Estado e à política eleitoral (Gurza Lavalle, Houtzager e Castello, 2006, p.44).[6] A noção central, de "compromisso de representação", é retirada de Edmund Burke, que se torna assim inspirador da visão de representação virtual.

A referência a Burke é criticada por Avritzer, que observa que o autor irlandês defendia uma forma de representação sem eleições, própria dos regimes monárquicos anteriores à Revolução Francesa. Assim, "na ânsia de legitimar uma forma de representação pós--eleitoral, Gurza Lavalle, Houtzager e Castello acabam resgatando um argumento pela legitimidade da representação pré-eleitoral" (Avritzer, 2007, p.451). Creio que o problema é outro. A concepção burkeana – que passa, sim, pelo mecanismo eleitoral, como fica claro em sua expressão mais acabada, o "Discurso aos eleitores de Bristol" (1942 [1774]),[7] incorpora a ideia de que o representante transcende os interesses de seus constituintes, seja por sua competência superior, seja por sua vinculação a um bem maior, o bem da nação, que ultrapassa as preferências mesquinhas dos simples eleitores. A supe-

---

6 Em texto posterior, tal capacidade de intermediação ganha uma nova dimensão, já que as organizações civis seriam promotoras da *"accountability* societal" (Gurza Lavalle e Castello, 2008), conceito cujos problemas discuti no capítulo "A *accountability* eleitoral e seus limites". A ideia de "mecanismos contrade-mocráticos", de Pierre Rosanvallon (cf. nota 12 deste capítulo), mostra-se mais profícua.

7 Burke combina um aspecto de representação virtual (na relação dos eleitores com os cidadãos desprovidos do direito de voto) com outro de representação eleitoral (na relação entre os eleitores e os deputados). *Ambos* são necessários no seu modelo.

252 LUIS FELIPE MIGUEL

rioridade do representante, por seu preparo ou por seus horizontes mais amplos, torna-se especialmente problemática quando, como no modelo de Gurza Lavalle, Houtzager e Castello, os mecanismos de autorização e de *accountability* são deixados de lado.

Identificada a presença do "compromisso de representar" nas organizações da sociedade civil, os autores se dedicam a elencar os argumentos que embasam a pretensão de representatividade, tal como aparecem nos discursos das próprias entidades. Os argumentos que ecoam elementos clássicos da democracia representativa – autorização dos representados, afiliação dos representados, identidade com os representados – pouco aparecem. O foco está na prestação de serviços, na proximidade com os representados e, em especial, na capacidade de intermediação. Organizações da sociedade civil se credenciam como representantes na medida em que têm acesso a espaços decisórios que, de outra maneira, estariam vedados a seus representados (Gurza Lavalle, Houtzager e Castello, 2006, p.52).

Enquanto as outras justificativas são descartadas como inválidas, esta é considerada adequada.[8] Sua aproximação com a ideia de *advocacy* é ressaltada e, embora seja anotada a ausência de mecanismos de controle dos pretensos representados sobre seus representantes, o texto prefere ressaltar que a valorização da capacidade de intermediação reflete as transformações na relação que a sociedade civil projeta com o Estado – do antiestatismo predominante no período

---

8 O argumento da prestação de serviços aos pretensos representados é considerado incompatível com os "requisitos mínimos da democracia" (Gurza Lavalle, Houtzager e Castello, 2006, p.57), ao passo que o argumento da proximidade reeditaria os dilemas da democracia direta (Gurza Lavalle, Houtzager e Castello, 2006, p.58). Considero esta última afirmação pouco sustentada, mas ela foge do foco da discussão aqui proposta. Em textos posteriores, as assimetrias entre as organizações da sociedade civil, que colocam alguns em posição central e relegam outros a posições periféricas, são anotadas, mas não são consideradas graves o suficiente para comprometer o potencial de representação democrática antes identificado (Gurza Lavalle, Castello e Bichir, 2007, 2008; Houzager e Gurza Lavalle, 2010). A fim de não estender em demasia a discussão, no restante deste capítulo vou me ater basicamente ao artigo original.

DEMOCRACIA E REPRESENTAÇÃO 253

da ditadura à busca de interlocução que, segundo a quase unanimidade da literatura, marca sua ação no período de redemocratização. "Enquanto o argumento de proximidade permanece fiel à lógica dominante dos atores societários durante o período da ditadura, o argumento de intermediação espelha [...] a conjuntura de inovação institucional dos últimos anos" (Gurza Lavalle, Houtzager e Castello, 2006, p.58).

Em texto posterior, enfatiza-se o "compromisso subjetivo" com as pessoas que a associação deseja representar (Houtzager e Gurza Lavalle, 2010, p.4). É uma útil descrição da imagem que essas organizações têm de sua própria ação, mas não serve para fundar o caráter democrático da representação presumida. Na ausência de mecanismos de controle, o compromisso subjetivo mantém uma relação demasiado assimétrica entre os *advocates* e seus representados. Ainda mais quando se reconhece que, numa curiosa inversão da visão mais convencional, são os representantes que escolhem os representados – "as associações civis podem rejeitar ou aceitar o papel de representantes de *constituencies* que elas identificam (e definem)" (Houtzager e Gurza Lavalle, 2010, p.9).

A capacidade de intermediação, no entanto, é a marca de relações de clientela, mais do que de representação democrática (cf. Miguel, 2012c). O líder tem acesso aos recursos do Estado e distribui benefícios àqueles que os solicitam de acordo com sua possibilidade e conveniência. Patronato político e representação presumidas não são, evidentemente, a mesma coisa, mas em ambos os casos a base política fica na dependência daqueles que podem alcançar espaços sociais que lhe estão vedados de antemão.

"Sociedade civil, instituições participativas e representação", de Leonardo Avritzer, se move em terreno semelhante, embora não se furte a criticar a abordagem de Gurza Lavalle, Houtzager e Castello. Ele identifica dois processos simultâneos que o levam a falar numa ampliação da representação: a presença de porta-vozes que tematizam questões nos fóruns formais de deliberação e a escolha de organizações como representantes da sociedade civil em novos espaços deliberativos, como os conselhos. Assim, a representação da sociedade civil é vista como uma "superposição de representações sem autorização e/ou monopólio" (Avritzer, 2007, p.444). O representante "por afinidade" é um agente que atua por conta própria, mas se identifica com outros e fala em nome deles (Avritzer, 2007, p.447).

O esforço teórico sustenta-se em duas contribuições, a de Urbinati, incorporada de forma bem mais expressa que no texto de Gurza Lavalle, Houtzager e Castello, e a de John Dryzek e Simon Niemeyer (uma versão anterior do que se tornou Dryzek e Niemeyer, 2008, e Dryzek, 2010, cap.3). O mérito principal de Urbinati, na leitura de Avritzer, é localizar a eleição como um momento indispensável, mas não exclusivo, da representação e da relação entre Estado e sociedade civil, integrando-a no contexto amplo do julgamento político (Avritzer, 2007, p.452-3).[9] De Dryzek e Niemeyer, por outro lado, ele retira a ideia de uma "câmara de discursos", paralela ao parlamento, em que as diferentes posições sobre os temas da agenda pública estariam presentes (representadas) e poderiam expor-se mutuamente a seus argumentos de acordo com a cartilha da democracia deliberativa. A composição dessa câmara – isto é, a tarefa de "(a) mapear a constelação de discursos relevantes para uma questão e (b) determinar que indivíduos melhor representam cada discurso" (Dryzek e Niemeyer, 2008, p.486) – é dada como uma questão que se resolve de forma técnica.

Partindo dessas duas reflexões, Avritzer constrói uma tipologia em que o representante pode ser um agente (escolhido por meio eleitoral), um *advocate* ou um "partícipe" (Avritzer, 2007, p.456).[10] O *advocate* se legitima não pela autorização, mas pela "afinidade ou

---

9 No entanto, o julgamento eleitoral permanece, na obra de Urbinati, com uma centralidade maior do que a atribuída por Avritzer (ver, por exemplo, Urbinati, 2010). Ao diferenciar o representante eleito do *advocate*, ele promove um movimento estranho ao pensamento de Urbinati, para quem uma das características do eleito é precisamente atuar como *advocate*.

10 Avritzer opta por utilizar "advocacia" e "advogado" em lugar das formas inglesas *advocacy* e *advocate*. Seu texto ganha em fluência, mas se perde a distinção entre o *advocate* e o advogado (*lawyer*). Escolhi, assim, manter as palavras em inglês.

DEMOCRACIA E REPRESENTAÇÃO **255**

identificação de um conjunto de indivíduos com a situação vivida por outros indivíduos" (Avritzer, 2007, p.457). Já o partícipe, nessa tipologia, é a organização da sociedade civil que assume a função de representante em conselhos ou órgãos similares, e se legitima por meio de "uma identidade ou solidariedade parcial exercida anteriormente" (Avritzer, 2007, p.458). É o representante de um conjunto de organizações e associações, pelo qual fala nestes fóruns.

Temos então, sobrepostas, uma representação de pessoas (agentes), outra de "discursos e ideias" (*advocates*) e uma terceira de "temas e experiências" (partícipes), em fóruns distintos, mas que se comunicam (Avritzer, 2007, p.458).[11] Apesar da maior complexidade do modelo que produz, Avritzer – tanto quanto Gurza Lavalle, Houtzager e Castello – tende a equivaler fala na esfera pública com representação e, no passo seguinte, incorporar o adjetivo "democrático", expressa ou tacitamente, a qualquer forma de fala/representação originada na sociedade civil, um problema ao qual voltarei adiante.

Em relação à representação formalista, nesses modelos faltam tanto mecanismos de autorização quanto de prestação de contas. Em relação à representação descritiva, falta a similaridade com o grupo a ser representado. São problemas dos quais os autores mostram consciência, mas que não julgam suficientes para descartar a aposta nessa nova forma de representação como mecanismo complementar à representação formal. Julgar as novas formas pelos padrões da representação eleitoral é "operação pouco produtiva", segundo Gurza Lavalle, Houtzager e Castello (2006, p.45); mais ainda, acusá-las pela ausência de autorização e *accountability* "cancela em vez de [...] adentrar" o problema (Gurza Lavalle, Houtzager

---

11 *Advocates* e partícipes são, muitas vezes, as mesmas organizações, atuando na esfera pública discursiva informal, num caso, e nos novos espaços deliberativos formais, no outro. No restante deste capítulo, por economia de linguagem, vou usar *advocate* e *advocacy* como termos genéricos, que expandem para agentes da sociedade civil o sentido original proposto por Urbinati e englobam tanto os dois modelos alternativos de Avritzer quanto o de Gurza Lavalle, Houtzager e Castello.

256 LUIS FELIPE MIGUEL

e Castello, 2006, p.46). Já Avritzer advoga pela "redução da preocupação com legitimidade dessas novas formas de representação", sendo a questão de fato o modo pelo qual elas se sobrepõem, com autorização e representação virtual ocupando os mesmo espaços e falando em nome dos mesmos grupos (Avritzer, 2007, p.459). Em todos os casos, há um *parti pris* favorável aos novos modelos de representação, que seriam promotores de uma saudável ampliação da presença da sociedade civil, sendo necessário anular os elementos presentes na teoria tradicional da representação provocariam uma avaliação crítica de tais formas representativas.

Não há como negar que esses intermediários – organizações da sociedade civil, organizações não governamentais – atuam como representantes, mas a questão é saber se essa forma de representação é *democrática*. Embora, muitas vezes, os *advocates* desempenhem papéis para o bom funcionamento da democracia, incluindo temas e promovendo a defesa de interesses que, de outra maneira, estariam ausentes, uma série de fatores conduz à conclusão de que a resposta à questão é negativa. Nessa discussão, não é possível elidir o problema da legitimidade – e os problemas a ele associados, da autonomia dos representados e da formação das preferências políticas.

Para colocar a questão de forma mais precisa – e, simultaneamente, mais provocativa: a participação dessas organizações da sociedade civil em esferas de debate e deliberação pode ser definida como representativa e como democrática, *mas não ao mesmo tempo*. Ela é representativa na medida em que esses discursos incorporam as demandas potenciais de setores que não estão diretamente presentes. Representar significa (também) trazer aquilo que está ausente. Mas a atenção a esse caráter representativo nos leva a apreciar seus déficits democráticos, em particular a falta de interlocução entre representantes e representados. Por outro lado, se essa participação é democrática, uma vez que a democracia exige o livre acesso ao debate público, não o é por sua representatividade, pois esses discursos não se credenciam a partir de uma troca efetiva com uma base.

É necessário diferenciar os conceitos de representação, democracia e legitimidade, que tendem a andar juntos em muito da literatura

DEMOCRACIA E REPRESENTAÇÃO 257

sobre organizações da sociedade civil, até mesmo como se fossem intercambiáveis. Na clássica formulação weberiana, a *legitimidade* se liga às condições de estabilidade de uma determinada forma de dominação; de forma mais ampla, a ciência política a associa a um consenso socialmente difuso sobre a justeza ou, ao menos, a aceitabilidade de uma instituição ou de uma prática. Governos legítimos não são necessariamente democráticos ou representativos, como fica claro já a partir de Weber e de suas categorias da dominação tradicional e da dominação carismática. Mesmo na democracia, formas legítimas de ação não são necessariamente representativas, como é o caso de *lobbies*, da busca por reparações individuais etc.

Ao mesmo tempo, nem toda representação é democrática, conforme já indicava Hanna Pitkin (e foi discutido na "Introdução"). Um monarca representa seu país, na medida em que é capaz de falar por ele, sem ter se submetido a procedimentos democráticos. E, por fim, a democracia não se esgota nos procedimentos representativos, não apenas porque seu modelo inicial prevê a participação direta de todos, nem mesmo porque uma parcela do que há de mais valioso nos regimes democráticos contemporâneos se liga aos direitos e garantias individuais. Um dos elementos centrais da nossa compreensão de democracia é a ideia de igualdade, que, na verdade, está em tensão permanente com a representação, que introduz necessariamente a desigualdade entre representantes e representados.

É nociva a indiferenciação entre democracia, representação e legitimidade, que faz que, identificada uma característica, as outras sejam assumidas sem discussão. Em particular, a ideia de que todo falante representa, por definição, um discurso "possível" acaba por esvaziar de sentido a noção de representação política. A presença dos diferentes discursos no debate público é legítima, mas a questão do quanto e de quem esses discursos são representativos não se esgota nessa constatação. Ela também impede tematizar de que maneira os diferentes agentes lutam para que seus discursos obtenham representatividade, mobilizando recursos diferenciados de acordo com a posição de seus emissores, o que é um dos momentos cruciais da luta política.

É a exigência democrática de igualdade que faz com que as visões de uma representação autoinstituída, que se estabelece como a simples substituição dos representados nas esferas de tomada de decisão, devam ser vistas com cautela. Antes de mais nada, cabe observar que autorização e *accountability* se impõem pela exigência que existam mecanismos que permitam o controle dos representantes pelos representados. Na sua ausência, ficamos na dependência da "boa vontade" ou da "boa fé" dos representantes, com todos os problemas que isso coloca. Se há alguma coisa que a teoria política, ao longo de sua história, foi capaz de ensinar é que não devemos depender da boa vontade dos governantes. Precisamos de *mecanismos institucionais* que impeçam a usurpação do poder – daí a ideia de *checks and balances*, de mecanismos de controle, de desconcentração do poder.[12]

Não é necessária uma grande clarividência para identificar os problemas da autorização eleitoral, submetida a formas de manipulação, sensível ao poder econômico e à influência da mídia, quando não à intimidação aberta. Também os mecanismos de *accountability*, como visto no capítulo "A *accountability* eleitoral e seus limites", cumprem mal suas promessas. Ainda assim, autorização e *accountability* são os instrumentos que promovem a incerteza quanto ao exercício do poder, que, como dizia Przeworski (1984 [1983]), é a marca da política democrática. Se são insuficientes, como de fato são,

---

12 Uma posição diferenciada é a de Pierre Rosanvallon, que em sua obra recente tem discutido a crescente desconfiança em relação aos representantes escolhidos por meio eleitoral. Emergem, assim, instituições "destinadas a compensar a erosão da confiança por uma organização da desconfiança" (Rosanvallon, 2006, p.12; ênfase suprimida). São organismos judiciários ou parajudiciários, públicos ou privados, observatórios, *watchdogs* etc., voltados à supervisão e contestação do exercício do poder, que ele chama de "contrademocráticos". Sua legitimidade não estaria baseada em autorização e responsividade, mas em imparcialidade, reflexividade ou proximidade (Rosanvallon, 2008). Mas ele observa expressamente que os movimentos contrademocráticos *não* têm funções representativas (Rosanvallon, 2006, p.71). As reflexões de Rosanvallon abrem toda uma série de novos desafios, que não têm como ser enfrentados aqui. Para uma crítica que o coloca, ao lado de Phillip Pettit, como desejoso de uma "democracia apolítica", que substitui o julgamento político comprometido por um ideal de justiça imparcial, ver a própria Urbinati (2010).

DEMOCRACIA E REPRESENTAÇÃO 259

nem por isso são descartáveis. Formas de representação que deles prescindem, como porta-vozes autoinstituídos, quase com certeza estarão em pior situação no que se refere a seu caráter democrático. Além disso, a legitimidade desses intermediários está vinculada à capacidade de agir, de se colocar publicamente. Diversos grupos, organizações ou mesmo indivíduos podem almejar a posição de porta-vozes de determinadas visões políticas ou interesses sociais. Nem todos, porém, têm condições de se colocar na esfera pública de maneira a reivindicar tal posição. São necessários recursos materiais e simbólicos, providos muitas vezes pelo Estado, por fundações privadas, por organismos multilaterais como o Banco Mundial ou por redes transnacionais de *advocacy*. Se, na ausência de mecanismos de controle e autorização, essas organizações não prestam contas àqueles cujos interesses dizem representar, devem prestar a seus patrocinadores. Uma ampla literatura discute os problemas da *accountability* das ONGs, observando, em especial, como as ONGs dos países mais pobres são vulneráveis à agenda de suas "irmãs" do Norte (por exemplo, Brown e Fox, 1998; Sorj, 2005).

A contraface da capacidade de agir é o *reconhecimento* como interlocutor válido. Alguém, portanto, o provê: alguém reconhece que determinada organização está credenciada a falar em nome de determinados grupos, experiências ou interesses. Não são os pretensos representados, uma vez que os mecanismos de autorização foram descartados. Então, é o Estado que vai convocar representantes da sociedade civil para seus espaços de negociação; ou outros agentes do campo político, que vão escolher seus interlocutores, incluídos, entre esses agentes, aquelas associações já legitimadas para falar; ou, ainda, os meios de comunicação de massa, que cumprem seu papel de *gatekeepers* tanto dos discursos considerados relevantes quanto dos porta-vozes legítimos desses discursos.[13] Enfim, há uma legitimação derivada que pode reforçar as hierarquias e o poder já existentes.

---

13 Cf. capítulo "Comunicação e representação".

260 LUIS FELIPE MIGUEL

Um elemento importante para gerar legitimidade é a capacidade de adaptação aos modos discursivos dominantes. O padrão discursivo é um poderoso mecanismo de exclusão e de conformidade ao campo (Bourdieu, 1979). Campos excluem, conforme visto antes, e a exigência de uma determinada modulação da fala é central nesse processo.

Pedro Vermelho, o macaco que aprende a falar no conto "Relatório para uma academia", de Kafka, conta sua história, mas observa que só pode "retraçar com palavras humanas o que então era sentido à maneira de macaco" e que se tornou incapaz de "alcançar a velha verdade do símio" (Kafka, 1990 [1919], p.60). Sem ter se tornado inteiramente homem, ele é um "ex-macaco". As imposições do campo político são similares, só aceitando como fala aquilo que preenche determinadas expectativas. A presença de Pedro Vermelho, por mais que esteja vestido como gente e mantenha modos impecáveis, certamente causa incômodo nos acadêmicos a quem se dirige. Mas sua fala, humanizada, garante uma identificação tanto maior quanto mais ele se afasta de seu passado simiesco.

Não se trata – ou não se trata necessariamente – de cooptação ou de oligarquização, no sentido de Michels (1982 [1911]). É um imperativo de eficácia, na medida em que a recusa à adaptação aos padrões exigidos pelo campo implica marginalização. Esse imperativo coloca os dominados diante daquele dilema entre eficácia e autenticidade que os dominantes não precisam enfrentar.

O problema mais grave dos modelos de *advocacy* está no paternalismo e autoritarismo subjacentes. O liberalismo presume um grau de capacidade de decisão autônoma por parte das pessoas (e, portanto, que a representação deriva, de alguma maneira, da vontade e consentimento dos representados). É uma posição complexa, pois isso não implica negar a existência e a importância de mecanismos de manipulação e de relações de dominação – onde se coloca boa parte da *crítica* ao liberalismo. Mas a resposta a isso não é postular uma posição superior, e sim incrementar a produção das condições que permitam a formulação de preferências autônomas. Dito de outra forma, eu não posso pretender me colocar democraticamente na

DEMOCRACIA E REPRESENTAÇÃO 261

condição de *representante* de um grupo sem estabelecer um diálogo, em primeiro lugar, com aqueles que desejo representar.

O modelo de *advocacy* ignora aquilo que, no capítulo "As dimensões da representação", chamei de terceira dimensão da representação política. O diálogo entre os integrantes do grupo, por meio do qual as preferências coletivas podem ser produzidas de maneira mais autônoma, é preterido por uma espécie de "atalho" que permitiria que essas preferências, presumidas a partir de um ponto de vista externo, se fizessem ouvir em espaços decisórios vedados às pessoas comuns. Sem a interlocução interna ao grupo, que também permitiria aos representados uma maior capacidade de supervisão e controle sobre os representantes, e sem interlocução entre os porta-vozes e seus pretensos constituintes, o *advocate* se autoinstitui e avalia seu próprio desempenho por critérios, uma vez mais, estranhos à sua base. Há um grave menosprezo pelo ideal de igualdade próprio da democracia. A ausência do reconhecimento da necessidade de promover, ativa e permanentemente, a ampliação da capacidade de interlocução entre representantes e representados, bem como da produção autônoma das preferências por eles, é um retrocesso importante em relação às correntes da democracia participativa. O paternalismo subjacente implica a percepção de que a incapacidade política dessas pessoas é um dado de uma realidade que não vale a pena combater ou questionar.

Podemos pensar em três situações diversas, em que *advocates* assumem o papel de porta-vozes, e que colocam diferentes problemas para reflexão.

Há grupos que buscam defender os interesses de seres sem condições de expressar-se por conta própria: o meio ambiente, uma espécie animal, o patrimônio cultural etc. A defesa de tais valores é um dos papéis tradicionalmente reconhecidos da sociedade civil. Mas se pode chamar isso de "representação" apenas graças à polissemia da palavra. O Greenpeace, por exemplo, não se coloca como representante (virtual, por afinidade, por *advocacy*, como quer que se queira) das "pessoas interessadas em preservar o planeta", mas fala em nome de uma causa ou, metaforicamente, do próprio planeta.

262 LUIS FELIPE MIGUEL

Há grupos em que há necessidade de postular que seus integrantes são dotados da capacidade (potencial, ao menos) de estabelecer autonomamente suas preferências e produzir autonomamente seus interesses. A ideia de que esses grupos serão representados por pessoas alheias a eles é, em si, autoritária. Eis um exemplo comum a essa literatura: mulheres ou mesmo homens ocidentais que falariam em nome das mulheres do Oriente Médio. Eu posso defender mudanças radicais na condição de vida das mulheres do Oriente Médio, posso argumentar (razoavelmente) que as condições de submissão em que se encontram as impedem de reivindicar elas próprias essas mudanças, ou mesmo de desejá-las. Mas isso não faz de mim um representante delas, um porta-voz delas. As ONGs internacionais feministas, como reconhece Avritzer, representam um "discurso sobre os direitos das mulheres em geral", não as mulheres (Avritzer, 2007, p.457).

O ponto a ser destacado é que a existência de tais entidades, verbalizadoras da defesa desses direitos, não supre a ausência, na esfera pública, de representantes efetivas das mulheres submetidas à opressão. Os *advocates* promovem uma forma de substituição que faz com que a autoexpressão dos dominados deixe de aparecer como um problema a ser enfrentado. Afinal, seus direitos ou interesses já se fazem ouvir, defendidos por grupos e indivíduos melhor capacitados. Além disso, o que esses *advocates* apresentam como sendo as demandas de seus representados virtuais não é, necessariamente, aquilo que produzem ou produziriam como preferências caso tivessem acesso a espaços em que pudessem gerá-las de forma autônoma. É aqui que as perspectivas sociais, ignoradas por essa literatura, tornam-se relevantes.

Como observa Sapiro (1981, p.704), "não é razoável pensar que sistemas políticos representarão grupos antes não representados até que esses grupos desenvolvam um sentimento de seus próprios interesses e apresentem demandas ao sistema". A substituição gerada pelos mecanismos de *advocacy* pode obstaculizar esse processo, trabalhando contra a autonomia dos grupos.

Por fim – e essa é a terceira situação –, há grupos em situação ambígua, notadamente pessoas que se julga não possuírem

DEMOCRACIA E REPRESENTAÇÃO 263

a capacidade de falar por si mesmas na esfera pública. Os dois exemplos mais evidentes são crianças ou indivíduos com problemas mentais. Mesmo aí, há necessidade de tomar cuidado com a presunção de que não é problemático falar em nome de outro. Penso no movimento dos meninos e meninas de rua, que almeja dar voz a essas crianças, ou no movimento da neurodiversidade, cuja reivindicação é a de que indivíduos considerados "deficientes mentais", sobretudo os autistas, sejam ouvidos em sua própria voz. Não se trata de uma questão simples. O *slogan* "por autistas para autistas", do que é chamado por Ortega (2009, p.71) de "movimento de autoadvocacia do autismo", invoca a ideia de que há uma diferença (a ser preservada) e não uma doença (a ser tratada). Plausível para autistas altamente funcionais, muitas vezes diagnosticados com a síndrome de Asperger (uma versão "branda", sobre a qual não há sequer consenso em se considerar uma forma de autismo), não o é tanto para os casos extremos, quando não há "nem a capacidade cognitiva de falar nem de dizer o que pensam ou sentem, quanto menos de se organizar política e comunitariamente" (Ortega, 2009, p.75). Para estes (ou, melhor, para seus pais e mães, para aqueles que se colocam como zeladores de seu bem-estar), as formas de integração ou normalização, denunciadas pelos defensores da diferença autista, parecem ser o único caminho para a minoração de severas limitações.

Assim, emergem conflitos sobre quem pode falar em nome dos autistas – ou em nome de quais autistas. As fronteiras da identidade autista não são facilmente definidas (Baker, 2006; Ortega, 2008). Se é razoável pensar que indivíduos incapacitados precisam ser tutelados, por outro lado o impulso para obter uma voz própria é legítimo e deve ser respeitado. O caso do movimento da neurodiversidade expõe tanto as dificuldades próprias de uma situação limite, quanto a possibilidade de que *falar com a própria voz* é um bem a ser estimulado a todos os que dele possam usufruir.

Em suma, da mesma maneira que a qualidade da representação é um indicador da qualidade da democracia enquanto realização da autonomia coletiva, a representação democrática exige que se fomente a autonomia individual, isto é, que as pessoas sejam capazes

264   LUIS FELIPE MIGUEL

de produzir seus próprios interesses a partir da reflexão crítica sobre o mundo e do diálogo com seus semelhantes. Formas de representação como *advocacy*, embora possam trazer benefícios em curto prazo para integrantes de um ou outro grupo social, não estimulam o exercício dessas autonomias.

A ideia de *advocacy* tende a equivaler interesses e necessidades ou mesmo priorizar estas últimas. Trata-se de uma posição congruente com seu viés paternalista – a ênfase em necessidades, em vez de interesses, "acomoda-se mais facilmente com a decisão por *experts*, em favor do grupo necessitado" (Phillips, 1995, p.73). Ressoa os argumentos das defensoras do pensamento maternal, que rejeitam expressamente os interesses "egoístas" em favor de uma política com estofo moral, voltada à satisfação das necessidades (Diamond e Hartsock, 1981). Necessidade, no entanto, remete a uma categoria pré-política. É na construção dos interesses que se pode exercer uma ação autônoma.

A ideia de autonomia é central porque implica tanto a capacidade de os indivíduos produzirem, coletivamente, seus próprios interesses quanto de renegociarem suas identidades e pertencimentos de grupo. "Autonomia" não significa que o *self* paira acima e além das relações sociais que o constituem. Mas também não é uma ilusão, uma vez que não seríamos mais do que um produto do nosso pertencimento comunitário – o "quem sou eu?" descartando o "que objetivos eu escolho?", como no relato de Sandel (1998 [1982]). Autonomia significa que, embora sejamos seres sociais, somos capazes de desenvolver competências que nos permitem avaliar criticamente as tradições e valores que herdamos (Barclay, 2000). Entendida como um bem social, necessário à democracia, estabelece a necessidade de universalização dos recursos materiais, informacionais e cognitivos que permitem seu desenvolvimento.

O ideal de autonomia é tanto individual quanto coletivo. Uma certa ortodoxia de esquerda denuncia as "noções individualistas de autodeterminação e autonomia do indivíduo, tão caras às projeções da direita neoliberal" (Altamira, 2008 [2006], p.35) – como se uma pretensa emancipação coletiva pudesse prescindir da emancipação

DEMOCRACIA E REPRESENTAÇÃO   265

individual. A defesa da autonomia individual, entendida como a capacidade de reflexão crítica em relação ao grupo social, nada tem a ver com o individualismo abstrato ou a ideia de que a sociedade não existe, à *la* Margaret Thatcher. É um valor que necessita de determinadas condições sociais para se constituir e que estabelece um dos indicadores da qualidade da democracia. E que fortalece os compromissos com o coletivo, na medida em que se tornam mais reflexivos, esclarecidos e pactuados.

Ao mesmo tempo, é importante o entendimento de que a representação envolve uma forma de exercício de poder sobre os representados; portanto, a pluralidade social nos espaços de representação não resolve o problema da igualdade política. Mesmo com a realização ideal de uma representação descritiva, em que o corpo de representantes espelhe perfeitamente o conjunto dos representados, há a manutenção da concentração da capacidade de ação política em alguns poucos indivíduos – que espelhariam melhor a população, é verdade, mas continuariam formando uma elite diferenciada. É necessário não esquecer os problemas da redistribuição do capital político e do aprimoramento dos mecanismos de supervisão dos representados sobre os representantes.

Não se trata de eliminar a discussão sobre perspectivas, mas de centrar a defesa da presença política no entendimento de que a exclusão de determinados grupos dos espaços de tomada de decisão é uma forma de injustiça e tanto reflete quanto realimenta um déficit de poder desses grupos. Sem isso, o foco na representação de perspectivas sociais diversas, inspirado por Young, tem contribuído para obscurecer a centralidade da disputa de interesses na política, nivelando os três elementos identificados na representação (interesses, opiniões, perspectivas) e desinflando a relação, que é necessário enfatizar, entre as perspectivas sociais e a produção das preferências.

Por outro lado, a opção pela *advocacy* recoloca os interesses no centro, mas não valoriza os processos de formação autônoma desses interesses. A dimensão de exercício de poder, presente na representação, é deixada em segundo plano; e o papel das perspectivas sociais na produção das preferências e dos interesses é negligenciado. Tais problemas se revelam já nas formulações de Nadia Urbinati e são agravados naquelas leituras que transferem a *advocacy* para espaços extraparlamentares, retirando de cena os instrumentos institucionais de autorização e *accountability*. Não se trata de pretender que a representação formal, por meio de eleições, seja a única dotada de potencial de legitimidade, mas de entender que mecanismos de autorização e *accountability* devem ser buscados em todas as formas de representação que se queiram democráticas.

É importante observar que embora muitas vezes autorização e *accountability* sejam interpretadas como facetas do processo eleitoral, não se resumem a ele. As eleições são um meio para a obtenção da autorização e para a efetivação da *accountability*, que, por uma série de razões, se firmaram como o meio por excelência na primeira dimensão, de transferência formal de poder decisório, da representação política. Mas outros meios estão em funcionamento de maneira mais informal e permanente na esfera pública discursiva, que permitem que grupos e indivíduos reconheçam seus porta-vozes, ao mesmo tempo que esperam que eles se justifiquem diante de si. A tarefa de quem busca aprofundar o caráter democrático dessa representação é preservar e aprimorar esses mecanismos, não descartá-los em nome da *expertise* superior dos pretensos representantes.

Ao mesmo tempo, autorização e *accountability* não podem ser reduzidas à manifestação de preferências prévias a serem agregadas, um problema que já é crucial na concepção de *advocacy* de Urbinati. Os mecanismos de autorização e *accountability* preveem exatamente um processo em potencial e sempre em aberto de troca de razões entre representantes e representados; isto é, autorização e *accountability* são processos dialógicos. Os argumentos de eficiência e *expertise* ignoram a exigência dessa troca, colocando em seu lugar a sensibilidade e a boa vontade, o que representa a abdicação do ideal democrático de ampliação da igualdade.

A aposta nas virtudes da representação por meio de *advocates* parece, de fato, animada pelo desejo de contornar o problema da relação entre igualdade e democracia. Com a aparente irrevogabilidade do capitalismo e o refluxo da defesa de uma ordem social mais igualitária, atrelar a possibilidade de uma democracia efetiva à redução das desigualdades parece impor um veredito negativo: não teremos uma democracia melhor do que a que já temos. Cria-se, então, uma solução que elide a questão. Aqueles que possuem menos recursos (materiais, em primeiro lugar, mas também culturais, no sentido do "capital cultural" de Bourdieu) para a participação política encontram porta-vozes dispostos a prover suas necessidades e seu bem-estar. É uma falsa solução, que perpetua a exclusão política e não valoriza a conquista da autonomia.

Ao mesmo tempo, a literatura – muito volumosa na ciência política brasileira – que enaltece o papel das organizações da sociedade civil ou, de maneira mais ampla, a emergência de "novas arenas participativas", na forma de conselhos e conferências de políticas públicas ou mesmo de orçamentos participativos, tende a ignorar os "velhos espaços representativos". Essa literatura já superou seu viés inicial, que acabava por aceitar ao pé da letra o autodiscurso desses espaços e analisá-los como se fossem ambientes de participação política direta, não de uma nova modalidade de representação (para uma crítica, cf. Miguel, 2003). Mas a relação com as instâncias representativas tradicionais é, como regra, ignorada.

É possível fazer um paralelo com a estratégia leninista de duplo poder, tal como formulada nas "Teses de abril" e em outros textos escritos no calor da Revolução Russa.[14] Mas Lênin procurava estabelecer uma estratégia revolucionária em que a relação entre o poder dos sovietes e o poder do parlamento "burguês" era um problema central. A dualidade de poderes indicava um impasse, que precisaria ser resolvido em favor de um ou outro dos interesses em choque. É próprio do pensamento de Lênin o entendimento de que as instituições da democracia representativa são impermeáveis aos interesses das classes dominadas, podendo talvez manipulá-los, mas nunca atendê-los. A tarefa que, então, ele se propunha era o esvaziamento do parlamento e a concessão de "todo o poder aos sovietes", segundo a célebre palavra de ordem.

---

14 Cf. Lênin (1978 [1917], 1985 [1917]).

268   LUIS FELIPE MIGUEL

Embora não haja, nem de longe, uma teorização similar, as análises focadas nas novas arenas representativas também partem de uma desesperança com os mecanismos de representação tradicionais, fundados em eleições, em parlamentos e na competição partidária. A primeira virtude desses novos espaços seria o fato de não estarem contaminados pelas dinâmicas políticas antigas. Mas não há o enfrentamento do que significa essa convivência entre duas lógicas diferentes de legitimação política. Ao contrário, ocorre uma acomodação tácita entre o poder político convencional, com suas práticas viciadas, e os espaços participativos que incidem sobre uma fatia secundária dos recursos simbólicos e materiais do Estado e não têm condições de promover um reordenamento abrangente da ordem social, mas influenciam agendas específicas e propiciam medidas compensatórias localizadas para grupos em desvantagem. Uma acomodação que abre mão do horizonte da igualdade política e do aprofundamento da democracia.

De uma maneira que à primeira vista talvez pareça paradoxal – pois cada lado da moeda se associa a uma tradição intelectual diferente e muitas vezes oposta –, penso ser necessário combinar a atenção às formas de superação das desigualdades políticas, que atendem aos requisitos normativos de um aprofundamento da democracia, com o reconhecimento realista de que "política diz respeito a interesses e poder". Enfim, esse percurso leva, uma vez mais, à compreensão de que os problemas da representação não se entendem plenamente a não ser considerando outras dimensões além da tomada de decisões: a dimensão da participação no debate público (que não se esgota nos espaços formais, como o parlamento ou os conselhos, mas se espraia de diferentes formas, por meio, sobretudo, da mídia) e a dimensão da produção dos interesses. E afirma a necessidade de uma teoria da representação que volte a dar centralidade à categoria do "interesse", mas que leve em conta os processos sociais de produção dos interesses. É a questão da igualdade, enfim, que promove o cruzamento da discussão sobre representação política com a discussão sobre justiça.

Representação e justiça

Como visto nos capítulos anteriores, a discussão sobre a representação política tende a oscilar entre dois polos. Um deles é ligado à estabilidade dos governos e privilegia fórmulas que garantem a formação de maiorias nítidas nos órgãos de tomada de decisão política. O outro favorece o acesso dos diferentes grupos e posições políticas aos espaços decisórios. Como resultado, o exercício do governo se torna mais complexo e requer um esforço maior de negociação e composição. A representação fidedigna dos diversos grupos e posições, no entanto, é apresentada como um imperativo de justiça que, portanto, sobrepuja as injunções de caráter mais prático evocadas pelos defensores de soluções que maximizem a estabilidade política.

Assim, nas discussões sobre representação política, em especial entre aqueles autores que apresentam um viés crítico em relação aos mecanismos representativos atuais, é frequente que o adjetivo "justo" seja utilizado para indicar uma fórmula desejável de representação. Mas raras vezes a justiça da representação é problematizada. "Justiça" entra na discussão em registro próximo ao do senso comum, como sendo simplesmente uma questão de dar a cada um o que lhe é de direito. Esse entendimento, no entanto, é questionado pelos debates no âmbito da teoria da justiça, que mostram que a formulação até pode ser aceita por todos, mas resta uma profunda

270   LUIS FELIPE MIGUEL

controvérsia sobre o significado de seus termos: quem se qualifica para participar deste "cada um" e o que é o "de direito" que lhe deve ser concedido.

Em suma, as teorias da representação política – como as teorias da democracia, de forma mais geral – dialogam pouco com as teorias da justiça. E a recíproca também é verdadeira. Uma ordem política democrática é em geral (mas nem sempre) incorporada como elemento necessário na constituição de uma sociedade justa. Porém, pouco se avança no detalhamento das características desta democracia, para além da vigência do Estado de direito, da igualdade política formal ou do franqueamento dos cargos de poder potencialmente a todos.

Um sobrevoo pelas teorias contemporâneas da justiça confirma essa afirmação. Deixo de lado, por ora, dois nomes centrais, John Rawls e Ronald Dworkin, que encarnam duas vertentes do liberalismo igualitário e que serão discutidos em maior detalhe mais adiante, neste mesmo capítulo. Em abordagens que elaboram de maneiras distintas a crítica ao liberalismo igualitário, como em Robert Nozick, no pensamento comunitarista e mesmo na teoria da justiça de Iris Marion Young, a democracia, em geral, e a representação política, em particular, são problematizadas, quando muito, de forma insuficiente. Uma exceção é o pensamento de Nancy Fraser, que, no entanto, dá uma solução pouco convincente à questão.

A obra de Nozick situa-se ainda no liberalismo, mas nos antípodas de Rawls e Dworkin. Sua defesa da desigualdade, vista como consequência inevitável do exercício da liberdade, e das relações de mercado, vistas como intrinsecamente não coercitivas, leva-o a defender o menor Estado possível. Com isso, fica restrito tanto o espaço da democracia – para ele, uma forma de escravidão diante da coletividade (Nozick, 1974, p.290-2) – quanto o da representação política. A liberdade dos indivíduos deve ser protegida ao máximo de qualquer interferência externa, e a única função do Estado é garantir as condições para o exercício dessa liberdade. Portanto, o conteúdo da ação estatal já está definido *a priori* e não está sujeito a debate. Outras formas de representação, isto é, de autorização

DEMOCRACIA E REPRESENTAÇÃO   271

expressa ou implícita para que outras pessoas falem ou deliberem em nosso nome, são entendidas como voluntárias, revogáveis e, mais importante, operam em fóruns que não têm capacidade de impor compulsoriamente suas decisões. Em suma, o atomismo de fundo da teoria de Nozick gera desconfiança em relação às instituições democráticas e, ao mesmo tempo, torna desimportante a discussão sobre a representação política. Por caminhos opostos, Michael Sandel chega a uma posição assemelhada. Tomo-o aqui como representante da corrente "comunitarista"; embora talvez Charles Taylor ou Alasdair MacIntyre tenham maior profundidade filosófica, é Sandel quem se coloca com mais clareza no debate teórico-político e sustenta a oposição ao liberalismo igualitário de Rawls. O âmbito da discussão sobre representação é esvaziado (mas não anulado) pelo entendimento das identidades comunais como dados prévios à agência dos indivíduos e com limitado espaço de negociação. Os problemas que ainda mereceriam atenção, como os ligados ao acesso à esfera pública e à composição dos espaços decisórios, são deixados de lado pelo autor, que nem mesmo os cita, quer em sua obra de maior fôlego (Sandel, 1998 [1982]), quer em seus cursos dirigidos ao público amplo (Sandel, 2012 [2009]).

Michael Walzer é outro representante da vertente "comunitarista" da teoria política, embora seja, entre os nomes normalmente associados a ela, aquele que apresenta uma posição mais reflexiva e uma relação mais complexa com o liberalismo. Sua ideia de que a sociedade se compõe de "esferas" separadas, em que imperam critérios distintos de distribuição de bens, vantagens e posições, contribuiria para a produção de um critério normativo de representação política imune às desigualdades de propriedade, renda ou *status* (Walzer, 1983).[1] No entanto, a questão da representação política é discutida (muito brevemente) em uma única passagem sobre cotas

---

1 Ou então a justificar qualquer forma de desigualdade na representação, desde que assentada nas tradições compartilhadas, conforme aponta a demolidora crítica de Dworkin (2005 [1985], cap.10).

272 LUIS FELIPE MIGUEL

para o preenchimento de cargos públicos; e, mais adiante, descartada como uma entre muitas questões técnicas que devem participar da esfera do poder político e, nele, ser tratadas de forma independente do controle da riqueza material (Walzer, 1983, p.302).

Já Iris Marion Young, cuja obra foi referência importante ao longo deste livro, produziu tanto uma teoria da justiça, em *Justice and the Politics of Difference* (Young, 1990), quanto uma teoria da representação política, em *Inclusion and Democracy* (Young, 2000). No entanto, são esforços em paralelo que não dialogam suficientemente entre si. É possível dizer que a teoria da justiça de Young, com sua crítica ao ideal da imparcialidade e o foco no enfrentamento da opressão e da dominação, pode ser um suporte melhor para a construção de uma teoria crítica da representação do que sua própria teoria da representação. Mas é um esforço a ser produzido a partir de sua obra. A defesa enfática da representação de grupos não se constitui em uma teoria da representação política propriamente dita.[2] Em sua obra publicada postumamente, em que polemiza com teorias recentes da justiça discutindo a relação entre responsabilidade individual e estrutura social, a representação política é um tema ausente (Young, 2011).

Já quando foca nos problemas da representação política, Young se furta a discutir o sentido da justiça. Falando, naquele momento, de dentro do campo do deliberacionismo, sua primeira preocupação é mostrar como, nas trocas discursivas, a busca pelo interesse individual precisa se transformar em reclamos por justiça (Young, 2000, p.51, 82, 115). O que torna justo um modelo de representação política, porém, continua sendo tratado ao nível do senso comum.

Uma exceção, nesse quadro, é o esforço recente de Nancy Fraser. Sem ter construído uma teoria da justiça que esteja desenvolvida de forma plena, Fraser elaborou um influente modelo analítico, observando que os grupos submetidos à injustiça sofriam tanto pela impossibilidade de acesso à riqueza ou a determinadas posições sociais, quanto pela apreciação negativa dada a

---

2 Cf. o capítulo "Perspectivas sociais e dominação simbólica".

DEMOCRACIA E REPRESENTAÇÃO **273**

seus valores, crenças, comportamentos e modo de vida. Assim, a luta por justiça envolveria um elemento econômico (a busca por redistribuição dos benefícios materiais existentes na sociedade) e outro cultural (a busca pelo reconhecimento). Tanto a tradição marxista, que dá primazia absoluta ao aspecto econômico, quanto o idealismo honnethiano, que constrói um conceito de reconhecimento englobando tudo, pecariam por tentar reduzir a uma única dimensão algo – a luta por justiça – que necessariamente inclui esses dois aspectos distintos.

Embora ela tenha feito questão de assinalar o caráter analítico da distinção, dado o entrecruzamento entre instituições materiais e práticas culturais (Fraser, 1997, p.15), a separação entre as duas dimensões sempre foi o calcanhar de Aquiles de sua teoria. Não basta afirmar, numa ressalva ao texto, que as práticas culturais possuem base econômica ou que as instituições econômicas são constituídas pela cultura. O modelo bidimensional tende a estabelecê-las como esferas distintas, exigindo permanentes alertas e correções *ad hoc*.

Na obra posterior, Fraser percebe a existência de uma terceira grande esfera social, ao lado da cultura e da economia, que é a política; e acrescenta uma dimensão da justiça associada a ela, a "representação". A dimensão política da injustiça é a representação inadequada (*misrepresentation*), seja na forma da ausência ou da insuficiência de representação. São identificados dois tipos de representação inadequada. O primeiro, que ela chama de "comum" e julga desprovido de maior interesse para a discussão teórica, ocorre quando determinados grupos dentro da comunidade política estabelecida não possuem o acesso devido às instâncias decisórias. Segundo ela, é algo que pertence "ao terreno familiar dos debates da ciência política sobre os méritos relativos de sistemas eleitorais alternativos" (Fraser, 2009, p.19). A redução dos problemas "comuns" de representação à opção entre sistemas eleitorais –meras "tecnalidades", em seus próprios termos (Fraser, 2009, p.145) –, ignorando questões como a formação das preferências, o controle da informação, o impacto das desigualdades sociais ou o distanciamento entre representantes e representados, é uma das lacunas mais sérias da

274   LUIS FELIPE MIGUEL

formulação de Fraser e possui consequências para o desdobramento de sua argumentação.

Já o segundo tipo de representação inadequada se vincula ao que ela denomina "enquadramento" e à crise da ordem "keynesiana-westphaliana": o fato de que o Estado nacional "limita arbitrariamente (*gerrymanders*) o espaço político" (Fraser, 2009, p.21). Fraser argumenta então que a definição – política – das fronteiras torna-se um impedimento à realização da justiça, na medida em que retira direitos das populações não nacionais. Mas a discussão sobre representação é pouco convincente. Fraser não consegue justificar por que a questão do "enquadramento" constituiria uma ordem diferente de outras, para ser relegada ao limbo dos problemas comuns, desinteressantes para a reflexão teórica. O debate sobre a fixação da *constituency* não é novo, nem se limita à vinculação com as fronteiras nacionais. Os impasses mais graves na representação democrática têm a ver com a formação das preferências – que se relacionam com os fluxos de informações e com as múltiplas assimetrias e desigualdades sociais –, coisa que a Fraser de "Rethinking the public sphere" (Fraser, 1992) sabia muito bem, mas que a Fraser de *Scales of Justice* parece ter esquecido. Reduzir o debate da ciência política à escolha entre sistemas eleitorais, como ela faz mais de uma vez ao longo de seu livro, só se explica por uma ignorância que a autora não tem como invocar.

Em especial, há que se perguntar qual vantagem se extrai da fusão entre justiça e democracia promovida pela introdução da terceira dimensão. No modelo de Fraser, a democracia passa a ser um aspecto da justiça. No entanto, provavelmente estaremos melhor equipados se mantivermos os dois conceitos – que cultivam um estreito diálogo entre si, é verdade, mas não se sobrepõem, nem se confundem. Arranjos políticos democráticos podem, sim, promover ou preservar injustiças. E instrumentos de justiça não são necessariamente democráticos. Podem se escorar em critérios de merecimento, podem privilegiar injunções utilitárias, podem mesmo – como nos mecanismos de "justiça local" descritos por Elster (1992) – adotar fórmulas igualitárias, mas não

DEMOCRACIA E REPRESENTAÇÃO **275**

democráticas, na medida em que não contemplam a participação dos interessados.

É exatamente por isso – porque um lado não encapsula o outro – que a relação entre teoria da representação e teoria da justiça se configura como um problema interessante. Neste capítulo, vou buscar um duplo movimento de identificar o que duas das principais abordagens contemporâneas da teoria da justiça têm a nos dizer sobre a representação política e, ao mesmo tempo, entender como elas podem nos ajudar a qualificar melhor uma representação "justa".

De forma pouco surpreendente, começo com John Rawls, que, desde a publicação de seu tratado, em 1971, tornou-se o ponto de partida inescapável de qualquer discussão contemporânea sobre justiça. Embora a democracia política certamente pertença à "estrutura básica" da sociedade desenhada por Rawls e algumas de suas características formais sejam justificáveis pelo princípio da igual oportunidade, pouco há, na teoria rawlsiana, que se enderece de forma nítida às discussões sobre representação política. E, como pretendo demonstrar, o princípio da diferença, coração do igualitarismo de *Uma teoria da justiça*, transplanta-se muito mal à discussão sobre representação política, contribuindo para endossar noções paternalistas que, sem se assumirem como tal, permanecem em voga.

O segundo teórico discutido, que se alinha a Rawls na posição do liberalismo comprometido com o valor da igualdade, é Ronald Dworkin. O objetivo de sua empreitada teórica – viabilizar um arranjo social sensível às escolhas dos indivíduos, mas neutralizador das assimetrias devidas ao acaso – guarda pontos de contato com modelos como o *Welfare State*. Mas o espaço da disputa política e, em particular, da representação fica contraído devido às limitações impostas por Dworkin no que se refere aos tipos de preferências que podem legitimamente ser levadas em conta nas decisões coletivas.

A partir das contribuições de Rawls e Dworkin – e da compreensão de seus limites – é possível sugerir alguns caminhos para juntar democracia, representação e justiça. No quadro de uma sociedade desigual, a representação política deve almejar a neutralidade ou formas de compensação das assimetrias? Ela deve refletir

276   LUIS FELIPE MIGUEL

ou reconstruir interesses e identidades coletivas? Sua unidade é o indivíduo ou o grupo?

A obra de John Rawls se tornou, por bons motivos, o ponto de partida irrecusável para qualquer discussão contemporânea sobre a justiça. Embora o próprio autor preferisse enfatizar as continuidades, são profundas as transformações que sua teoria sofre entre *Uma teoria da justiça* (Rawls, 1971) e *O liberalismo político* (Rawls, 2005 [1993]). No processo, Rawls acaba por "esmaecer a forte pretensão universalista de sua teoria da justiça", transformando-a num deciframento e numa justificação das bases normativas das sociedades ocidentais, conforme apontou Habermas (1997 [1992], v.1, p.86).[3]

A formulação de Rawls em *A teoria da justiça* é bem conhecida. Uma sociedade bem ordenada se guia pelos dois princípios da justiça: o da igual oportunidade (cada um deve ter direito ao mais abrangente sistema de liberdades básicas que seja compatível com um sistema de liberdades iguais para todos) e o da diferença (qualquer desigualdade na sociedade só é justificada se for vantajosa para todos ou, ao menos, para os mais desfavorecidos e se estiver vinculada a posições acessíveis a todos). Na narrativa de Rawls, tais princípios seriam pactuados por "indivíduos representativos" das diferentes posições sociais presentes na "posição original", o momento zero do contrato que estabelece a estrutura básica da sociedade (Rawls, 1971, p.64). Mas não há, aí, alguma forma de *representação política*.

Tais indivíduos são representantes apenas no sentido amostral; não possuem representados que os autorizem, com quem mantenham interlocução ou por cujos interesses devam zelar. Na sua criticada afirmação de que as partes na posição original podem ser pensadas como "chefes de família" (*heads of families*), portanto desejosas de "promover o bem-estar de seus descendentes mais próximos" (Rawls, 1971, p.128), ele se refere a elas também como "representantes de família". No entanto, o que está em funcionamento é um mecanismo de subsunção de interesses, não de representação: Rawls presume que

---

3   Curiosamente, algo similar poderia ser dito da trajetória do próprio Habermas, das formulações originais da teoria do agir comunicativo ao *Direito e democracia*.

DEMOCRACIA E REPRESENTAÇÃO 277

cada chefe de família incorpora os interesses dos outros integrantes – cônjuge, filhos, netos – no seu próprio.[4] Para além dos laços afetivos e dessa presumida subsunção, a proteção aos interesses dos outros derivaria apenas da similaridade da posição social entre o "indivíduo representativo" e o restante do grupo. Mesmo aí, há um vínculo tênue. Os indivíduos na posição original estariam sob um "véu da ignorância", que impediria que conhecessem sua própria situação social e suas próprias preferências. Essas restrições retiram quase toda diferença entre os grupos sociais que se fariam representados. A rigor, um único indivíduo racional, sob o véu da ignorância, alcançaria, sozinho, os dois princípios da justiça, sem necessidade de diálogo, conforme apontam inúmeros críticos de Rawls (em particular, Sandel, 1998).

Embora a estrutura básica desenhada por Rawls seguramente contemple as instituições da democracia representativa, elas não constituem um problema importante em *Uma teoria da justiça*. O princípio da diferença sustenta, até certo ponto, a ideia do governo representativo. Sua primeira parte – desigualdades são justifica- das quando beneficiam todos – pode ser invocada para afirmar a necessidade de existência de governo. Embora seja estabelecido um diferencial de poder entre governantes e governados, os ganhos em ordem e segurança, bem como as vantagens advindas da especiali- zação nas tarefas administrativas, mostrar-se-iam potencialmente benéficos para todos. Correntes importantes do pensamento polí- tico, a começar pelos anarquistas, discordariam dessa afirmação, mas não há como negar que ela é tanto plausível quanto amplamente difundida.

Já a segunda parte – posições acessíveis a todos – retira do car- dápio de opções aceitáveis as formas dinásticas ou oligárquicas de governo. Assim, há necessidade de governo e esse governo deve ser escolhido por algum processo competitivo aberto a todos. Mas nós preenchemos esse espaço com a ideia de uma disputa eleitoral

---

4 Para uma crítica de orientação feminista, ainda que simpática à empreitada teórica de Rawls, cf. Okin (1989).

278   LUIS FELIPE MIGUEL

que promove uma relação de representação entre eleitos e eleitores apenas por nossa familiaridade com o ambiente em que a teoria foi produzida. A rigor, os requisitos seriam cumpridos também por provas de conhecimentos, por torneios de oratória, por sorteios ou mesmo por um combate de *monster trucks*, como no filme *Idiocracy*, de Mike Judge (2006). Rawls retira essa indeterminação ao estabelecer o valor da competição eleitoral como uma das liberdades fundamentais. De fato, a liberdade política, definida como "o direito de votar e de ser eleito para cargo público" ocupa o primeiro lugar na lista que Rawls faz das "liberdades básicas" (Rawls, 1971, p.61). A definição já denuncia um entendimento limitado da política, reduzida à competição pela ocupação de posições formais de poder. É possível conceder, no entanto, que as outras condições necessárias para a livre atividade política são contempladas no restante da relação das liberdades básicas de Rawls, que inclui as liberdades de expressão e de assembleia, apresentadas expressamente como relacionadas à liberdade política, tal como ele a define, bem como a liberdade de pensamento.

No entanto, há dois problemas principais vinculados ao espaço que a democracia representativa é capaz de ocupar no arcabouço teórico de Rawls: o *espaço reduzido concedido à política em geral*, e o *potencial viés paternalista do princípio da diferença*.

O primeiro deles é amplamente anotado pela literatura – na verdade, constitui uma crítica dirigida com frequência também à obra de Ronald Dworkin – e eu retomo brevemente aqui os argumentos principais. *Todas* as questões fundamentais estão resolvidas na posição original, que estabelece os princípios da justiça e delineia a estrutura básica da sociedade. Mas na posição original, como vimos, não há representação política. Na sua célebre explicação da "sequência de quatro estágios", que estabelece os procedimentos para a tomada de decisões políticas, Rawls (1971, p.195-201) determina que, à posição original segue-se uma convenção constituinte, para a qual é retirada uma parte do véu da ignorância. Os indivíduos continuam sem conhecer suas concepções de bem ou posições na sociedade, mas já têm acesso a fatos gerais sobre ela (seus recursos

DEMOCRACIA E REPRESENTAÇÃO   **279**

naturais ou seu grau de desenvolvimento econômico, por exemplo).
Fica claro que, pelos mesmos motivos presentes na posição original,
no estágio da convenção constituinte também não há espaço para a
representação política.

O terceiro estágio, o legislativo, consiste na aplicação da constituição à sociedade por um legislador que, conforme Rawls explicita,
"como sempre, não conhece suas próprias particularidades" (Rawls,
1971, p.198). Há um movimento de ida e volta entre o segundo e
o terceiro estágios, uma vez que a constituição deve ser adaptada
às circunstâncias reais. A divisão entre o estágio constitucional e o
estágio legislativo corresponderia, em linhas gerais, à divisão entre o
primeiro princípio, da igual oportunidade, e o segundo, da diferença
(Rawls, 1971, p.199). A aplicação do princípio da diferença exige
mais informação; segundo Rawls, a determinação da justiça ou não
das políticas econômicas e sociais é "comumente sujeita a diferenças
razoáveis de opinião" (Rawls, 1971, p.199). Ainda assim, é requerida
a imparcialidade do legislador que não sabe sua própria posição
social e, portanto, não é um representante.

O quarto estágio, finalmente, é a aplicação das regras aos casos
particulares; somente aqui há a retirada completa do véu da ignorância. Mas a produção da norma não está mais em jogo. Em todo
o modelo, não há espaço para a representação política. O obstáculo
que a impede é a exigência de *imparcialidade*, seja na fixação das
regras, seja na sua aplicação aos casos. A representação política
possui um caráter inequivocamente parcial, e a justiça que se pode
buscar nela não está na transcendência dessas parcialidades, mas na
capacidade de dar presença e peso adequados a cada uma das partes.

Há um elemento constante, no pensamento de Rawls, que é a
desconfiança em relação ao conflito entre interesses parciais. Ele é
explícito ao afirmar que o único fundamento legítimo do voto – o
que, no contexto, significa toda forma de ação política pública – é
a busca do bem comum, apoiando-se expressamente na noção de
"vontade geral" de Rousseau (Rawls, 2005 [1993], p.219-20).

Assim, Rawls é um exemplo daquilo que Nadia Urbinati, tratando de outros autores, chamou de "democracia apolítica", que

280 LUIS FELIPE MIGUEL

dissolve o julgamento político num tipo de julgamento judicial, marcado exatamente pela exigência de imparcialidade (Urbinati, 2010). Esse ponto é frequentemente indicado por críticos de Rawls: para ele, "uma sociedade bem-ordenada é uma sociedade da qual a política foi eliminada" (Mouffe, 2005 [2000]), p.29). Ele "apresenta uma tecnocracia despolitizada. [...] A justiça deve ser determinada em perpetuidade antes do advento do governo e da iniciação da política. Sua justiça se situa literalmente além da política" (Jackson, 1983 [1980], p.264).

Quando Rawls traz sua teoria à terra, em *O liberalismo político*, o banimento da política assume uma nova forma. Como é sabido, na fase final de Rawls as ideias de posição original e de véu da ignorância perdem centralidade; em seu lugar, surge a noção de um "consenso sobreposto de doutrinas razoáveis". Ele aceita que estamos condenados a conviver com uma pluralidade de doutrinas, todas plausíveis embora incompatíveis entre si. Esse "pluralismo de doutrinas razoáveis", que Rawls distingue criteriosamente do "pluralismo propriamente dito", fruto da busca de interesses conflitantes, é uma consequência dos "limites da razão". Como nossa razão é limitada, não temos como ter certeza da verdade e somos obrigados a aceitar doutrinas opostas como legítimas. A questão é como lidar com isso, garantindo a estabilidade social e a aplicação de princípios universais de justiça.

Não cabe aqui discutir a solução encontrada pelo autor e sintetizada na fórmula do "consenso sobreposto". O ponto é observar que, na teoria da justiça de Rawls, o pluralismo não é um *valor* (como na tradição liberal), mas um problema a ser enfrentado, conforme apontou Galston (apud Dryzek, 2010, p.88). Ele não deriva de alguma qualidade humana que se valorize positivamente, mas de uma *insuficiência* da nossa razão. Sob esse ponto de vista, Rawls não está tão distante de Auguste Comte, para quem só existia liberdade de consciência na política porque, nela, o conhecimento científico ainda não avançara o suficiente. Quando avançasse, a política se reuniria à física e à química, áreas em que não há liberdade de pensamento, pois "qualquer um acharia absurdo não depositar sua confiança nos

DEMOCRACIA E REPRESENTAÇÃO 281

princípios estabelecidos, nessas ciências, pelos homens competentes" (Comte, 1895 [1822], p.53). O processo político, assim, tem para Rawls um importante componente epistêmico. Ele deve levar às respostas certas para as questões levantadas pela sociedade. A justeza da resposta não é uma derivação do procedimento – como pensar, por exemplo, que o resultado "correto" de uma eleição é aquele produzido pela melhor aplicação das regras democráticas, independentemente de qual seja o vencedor. Para o filósofo estadunidense, há respostas certas de antemão e é necessário encontrar procedimentos que maximizem as chances de alcançá-las.[5] Nas palavras de um seguidor brasileiro de Rawls,

> a questão central [é a] de como é possível aprimorar aquilo que pode ser denominado "valor epistêmico" da democracia – a probabilidade de que o processo democrático se presta a alcançar decisões políticas que sejam não somente majoritárias como também corretas. (Vita, 2008, p.122)

Se Comte não se qualifica como um bom padrinho para a concepção epistêmica, há outros nomes, da tradição do pensamento democrático, que podem assumir tal posição. Rousseau é o exemplo mais evidente: a vontade geral precede a decisão política e o papel do processo deliberativo não é gerá-la, mas identificá-la de maneira acertada. O problema é que a visão epistêmica da política possui raízes mais fortes no pensamento antidemocrático. Está no coração do argumento platônico contra a democracia: se a questão é encontrar as respostas certas, um grupo de especialistas certamente se sairá melhor do que a turba ignorante.

---

5 Rawls também elabora esse ponto como uma oposição entre a "democracia procedimental", em que a regra da maioria sempre impera, e a "democracia constitucional", que garante a observância dos princípios da justiça (Rawls, 2001, p.145). A dicotomia faz sentido no quadro do seu pensamento, no qual os princípios da justiça não dependem de qualquer procedimento de caráter majoritário para se estabelecerem.

282 LUIS FELIPE MIGUEL

A essa visão epistêmica se une a preocupação de reduzir o nível de conflito na sociedade, central sobretudo para o Rawls de *O liberalismo político*. O consenso sobreposto de doutrinas razoáveis visa garantir que os elementos centrais do ordenamento social não serão desafiados por nenhum grupo. O objetivo, afinal, é gerar "um regime democrático duradouro e seguro, que não esteja dividido por correntes doutrinárias em conflito ou classes sociais hostis" (Rawls, 2005 [1993], p.38). Doutrinas que se oponham ao consenso sobre os princípios do bom ordenamento devem ser contidas como se fossem uma doença (Rawls, 2005 [1993], p.64).

É particularmente importante, no contexto da presente discussão, a recomendação de Rawls de que "uma visão liberal remove da agenda política as questões que geram mais divergência, [pois] uma disputa séria sobre elas acaba por minar as bases da cooperação social" (Rawls, 2005 [1993], p.157). O modelo de Rawls, como sempre, é o conflito religioso que irrompeu na Europa a partir da Reforma, no século XVI, e que se resolveu com a separação entre religião e política. Se hoje nós consideramos, com bons motivos, que tal separação é um ganho – e, na verdade, uma condição necessária da possibilidade de democracia –, seguramente é um erro supor que todas as questões mais polêmicas da agenda política são da mesma natureza. Muitas delas dizem respeito ao acesso ao poder e à distribuição dos frutos da cooperação social, para ficar com a terminologia do próprio Rawls. Uma vez que, conforme ele mesmo admite, há um intervalo de indeterminação na aplicação dos princípios gerais da justiça, eliminar tais questões da agenda (que dizem respeito, por exemplo, à igualdade entre os sexos, à proteção do meio ambiente ou ao controle dos meios de produção) significa simplesmente eternizar o *status quo*.

Por isso, como diz Carole Pateman, para os "rawlsianos metodológicos" – uma expressão que ela aproveita de Wayne Norman (1998) para indicar os filósofos morais analíticos que seguiram a trilha aberta por *Uma teoria da justiça* – "uma concepção política fica isolada de ideias, crenças e valores capazes de gerar conflitos, em um castelo neutro por trás de um fosso com ponte levadiça" (Pateman,

2009 [2002], p.198). No mundo de Rawls, a política se torna irrelevante: as questões ou estão resolvidas de uma vez por todas ou não devem entrar na pauta. Os direitos políticos dos cidadãos, como "fontes autoautenticadoras de reivindicações válidas", incluem sobretudo a possibilidade de apresentar reclamos às instituições, a partir de suas próprias concepções do bem, desde que, é claro, "tais concepções estejam no espectro permitido pela concepção pública de justiça" (Rawls, 2005 [2000], p.32). Com uma agenda pública desidratada e com essa ênfase na reivindicação individual ao poder instituído, o espaço da representação política fica inteiramente eliminado.

Passo agora ao segundo problema, vinculado ao princípio da diferença. É desnecessário destacar a centralidade desse princípio na economia geral do pensamento rawlsiano: ele está no coração do seu compromisso igualitário e é o principal elemento de diferenciação em relação ao utilitarismo. Mas Rawls compartilha com os utilitaristas a despreocupação com o processo de formação das preferências.

O princípio da diferença rege a distribuição de "benefícios" que devem favorecer prioritariamente aqueles em piores condições. É o que justifica eventuais desigualdades sociais. Para tomar um exemplo do próprio Rawls, se as pessoas menos inteligentes obtêm mais vantagens com a educação das mais inteligentes (que se tornam cientistas, médicas, engenheiras, inventoras etc.) do que com a sua própria, então será correto um sistema educacional que amplie a desigualdade cognitiva (Rawls, 1971, p.101). Desta forma, o princípio da diferença não busca a equalização dos indivíduos (que exigiria, ao contrário, maior investimento na educação quanto menos capaz fosse a pessoa), mas a melhoria dos padrões de vida dos menos favorecidos, ainda que à custa da ampliação da distância entre os extremos. O próprio Rawls estava atento aos eventuais efeitos negativos desta disposição e anota, lateralmente, que deve haver "um ganho máximo permitido ao mais favorecido, presumindo-se que, embora o princípio da diferença permitisse [mais do que isso], ocorreriam efeitos injustos sobre o sistema político e similares, que são vetados pela prioridade da liberdade" (Rawls, 1971, p.81).

284 LUIS FELIPE MIGUEL

"Benefícios", "vantagens" e "ganhos" aparecem, no discurso de Rawls, como elementos autoexplicativos, não muito diferentes da "utilidade" dos utilitaristas. Há um quadro implícito em que tais ganhos são vistos como unidimensionais, mensuráveis, comparáveis e redutíveis a uma substância comum – em suma, seguem um padrão de tipo monetário. Mas é claro que essa é uma simplificação perniciosa. A determinação da maior ou menor vantagem ou benefício de uma situação em relação a outra não é sempre clara para o próprio agente, nem para um observador externo. Em particular, a vantagem ou benefício precisa ser entendido como função de um conjunto de preferências que são, elas próprias, produzidas socialmente. Não é possível alcançar um entendimento das assimetrias sociais relevantes sem levar em conta a capacidade desigual de produzir preferências autônomas, influenciada seja pela privação material, seja pela dependência cultural.

Um modelo de preferências dadas também obscurece o sentido da representação política, que se reduz a um canal de agregação e perde seu componente constitutivo.[6] É exatamente esse caráter constitutivo da representação política que faz com que seja preciso encarar com cautela qualquer visão que não estabeleça como crucial a necessidade de redução dos diferenciais de informação e influência entre representantes e representados, tal como os modelos focados em *advocacy*, criticados no capítulo "Da autorização à *advocacy*". Mesmo que para outros tipos de desigualdade o princípio da diferença possa ser adequado, discussão na qual não entrarei aqui, a representação política possui características distintivas que obrigam a uma cautela especial.

O princípio da diferença poderia autorizar modelos que ampliam a dificuldade de supervisão de representados sobre representantes. A ação de um grupo bem intencionado, dotado de recursos materiais e culturais, bem como de conexões com os tomadores de decisão, pode ser bem mais efetiva na promoção de políticas que contribuam para suprir as necessidades de uma determinada população do que

---

6 Cf. capítulo "As dimensões da representação".

se ela própria se auto-organizasse. Os benefícios aos menos favorecidos, assim, justificariam a manutenção ou mesmo o incremento dos diferenciais de influência entre esses representantes e seus representados putativos. Na medida em que os direitos políticos formais estivessem garantidos a todos, tal arranjo nem mesmo violaria o primeiro princípio da justiça.

A leitura paternalista da representação, permitida por essa interpretação do princípio da diferença, elimina do desenho a necessidade de ampliação das possibilidades de produção autônoma das preferências políticas, o que implicaria a redistribuição do capital político do modo mais igualitário possível – de uma forma que as simples injunções de eficácia não são capazes de incorporar. Ao não problematizar o que é o "benefício" ou "vantagem" dos mais desfavorecidos, o princípio rawlsiano da diferença se torna incapaz de lidar adequadamente com a questão.

Boa parte das críticas que se dirigem à obra de Rawls pode também ser endereçada a Ronald Dworkin – também um "liberal igualitário" empenhado tanto na proteção da autonomia individual e na garantia de um Estado neutro em relação às diversas concepções do bem, quanto na promoção da maior igualdade possível entre as pessoas. Dworkin, no entanto, é colocado entre os "igualitários da sorte" ou "da fortuna", isto é, seu objetivo é que o destino de cada um não seja afetado por circunstâncias aleatórias, mas sim pelas escolhas que o próprio indivíduo realiza. Trata-se de uma visão que, a despeito da ostensiva radicalidade igualitária de Dworkin, aproxima-o da insistência conservadora na "responsabilidade individual",[7] e leva-o a uma tentativa fadada ao insucesso de traçar com rigor as fronteiras entre acaso e escolha, entre influência do meio e decisão autônoma, entre herança genética e disposições livremente adotadas.

---

7 Para uma crítica a Dworkin sob esse ponto de vista, cf. Young (2011). Pierre Rosanvallon (2011, p.338) vê em Dworkin uma espécie de atualização de Rawls a um ambiente intelectual marcado pela hegemonia do discurso neoliberal.

286 LUIS FELIPE MIGUEL

Da mesma forma como ocorre com o de Rawls, o modelo de Dworkin exige uma sociedade com uma estrutura muito pouco maleável. Os cidadãos parecem simplesmente estar submetidos a um esquema tecnoburocrático que os controla de cima e aplica, da forma mais exata possível, sua métrica de ônus e compensações. Como observa um crítico, "o ideal de igualdade de Dworkin, tal como aplicado a questões de distribuição, não é em absoluto um modelo de igualdade social ou política. [...] Representa o que pode ser chamado de uma *concepção administrativa* da igualdade" (Scheffler, 2003, p.36-7).

O modelo de Dworkin prevê um véu da ignorância "fino", no qual as pessoas conheceriam suas preferências, mas não suas circunstâncias (incluídos, nas circunstâncias, seus eventuais talentos ou deficiências). A ideia é que cada um seja capaz de usar uma parte de seus recursos iniciais equitativos para contratar um "seguro", para o caso de se frustrar na conquista de seus objetivos. Assim, se meu sonho é ser jogador da seleção brasileira mas, ao se levantar o véu, descubro que sou paralítico, o seguro me compensaria com vantagens em outros campos. O valor a ser pago pelo seguro – que implica reduzir a parcela dos recursos iniciais de que disponho para outras coisas – depende tanto da natureza das minhas ambições (quanto mais elevadas, maior a chance de que eu não as atinja) quanto do grau da minha aversão ao risco. O artifício do seguro faz com que as circunstâncias aleatórias sejam internalizadas como escolhas dos agentes. Posso não ser responsável por um acidente que sofri, mas sou responsável pela qualidade do seguro que optei por comprar.

Mas não são fixas, nem inequívocas, as fronteiras entre aquilo que pode ser creditado à sorte ou ao azar e aquilo que é responsabilidade de alguém, seja um indivíduo ou uma comunidade – um dos problemas mais espinhosos para a teoria de Dworkin. Conforme expandimos nosso conhecimento e nosso domínio sobre a natureza, expandimos também a área da responsabilidade humana. Muitas das catástrofes naturais são hoje atribuídas à ação humana, seja localizada e em prazo relativamente curto (enchentes causadas pela degradação das bacias hidrográficas, com o desmatamento, o garimpo

DEMOCRACIA E REPRESENTAÇÃO   287

ou a urbanização), seja planetária e em longo prazo (mudança climática global). Se os eventos em si não são controláveis pelos seres humanos, como é o caso de terremotos, ainda assim incidem responsabilidades sobre os planos de detecção precoce, evacuação de populações e assistência às vítimas. Doenças que antes eram tidas por fatalidades hoje são associadas a hábitos danosos, à ausência de prevenção ou à falta de exames adequados, o que aponta na direção do doente ou do sistema de saúde, isto é, das autoridades responsáveis por ele.

Em cada um desses casos, o que conta como circunstância, fora de nosso controle pessoal e, portanto, creditável ao acaso, é, em grande medida, a resultante complexa das ações deliberadas de muitas outras pessoas.[8] A atribuição de responsabilidade não é simples: o câncer de pulmão é culpa do fumante, de pais que deram mau exemplo, das empresas de tabaco que incentivaram o vício ou do Estado que não coibiu a publicidade do cigarro?

Isso evidencia um dos mais importantes pontos problemáticos da narrativa de Dworkin, sua opção por focar o problema em termos de diferenças entre preferências individuais, o que obscurece, de forma ainda mais completa do que ocorre com Rawls, o papel das estruturas sociais (Young, 2011, p.30) e das relações sociais de dominação (Phillips, 1999, p.57-8). É insustentável, em particular, a ideia de que preferências (a serem respeitadas) e circunstâncias (a serem anuladas) são perfeitamente independentes entre si. Mesmo os paladinos da teoria da escolha racional reconhecem a relação entre umas e outras: nossas preferências reagem às nossas circunstâncias e também agem sobre elas.[9] A relação entre preferências e circunstâncias é importante do ponto de vista de uma teoria normativa da representação política, pois a forma como a entendemos determina a possibilidade (ou não) de fazermos a crítica aos mecanismos de

---

8 O que já está em Maquiavel, para quem a *virtù*, introduzindo inovações no comportamento dos homens, é uma das matrizes da *fortuna*, uma vez que torna o ambiente circundante mais impredizível (cf. Pocock, 1975, p.167).

9 Cf. Elster (1983, 1989 [1984]).

288 LUIS FELIPE MIGUEL

manipulação ou de redução das alternativas políticas colocadas à disposição do público.

Entender as preferências como produzidas socialmente significa colocar em questão assimetrias sociais importantes. Dworkin reconhece esse caráter das preferências, mas sempre de forma lateral, sem que se incorpore à construção de seu raciocínio. Em especial, ao insistir que os gostos dispendiosos não devem ser incentivados, ele admite que as preferências refletem o contexto e são sensíveis a pressões (Dworkin, 2005 [1985], p.288). Porém, é necessário mais do que isso: é necessário conectar a formação social das preferências à dinâmica dos conflitos dentro dessa mesma sociedade.

Nem todos têm a mesma capacidade de influenciar na produção das preferências. Alguns ganham com a disseminação de um determinado tipo de preferência. Fomentar a geração de certas preferências (lembrando que há interesses que são satisfeitos nesse processo) sem que sejam dadas as condições de satisfazê-las não é, em si mesmo, injusto? A dinâmica das sociedades capitalistas contemporâneas está baseada na incessante promoção de novas necessidades, a serem supridas por meio do consumo conspícuo, gerando enormes quantidades de frustração naqueles que ficam à margem. Nesse processo, alguns poucos possuem os recursos para influenciar na produção das preferências, o que fazem em seu próprio favor.

As respostas de Dworkin à questão são bastante insatisfatórias. Dizer que numa sociedade ordenada de forma justa (isto é, ordenada de acordo com seu próprio esquema) as atitudes "bizarras" relativas à riqueza, próprias da nossa sociedade, não terão mais curso (Dworkin, 2000, p.107) é elidir o problema por meio de um mergulho na utopia.

Também é espinhoso o problema das desigualdades de mérito. Teorias igualitárias julgam que o mérito ou talento não deve ser premiado ou, então, que seu prêmio deve ser matizado por injunções como o princípio da diferença. Podem por vezes pensar que a ausência de talento deve ser compensada. Mas nunca julgam que o talento deve ser punido ou proibido de ser exercido, em nome da igualdade. Era essa a posição de Babeuf, mas não há, hoje, quem a

DEMOCRACIA E REPRESENTAÇÃO 289

leve a sério. Assim, a velha objeção elitista – a desigualdade deriva das diferenças naturais – continua ecoando mesmo em vertentes que se apresentam como igualitárias. Dworkin tenta enfrentar o problema, mas de forma insuficiente.

Mérito ou talento não podem ser vistos como "dons", mas como frutos de disposições sociais específicas distribuídas de forma desigual. Mesmo que haja uma base genética para determinados tipos de talento, tal como em geral se imagina, essa base precisa ser ativada pelo ambiente social para que se manifeste e se desenvolva. Mais ainda, o talento não é algo que se reconhece como tal sem qualquer tipo de mediação. Um determinado potencial ou capacidade só existe como "talento" sobre o pano de fundo de necessidades sociais específicas e da valorização social de uma prática. Para dizer de forma provocativa (e à la Engels): não existe pianista talentoso antes de existir o piano. E, de forma mais geral, aquilo que se reconhece com o dom para a música (ou para o futebol, para a culinária etc.) não é independente da construção histórica dos códigos que estabelecem o que é a música, o futebol ou a gastronomia, e que concedem a cada uma dessas atividades uma posição superior ou inferior numa escala de valorização. Em suma, não há talento fora da sociedade, tema já desenvolvido de forma definitiva por Rousseau (1964b [1755]).

Na verdade, Dworkin abre uma interessante via de aproximação à questão em sua defesa das ações afirmativas para o ingresso de integrantes de minorias raciais em instituições de ensino superior. Ele argumenta que, mesmo que os processos seletivos atuais fossem exitosos em sua tentativa de medir a inteligência dos candidatos à universidade, a inteligência não garante a ninguém o direito de fazer um curso universitário. A seleção por testes de aptidão indica apenas a crença de que a comunidade estará melhor servida por profissionais mais inteligentes. É possível, no entanto, julgar que outros valores – como a diversidade de origem desses profissionais – também devem ser levados em conta no cálculo do bem da comunidade (Dworkin, 1977, p.225).

É possível, a partir daí, progredir na direção de uma crítica abrangente à ideia de talentos naturais. Mas não é o que Dworkin

290 LUIS FELIPE MIGUEL

faz. Ele encara a presença ou ausência de talentos como uma das circunstâncias alheias à opção dos indivíduos, que devem ser compensadas para a produção da igualdade (Dworkin, 2000, p.140). Acompanha Rawls, assim, na crítica à noção de mérito individual como justificativa para as desigualdades sociais, o que é uma importante ruptura com o liberalismo vulgar, eivado de percepções elitistas. Mas Dworkin não avança na discussão sobre como se constitui e se valoriza algo que é aceito como "talento", permanecendo na sua aritmética de ganhos e perdas devidos à sorte e de reparações individuais. Mais uma vez, sua teoria falha em conectar indivíduo e coletividade, privilegiando compensações localizadas e abrindo mão de fazer a crítica da produção social dos valores, por um lado, e das ambições, por outro.

Ao mesmo tempo, parece razoável compensar as deficiências. Mas isso implica uma determinação do padrão da "normalidade" que é, ela mesma, política e sujeita a pressões. Por exemplo: para a indústria farmacêutica, desejosa de ampliar o mercado para o hormônio do crescimento humano, estariam fora da normalidade os 3% mais baixos de qualquer população (Wilkie, 1993, p.137). É claro que, por esse critério, o nanismo nunca seria superado, já que, por definição, sempre existirão os 3% mais baixos, não importa qual seja a altura média ou o intervalo entre o indivíduo mais baixo e o mais alto. Mas qual é o ponto em que a baixa estatura compromete a vida cotidiana ou implica desvantagens no trato social? E o caminho é compensar as pessoas menores dando-lhes vantagens que contrabalancem seus prejuízos? É investir maciçamente na pesquisa de remédios que aumentem sua estatura? Ou é adaptar equipamentos públicos e desconstruir a valorização simbólica concedida aos mais altos?

A compensação das deficiências tem também o problema de ser indiferente às preferências daqueles que a recebem, constituindo-se numa forma de normalização compulsória. O próprio Dworkin discute com certa atenção o problema, ao analisar o caso hipotético de um violinista paraplégico. Se seria correto usar recursos comuns para propiciar a ele uma máquina que permitiria que voltasse a

DEMOCRACIA E REPRESENTAÇÃO   291

andar, porque não deixá-lo optar por um Stradivarius que custaria o mesmo valor e que o próprio indivíduo preferiria (Dworkin, 2000, p.61)? Ele usa a discussão para sustentar sua posição contrária ao igualitarismo de bem-estar, observando que o que deve estar em jogo não é a satisfação do violinista, mas a equalização dos recursos disponíveis para cada pessoa. No entanto, permanece o problema de quais recursos são importantes para serem considerados nessa conta.

Um último ponto discutível em Dworkin é a noção de que frustrações num campo são compensadas por vantagens em outro: a ideia de que, se combinamos "sorte no jogo e azar no amor", acabamos num meio-termo aceitável. Essa ideia é fruto de uma psicologia demasiado simplista, para dizer o mínimo, e serve como ilustração completa dos problemas do paradigma distributivo, criticado por Young (1990, p.15-9): foca na distribuição, tendendo a ignorar a estrutura social que contribui para gerar os padrões de distribuição, e, ao ser estendido metaforicamente aos bens não materiais, tende a fazê-los "coisas", em vez de relações ou processos. No que toca diretamente ao que nos interessa aqui, a concepção de Dworkin pode levar à visão de que um déficit de influência política – como a ausência de uma representação adequada – seria sanável com a concessão de benefícios em outras esferas.[10]

Dworkin se aproxima da questão, mas pela negativa, em sua minuciosa discussão sobre o sentido que devemos atribuir à igualdade. Seu esforço é defender a superioridade da ideia de igualdade de recursos sobre a igualdade de satisfação ou bem-estar – e, no caso da própria igualdade de recursos, justificar uma distribuição sensível às ambições (na medida em que trazem custos ou benefícios para os outros), mas não aos atributos pessoais.[11] Na sua estratégia de desconstruir passo a passo a igualdade de bem-estar, o primeiro

---

10 Obviamente, aqui me movo no terreno das hipóteses desprovidas de qualquer contato com a realidade, tal como faz, tantas vezes, o próprio Dworkin. No mundo real, aqueles que sofrem de um déficit de influência política – os mais pobres, os menos instruídos, os trabalhadores, as minorias étnicas, as mulheres – tendem a ser igualmente deficitários nas outras esferas.

11 Cf. Dworkin (2000).

292 LUIS FELIPE MIGUEL

esforço é demonstrar que as preferências políticas não poderiam ser incluídas num cálculo de satisfação pessoal.

São "preferências políticas", nos termos de Dworkin, aquelas que dizem respeito à distribuição dos recursos e oportunidade da sociedade. Se elas entrassem no cálculo, a sociedade igualitária teria que compensar racistas ou aristocratas por sua insatisfação de viver sob uma ordem que não é de seu agrado (Dworkin, 2000, p.21-5). Trata-se de um contrassenso evidente.

O conceito de "preferência política" de Dworkin é bastante restritivo e não abrange todo o campo das preferências que temos em relação às questões políticas. Basta observar que a preocupação com a preservação do meio ambiente é um dos exemplos centrais da categoria seguinte, as "preferências impessoais" – aquelas que dizem respeito a coisas que não me pertencem ou à vida de outras pessoas.[12] Dworkin também as retira, em parte devido à demonstração de que esperanças pouco razoáveis ou muito custosas (encontrar vida em Marte, por exemplo) gerariam enormes frustrações e, portanto, demandariam enormes compensações. Mas a discussão se conclui com uma nota em tom algo dogmático:

> É claro que as pessoas se preocupam, muitas vezes profundamente, com suas preferências políticas e impessoais. Mas não parece insensível dizer que, na medida em que o governo tem o direito ou o dever de tornar as pessoas iguais, ele tem o direito ou o dever de torná-las iguais em sua situação ou circunstâncias pessoais, *incluindo o poder político*, não no grau em que suas diferentes convicções políticas são aceitas pela comunidade ou no grau em que suas diferentes visões de um mundo ideal são realizadas. (Dworkin, 2000, p.27-8; grifo meu)

Assim, há uma cautelosa diferenciação entre igualdade de poder político – entendida como capacidade potencial de influenciar nas

---

12 Preferências políticas e impessoais compõem aquilo que, em outros textos, Dworkin agrupa sob o nome de "preferências externas" (Dworkin, 1977, p.234).

decisões – e igualdade de realização do ideal político. Numa eleição democrática, todos têm, formalmente, o mesmo poder (cada um possui um voto com peso igual ao dos outros). Mas a maioria vencedora vai estar em condições de implantar seu projeto de sociedade, ao contrário da minoria ou das minorias derrotadas.[13] Restam apenas as preferências pessoais. Dworkin procura demonstrar como, mesmo limitando-se a elas, a igualdade de bem--estar é inviável, usando argumentos relativos à dificuldade de aferição e de comparação interpessoal e, sobretudo, ao problema dos gostos dispendiosos. Mas permanece, em seu pensamento, a noção de que as preferências pessoais possuem uma primazia sobre as preferências de outros tipos, particularmente no que se refere à representação política.

Tal como Rawls, Dworkin raras vezes toca na questão da representação política; quando o faz, é quase sempre *en passant*. No livro *Uma questão de princípio*, porém, há um tratamento explícito, ainda que breve, do tema. Ele observa ser constante o risco de uma maioria democrática tomar decisões que violem o princípio basilar – o princípio justificador da própria democracia, segundo Dworkin (2005 [1985], p.203) – de dar igual consideração e respeito a todos os cidadãos. Seu exemplo é o do parlamento que criminaliza a expressão de opiniões impopulares ou alguma prática sexual minoritária.

Como o liberal pode proteger os cidadãos contra esse tipo de violação de seu direito fundamental? Ao liberal não servirá simplesmente instruir os legisladores, em alguma exortação constitucional, para que desconsiderem as preferências externas de seus eleitores. Os cidadãos votarão nessas preferências ao eleger seus representantes, e um legislador que escolha ignorá-las não sobreviverá. (Dworkin, 2005 [1985], p.294)

---

13 Tendemos a encarar essa situação como natural, mas é questionável o fato de uma maioria de 50% + 1 poder implementar seu projeto de sociedade durante 100% do tempo (Amar, 1984, p.1301).

294 LUIS FELIPE MIGUEL

Dworkin reconhece, logo em seguida, que a distinção entre preferências pessoais e preferências externas nem sempre é clara. Mas seu exemplo é o que chama de "preferência de associação": alguém que quer que existam escolas públicas por não desejar excluir a possibilidade de que seus filhos estudem nelas. Ou seja, a representação política serve para agregar e dar voz ao autointeresse pessoal, no sentido mais estreito.

A visão de que apenas preferências pessoais podem ser legitimamente expressadas por meio dos mecanismos representativos coloca Dworkin *aquém* da visão liberal padrão da representação como agregação de preferências prévias. No entendimento liberal, ao menos não há restrição de princípio sobre o tipo de preferência que se pode expressar. Os exemplos de Dworkin – referentes à preferência dos cidadãos pela vigência da censura estatal ou por regras de teor homofóbico – revelam que ele julga o impedimento da manifestação de preferências externas como uma medida protetora, destinada a garantir a vigência das liberdades liberais. Voltamos ao velho tema do conflito potencial entre democracia e liberalismo.

Ao dizer, na sequência dessa discussão, que o bom funcionamento das instituições exige que os indivíduos tenham "direitos [que] funcionarão como trunfos" em suas mãos e os capacitarão "a resistir a determinadas decisões, mesmo que essas decisões tenham sido alcançadas mediante os mecanismos normais das instituições gerais que não são questionadas" (Dworkin, 2005 [1985], p.296), ele chega quase à velha democracia "protetora" dos utilitaristas do século XVIII. O "trunfo" é a capacidade de resistir individualmente, não a possibilidade de participar da construção de decisões coletivas. Por isso, as preferências legítimas devem ser apenas as pessoais.

No entanto, a expressão política de preferências externas não se reduz ao fundamentalismo, preconceito ou intolerância. Pode dizer respeito a direitos trabalhistas, proteção à infância, preservação do meio ambiente, igualdade entre os sexos, atenção ao patrimônio cultural, combate ao racismo – a lista é virtualmente interminável. Devemos deixar de lado todos esses temas, quando pensamos na

DEMOCRACIA E REPRESENTAÇÃO   295

ação de nossos representantes políticos? Ou devemos mascará-los por trás de vantagem egoístas, a fim de torná-los "aceitáveis"? Na visão de Dworkin, provavelmente todas essas questões estariam fora do alcance da ação política. Teriam sido fixadas de uma vez por todas como direitos que não admitem concessões. (É bem verdade que, nesse caso, seus próprios contraexemplos, de representantes tentando aprovar uma legislação homofóbica ou que violasse a liberdade de expressão, também estariam invalidados.) O fato é que, para Dworkin tanto quanto para Rawls, o espaço da política é muito limitado. Dworkin expressa a noção de que há "frequentemente uma única resposta correta para questões complexas de direito e de moralidade política" (Dworkin, 1977, p.279).[14] Da forma como a concebe, essa é uma resposta ao relativismo moral. Mas é possível entender a ausência da resposta singular como efeito da indeterminação própria da esfera da política e do conflito de interesses que a marca. Neste caso, cabe à teoria não buscar o ponto neutro, arquimediano, que lhe proporcionaria a possibilidade de desvendar a resposta de aplicação universal, tal como faz a filosofia política liberal de Rawls em diante, que assume que a neutralidade em relação aos diferentes projetos pessoais é uma condição inescapável para pensar a justiça.

O problema é não se tratar do embate entre projetos pessoais – visão que trai a perspectiva atomista da sociedade, muito mais marcante na obra de Dworkin que na de Rawls –, e que é um obstáculo para a compreensão da dinâmica da política. Trata-se do conflito entre projetos de sociedade e visões de mundo vinculadas a diferentes posições na sociedade. Cabe à teoria, assim, assumir-se como *política*, isto é, situada dentro desses conflitos, em vez de colocar-se numa posição que os transcenderia. Quando Iris Young observa que a justiça significa a superação da opressão e da dominação institucionalizadas, não a aplicação de algum modelo abstrato (Young, 1990, p.15), ela indica essa direção.

---

14 Cf. também Dworkin (2007 [1986]).

296 LUIS FELIPE MIGUEL

Os problemas da representação política podem ser entendidos de forma similar. A questão que se coloca não é encontrar uma fórmula qualquer, que estabeleça em abstrato um modelo adequado de representação, mas buscar instrumentos que permitam que os grupos sociais em desvantagem sejam mais capazes de produzir seus próprios interesses, de vocalizá-los na esfera pública, de defendê-los nos espaços decisórios e de supervisionar a ação de seus representantes. Estou afirmando aqui que a representação política não pode ser entendida como um mundo à parte. Ela precisa ser avaliada conforme se insere na estrutura mais ampla de distribuição dos recursos sociais. Um modelo de representação é justo não quando não confere vantagens ou desvantagens a nenhum grupo, mas quando contribui para a produção de uma ordem social mais justa.

Os mecanismos de representação política são extremamente sensíveis às desigualdades sociais. Os indivíduos e grupos privilegiados na distribuição da riqueza, nos arranjos da vida doméstica e no acesso à informação, bem como na valorização simbólica de atributos como cor ou sotaque, tendem a estar fortemente privilegiados também nas esferas de representação. Isso implica o exercício de uma fatia maior de poder político e maior capacidade de influência na tomada de decisões e mesmo na produção das preferências (pessoais ou impessoais) alheias. Assim, a representação contribui para perpetuar desigualdades, ao mesmo tempo em que as espelha. São necessárias medidas para romper com esse círculo, concedendo aos grupos em posição subalterna recursos adicionais para discutir internamente, participar do debate público, disputar eleições e controlar seus representantes.

A rigor, não se trata de colocar em ação um princípio da diferença – cujas conotações paternalistas foram discutidas antes – e nem de promover medidas compensatórias. A defesa de mecanismos que favoreçam a representação dos grupos em desvantagem, como cotas eleitorais, direito de antena (acesso aos canais de radiodifusão) e subsídio público para seus veículos de expressão, apoia-se num imperativo de igualdade política e em considerações de ordem prática baseadas na projeção de seus efeitos. Mecanismos

DEMOCRACIA E REPRESENTAÇÃO 297

representativos "neutros" reproduzem as desigualdades existentes no controle dos recursos políticos. Instrumentos de diferenciação que concedam vantagens aos grupos em posição subalterna podem contribuir para reduzir estas desigualdades. Mas, ao mesmo tempo, tais medidas tendem a congelar identidades de grupo e a ampliar os recursos nas mãos de determinados porta-vozes. Qualquer proposta de democratização da representação deve estar atenta a essas duas questões. O deslocamento dos indivíduos para os grupos, promovido por parte das teorias críticas ao liberalismo, é uma resposta válida ao individualismo abstrato que marca nossa ordem jurídica e política, mas coloca um novo conjunto de problemas vinculados à relação entre indivíduos e grupos. É preciso que os integrantes de qualquer grupo sejam capazes de refletir sobre seu pertencimento, questionar as preferências coletivas e dialogar com seus representantes e desafiá-los. É preciso que as relações de dominação no interior dos grupos minoritários também sejam permanentemente tematizadas.[15] As exigências da igualdade política se estendem para dentro dos grupos, para a relação entre representantes e representados.

Anne Phillips diferencia a representação "de grupo", cujo pressuposto é um grupo autoconstituído, que escolhe ativamente quem vai representá-lo e que assume um tom corporativo, e a representação de pessoas que se veem e são vistas pelas outras como pertencendo a um grupo (Phillips, 2011, p.10). Esta segunda dá espaço a rediscussão das opções políticas e das próprias identidades, abrindo uma via mais promissora para o enfrentamento do duplo

---

15 De alguma maneira, são preocupações similares às discussões levantadas pelo "multiculturalismo". Para uma inspirada crítica, do ponto de vista de indivíduos dominados dentro de grupos minoritários, cf. Okin (1999). Uma resposta liberal padrão ao multiculturalismo encontra-se em Barry (2001). Para uma visão radical pós-estruturalista do multiculturalismo como "tolerância repressiva" do capitalismo desenvolvido, mais provocativa do que convincente, ver Žižek (1999). E uma tentativa, não integralmente bem sucedida, de obter um equilíbrio entre demandas multiculturais e direitos individuais, em Phillips (2007).

padrão de assimetrias, que se dá entre grupos e dentro de cada grupo social, e para a abertura das identidades individuais e coletivas.

Embora o princípio da diferença possa contribuir para a discussão de alguns problemas da justiça, ele não tem espaço quando está em jogo a capacidade de intervenção política. Trata-se de uma esfera em que se decide não apenas a satisfação de preferências, mas a capacidade de produzir as próprias preferências. Por isso, abordagens aparentemente "pragmáticas", focadas em resultados, são enganosas, bem como compensações do tipo que a teoria de Dworkin propugna.

Ao levantar esses problemas, não busco algo – nem mesmo remotamente – próximo de um "modelo" de representação. A preocupação que norteia essa discussão é a de sublinhar questões a serem levadas em conta e chamar a atenção para as pontas soltas de algumas soluções aparentes. Numa sociedade marcada por assimetrias no controle dos recursos e por relações de dominação, não é possível imaginar que a representação política estará imune a tais constrangimentos. Buscar mecanismos que promovam a capacitação política e a ampliação da efetividade da agência dos dominados na esfera pública é um esforço permanente, na contramão das estruturas vigentes. Mas é requerido por uma concepção de justiça cujo foco esteja não apenas na justiça da representação em si, mas no efeito que a representação política pode ter na reprodução ou na superação dos padrões de injustiça vigentes.

Conclusão
Desigualdades sociais e representação política

Ao longo deste livro, algumas questões foram retomadas mais de uma vez, sob diferentes ângulos. São os enunciados basilares da compreensão da representação, da democracia e, mais ainda, da política que busquei delinear.

O mais fundamental deles diz respeito ao fato de que a política só pode ser analisada coerentemente dentro da teia mais ampla de relações que formam o mundo social. Destacamos a política como um plano separado da atividade humana apenas como um artifício de simplificação, próprio da constituição das disciplinas científicas. Mas perdemos a condição de entendê-la se não fazemos o esforço de conectá-la permanentemente com as estruturas sociais mais amplas, em particular com as relações de produção e os padrões culturais e ideológicos predominantes.

Esse insulamento da política é assumido por boa parte da ciência política contemporânea, que opera com base em modelos que pairam num vazio social. Por vezes, o ambiente da política institucional (partidos, governos, parlamentos) é isolado e analisado como se suas disputas não se vinculassem a conflitos de interesse mais amplos. Quando a população em geral é incorporada no modelo, "candidatos" e "eleitores" são tratados como conjuntos indiferenciados internamente e como posições polares que esgotam o universo

300   LUIS FELIPE MIGUEL

de agentes necessários para a compreensão da disputa política. Modelos de agente e mandante, que uma tradução bizarra do inglês disseminou no Brasil sob o nome de "agente-principal", ignoram diferenciais de recursos materiais, informacionais, simbólicos e cognitivos, pondo em cena indivíduos racionais simétricos. Por um caminho oposto, a filosofia política dominante chega a uma situação similar. Na esteira de Rawls e Habermas, entre tantos outros, ela opera num grau de abstração tão alto que conduz a um veto a qualquer profundidade sociológica.

A primeira consequência dessa situação, para a maior parte da disciplina, é a aceitação acrítica das estruturas sociais básicas tal como são. Elas assumem a qualidade de dados externos à interpretação do mundo político, uma moldura que é acatada em seus próprios termos. No entanto, essas estruturas tanto estão em jogo nas disputas políticas – daí o esforço permanente, daqueles em posição privilegiada, para garantir as condições de sua reprodução –, quanto condicionam as formas desiguais de mobilização e ação dos integrantes dos diferentes grupos sociais. Qualquer tentativa de produzir uma ciência política que contribua, de forma efetiva, para o entendimento da dinâmica real das disputas políticas precisa conceder centralidade a essas desigualdades.

Desigualdade, convém frisar, não significa uma simples diferença entre um e outro grupo. Desigualdade, tal como utilizei ao longo deste livro, significa uma assimetria no controle de determinados recursos que: (1) possui impacto nas trajetórias possíveis relativas de indivíduos e grupos; (2) reflete padrões estruturais, não sendo efeito do acaso ou de escolhas pessoais livres; e (3) está vinculada a relações de dominação, isto é, à capacidade de uns bloquearem a ação autônoma e/ou a obtenção de ganhos por parte de outros.

Eu me coloco, assim, contra a posição do ultraliberalismo, que credita as desigualdades sociais às opções diferenciadas, quando não aos méritos diferenciados, dos indivíduos. Apenas um misto de cegueira e de insensibilidade é capaz de alcançar essa posição. Mas me coloco também contra a ideia da "individualização das desigualdades" – isto é, que as clivagens sociais perderam importância para

DEMOCRACIA E REPRESENTAÇÃO 301

a compreensão dos padrões da desigualdade social. Nas palavras do maior expoente dessa tese,

as desigualdades mudaram de natureza. Se as desigualdades entre categorias (os ricos e os pobres, os administradores e os operários etc.) evidentemente subsistem, elas de certa maneira se individualizaram, o que muda a percepção delas. As desigualdades doravante resultam tanto de situações (portanto, individuais) que se diversificam quanto de condições (portanto, sociais) que se reproduzem. (Rosanvallon, 2011, p.309)

Se Rosanvallon está dizendo que as situações individuais não se esgotam nas condições sociais – isto é, que fazem jus ao adjetivo "individuais" –, ele permanece no terreno da banalidade. Sua tese, porém, é mais ambiciosa; é de que o fenômeno da exclusão é, hoje, personalizado, ecoando trajetórias particulares e únicas, não gerando coletivos cujas fragilidades possam ser tratadas com medidas compensatórias ou transformadoras (Rosanvallon, 1995). Embora sem a aposta na responsabilização individual, o pensador francês chega a uma conclusão similar à do ultraliberalismo, negando que a desigualdade exija a transformação das estruturas sociais.

As desigualdades sociais afetam profundamente o funcionamento da democracia e, nela, da representação política. Há um ciclo de realimentação, em que os prejudicados pelos padrões de desigualdade têm maior dificuldade de se fazer representar (nos espaços formais e informais de deliberação) e, ao mesmo tempo, sua ausência nos processos decisórios contribui para a reprodução desses padrões. Elementos materiais e simbólicos se combinam para reduzir as possibilidades de ação política dos indivíduos de grupos prejudicados pelas desigualdades.

A desigualdade de classe é o primeiro grande eixo de produção de obstáculos ao aprofundamento da democracia.[1] Com o colapso dos projetos alternativos de sociedade, que historicamente toma-

---

1 Cf. Miguel (2012a).

302 LUIS FELIPE MIGUEL

ram a forma pouco atraente dos regimes de socialismo autoritário, a superação do capitalismo pareceu sair de nosso horizonte de possibilidades. Isso não autoriza, porém, a ignorar os problemas que a ordem capitalista impõe para a efetivação da democracia. A assimetria no controle dos recursos materiais é seu lado mais evidente, dando a alguns a possibilidade de intervir de forma mais eficiente nas disputas políticas (por meio de financiamento de campanhas, da disseminação da informação ou das vantagens advindas da notoriedade que a riqueza produz) e, muitas vezes, relegando outros a situações de privação que tornam a mobilização política um luxo quase inalcançável.

Mas esses não são os únicos efeitos das desigualdades de classe, embora sejam os mais visíveis e também os mais passíveis de medidas controladoras. O capitalismo se define pelo controle privado sobre as decisões de investimento, o que coloca o Estado em situação de "dependência estrutural" diante dos investidores. Com isso, os tomadores de decisões públicas têm necessidade de introjetar os interesses do capital, garantindo uma situação que incentive a manutenção de taxas elevadas de investimento econômico (Offe, 1984 [1972]). Ao mesmo tempo, os trabalhadores recebem cotidianamente um treinamento que favorece o desenvolvimento de qualidades opostas àquelas exigidas para a democracia. Pelo contrato de trabalho, o assalariado se submete a uma relação vertical, em que deve apenas obedecer a ordens emanadas de seus superiores. E também sofrem pressões cruzadas que tornam mais difícil a produção de interesses coletivos (conforme discutido no capítulo "A democracia elitista").

A desigualdade de classe é incontornável, como questão para se pensar nos desafios à democracia, mas não é possível julgar que ela esgota o problema ou determina as outras desigualdades, tal como fazia o marxismo ortodoxo até a segunda metade do século XX. A desigualdade de gênero, por exemplo, possui uma efetividade própria, que se combina com a desigualdade de classe, mas não se reduz a ela. As mulheres estão submetidas a múltiplas pressões que prejudicam sua constituição como sujeitos políticos. São insuladas numa

DEMOCRACIA E REPRESENTAÇÃO   303

esfera doméstica separada do espaço público, têm seu tempo comprimido pela responsabilidade que precisam assumir na gestão do lar e no cuidado com as pessoas mais vulneráveis, controlam menos recursos econômicos, são estigmatizadas se assumem a defesa dos próprios interesses ou se participam da disputa pelo poder. O campo político marca com um sinal de positivo as características que circulam socialmente como atributos "masculinos" e com um sinal negativo, aquelas que seriam "femininas". A família nuclear sob dominação masculina, com sua divisão sexual das responsabilidades, foi funcional para o capitalismo, que contribuiu para adaptá-la conforme as necessidades de suas diversas fases (a mulher como retaguarda doméstica da mão de obra masculina, em seguida como consumidora, depois como coprovedora). Mas nem por isso a dominação masculina é um subproduto da dominação de classe.

Na desigualdade de gênero, mesclam-se elementos materiais e simbólicos, que concorrem para a redução da capacidade de ação política das mulheres. O mesmo se pode dizer da desigualdade racial. Por motivos históricos, a população negra e indígena tende a controlar uma parcela menor da riqueza material e sofrer os efeitos de um discurso racista, menos ou mais aberto, que deslegitima sua expressão. O racismo alimenta a privação material, prejudicando negras e negros na competição econômica, ao mesmo tempo que a maior pobreza da comunidade negra aparece como evidência de sua inferioridade, um argumento que ganhou foros de respeitabilidade acadêmica em obras da direita intelectual estadunidense, como o infame *The Bell Curve* [A curva do sino] (Herrnstein e Murray, 1984).

Em consequência disso, trabalhadores, mulheres e negros formam grupos que se encontram severamente sub-representados nas esferas de representação política formal, um indício poderoso de sua subalternidade. Como as interdições legais foram revogadas, após décadas de lutas dos integrantes desses grupos, não deixam de surgir exceções, algumas delas relevantes. Mas o fato de que, no Brasil, uma mulher tenha sucedido a um ex-operário na Presidência da República (ou que, nos Estados Unidos, o cargo tenha sido ocupado

304 LUIS FELIPE MIGUEL

por um negro) não cancela o caráter classista, machista e racista do campo político (como foi discutido no capítulo "Perspectivas sociais e dominação simbólica").

Não pretendo fazer aqui uma relação exaustiva dos padrões de desigualdade que possuem impacto na vida política. Cito apenas mais um tipo, as desigualdades vinculadas à sexualidade, que estigmatizam aqueles que fogem do padrão heterossexual, tornando-os vítimas potenciais permanentes da violência física e simbólica. Ainda hoje, assumir uma orientação homossexual é visto como um anátema para candidatas ou candidatos à liderança política.[2] A homofobia permanece como um discurso "legítimo", empunhado por grupos que disputam o poder e que sabem que possuem um público cativo.

Esses diferentes padrões de desigualdade se inter-relacionam de forma complexa: não são nem independentes entre si, nem redutíveis uns aos outros. Numa importante discussão sobre as formas predominantes do pensamento crítico, Elizabeth Spelman (1988) observou duas tendências em paralelo. Por um lado, o sujeito do feminismo tende a ser a mulher branca burguesa, assim como o movimento operário tem o homem como protótipo de sua base, ou o antirracismo pensa no negro antes da negra. A ideia subjacente é que a vivência da burguesa branca, por exemplo, traduz com mais nitidez a dominação vinculada a gênero, uma vez que não está "contaminada" por outras formas socialmente estruturadas de dominação. Com isso, são marginalizadas as vivências das outras mulheres. Por outro lado, e como complemento dessa percepção, a experiência de subordinação de uma operária negra é entendida como a simples soma de sexismo, racismo e dominação de classe. A complexidade do cruzamento das desigualdades é deixada de lado, desprezando a especificidade daquelas que não conseguem alcançar o estatuto universal nem dentro das margens às quais estão confinadas.

---

2 A partir dos anos 2000, políticos homossexuais assumidos elegeram-se para as prefeituras de Londres, Paris e Berlim. Trata-se de um avanço importante, mas que continua a ser visto como um indício do excepcional arejamento das três metrópoles europeias.

A todas essas desigualdades, acrescenta-se outra, gerada no próprio campo da política: a desigualdade de poder político. Há quem influencie no processo decisório e quem não influencie (ou influencie muito pouco). Há os que se fazem ouvir no debate público e quem não tem voz. Há aqueles que podem disseminar informações e participar da produção da agenda e aqueles que ficam à margem desse processo. A desigualdade de poder político, extremamente agravada pela necessidade de representação, é sensível às outras desigualdades sociais, mas não é um mero reflexo delas. Possui também sua efetividade própria. Buscar maneiras de limitá-la é uma das tarefas do pensamento político comprometido com a democracia, tanto quanto procurar modos de reduzir as outras formas de desigualdade social.

Na abordagem dessas desigualdades, enfatizei a necessidade de manter um foco duplo, simultaneamente nos grupos e nos indivíduos. Nenhuma leitura atomista da sociedade, que despreze os padrões diferenciados de acesso a bens e oportunidades vinculados aos pertencimentos de grupos, será capaz de apreender a dinâmica da desigualdade. Como observou Iris Young (2011, p.24), a injustiça é "mais do que simplesmente o fato de que pessoas sofrem infortúnios que não merecem. Ela diz respeito a como regras institucionais e interações sociais conspiram para estreitar as opções que muitas pessoas têm". Tais regras e interações discriminam grupos; e por isso, prosseguindo com Young, a solução não passa por reparações individuais *a posteriori*, mas por transformações estruturais que retirem os grupos dominados e vulnerabilizados dessa situação.

Mas, ao mesmo tempo, as assimetrias se reproduzem no seio dos próprios grupos. E o valor normativo a ser perseguido na democracia é a igualdade entre os indivíduos. Numa ordem política ideal, todos teriam igual potencial de influência nos processos decisórios e o sexo biológico, a cor da pele ou a orientação sexual em nada contribuiriam para predizer a chance de uma pessoa alcançar a posição de representante. O combate às assimetrias entre os grupos é, assim, instrumental para a obtenção de maior igualdade entre os indivíduos.

306 LUIS FELIPE MIGUEL

A relação entre indivíduos e grupos me leva a outra questão central, aquela relativa aos processos de formação das preferências. As correntes dominantes da ciência política, devido exatamente ao isolamento em relação a outras dimensões do mundo social, tendem a ignorar a formação das preferências individuais e coletivas. Considera-se que os indivíduos entram na esfera política já de posse de um conjunto de preferências, que procurarão realizar e que agregarão a preferências similares de outros indivíduos. No entanto, a disputa política é, em grande medida, uma disputa sobre a produção das preferências; retirar essa dimensão de nossas preocupações significa mutilar seriamente nossa capacidade de compreensão da realidade.

No capítulo "As dimensões da representação", argumentei que a possibilidade de produção autônoma das preferências coletivas é uma das dimensões da representação política. Grupos sociais em posição subalterna precisam de espaços, relativamente protegidos, em que possam dialogar internamente e pensar sobre si mesmos e seus interesses. Mas o aspecto da autonomia individual não pode ser descuidado. A capacidade de produzir preferências individuais autônomas é necessária para que cada um pense de forma crítica a sua relação com os grupos aos quais pertence.

A noção de autonomia individual, um dos ideais basilares do liberalismo, recebe críticas de diferentes posições da teoria política contemporânea. Para os comunitaristas, a busca pela autonomia nos leva a romper com tudo aquilo que é capaz de dotar nossas vidas de sentido.[3] Uma corrente feminista julga que o "mito da autonomia" leva à negligência em relação às necessidades dos mais vulneráveis, ignorando a interdependência que é a condição básica da humanidade, de acordo com uma concepção com nítidos ecos durkheimianos (Fineman, 2004). No entanto, a agência autônoma não implica egoísmo ou desconhecimento dos laços com outras pessoas, nem exige um *self* situado num impossível vácuo societário. Ela significa que somos capazes de colocar a nós mesmos

---

3 Cf. Taylor (2011 [2010]).

DEMOCRACIA E REPRESENTAÇÃO **307**

sob escrutínio crítico e refletir sobre nossos valores, preferências e comportamentos.[4]

A visão da política, da democracia e da representação que desenvolvi ao longo do livro – e passo aqui a meu último ponto – procura manter a centralidade da noção de conflito. Importantes correntes da teoria política contemporânea tendem a desinflar o papel do conflito e a privilegiar uma visão consensualista dos processos sociais (o que foi discutido no capítulo "Os limites da deliberação"). A redução do nível de conflito é vista, pelo *mainstream* da ciência política, sempre como um bem a ser saudado (Vitullo, 2007). No entanto, o conflito não é um sintoma da coesão social insuficiente, e sim um efeito das relações de dominação. Sem dúvida, é legítima a preocupação com sua canalização, de forma a evitar o estiramento das condições de permanência do laço social. Mas o sufocamento da expressão do conflito significa o impedimento da democracia.

O conflito próprio da política tem como uma de suas facetas principais a luta pela disseminação de representações do mundo social – daí a importância que precisa ser concedida aos processos de produção das preferências. O próprio entendimento do sentido da democracia e da representação está em disputa. A tradução sofrida pela ideia de democracia, que deixa de ser o governo do povo para se tornar a competição entre elites (conforme visto no capítulo "A democracia elitista"), permitiu a apropriação de uma etiqueta valorada de forma positiva por determinados agentes. No entanto, não se trata de um nominalismo cru ou da novilíngua orwelliana. Para que o rótulo "democracia" exerça seu efeito legitimador, é necessário se construir um percurso razoável, ligando ao menos uma parte das qualidades em geral apreciadas nesse regime às instituições concorrenciais contemporâneas. Esse percurso pode ser contestado – e uma teoria política crítica das "democracias realmente existentes" atuais cumpre, aqui, o seu papel.

---

4 Para uma discussão sobre autonomia que guarda pontos de contato com a que realizo aqui, cf. Biroli (2012a, 2012b).

308 LUIS FELIPE MIGUEL

Por isso, Michael Saward acerta apenas pela metade quando define representação como

> um fenômeno que é, em si, um objeto da disputa na política, mais que um fenômeno que é aceito como factualmente presente de acordo com certos critérios de definição. Não é tanto uma questão de "aqui existe representação?" quanto de "qual é o impacto aqui de se invocar a representação?". (Saward, 2010, p.26)

Mas a primeira questão, subdimensionada por Saward, também é relevante; refletir sobre "que tipo de representação existe aqui?" ou "que tipo de representação se invoca aqui?" é decisivo para balizar uma compreensão crítica dos processos representativos e pseudorrepresentativos na política. É claro que, desta forma, a análise rompe com a fantasia de neutralidade, assumindo que, se representação e democracia são territórios em disputa, a teoria política é partícipe da contenda.

Assim, não foi de uma posição que se quer neutra, mas de uma posição engajada com um ideal normativo de democracia, que observei a representação *democrática* como aquela em que os representantes verbalizam vontades ou interesses dos representados, em interlocução constante com estes últimos. Praticamente cada termo da oração está sujeito a polêmica. Mas o sentido geral é claro: uma representação democrática não admite a independentização dos representantes, nem é um movimento de substituição dos representados.

Ao mesmo tempo, a expressão "democracia representativa" guarda uma tensão interna que não deve ser escamoteada, mas mantida como um desafio permanente. A representação estabelece, por sua própria lógica, um movimento de diferenciação oposto ao requisito de igualdade, que é próprio da democracia. Lutar contra essa tendência, buscando a redução do diferencial de poder entre representantes e representados, é uma tarefa sempre renovada.

Apresento aqui, para a representação democrática e para a democracia representativa, um ideal bastante exigente. Numa

DEMOCRACIA E REPRESENTAÇÃO 309

frase famosa do *Contrato social*, Rousseau diz que a democracia é um regime próprio para deuses: "Um governo tão perfeito não convém aos homens" (Rousseau, 1964a [1757], p.406). Seres perfeitos, porém, provavelmente produziriam cooperação de maneira espontânea e dispensariam qualquer espécie de governo. São as mulheres e os homens que precisam da democracia. E se as formas institucionais em que ela se realiza apresentam-se sempre incompletas, sempre atravessadas pelos mecanismos de reprodução das assimetrias sociais, manter o horizonte normativo de uma democracia aprofundada permite avançar na crítica – e, oxalá, também na transformação – da realidade.

Referências bibliográficas

ALMOND, Gabriel A.; VERBA, Sidney. *The Civic Culture*: Political Attitudes and Democracy in Five Nations. Princeton: Princeton University Press, 1963.

ALTAMIRA, Carlos. *Os marxismos do novo século*. Rio de Janeiro: Civilização Brasileira, 2008 [2006].

ALTHUSIUS, Johannes. *Política*. CARNEY, F. S. (Ed.). Rio de Janeiro: Topbooks, 2003 [1603].

ALVAREZ, Sonia E.; DAGNINO Evelina; ESCOBAR, Arturo. Introdução: o cultural e o político nos movimentos sociais latino-americanos. In: _____.; _____.; _____. (Orgs.). *Cultura e política nos movimentos sociais latino-americanos*: novas leituras. Belo Horizonte: UFMG, 2000 [1998].

AMAR, Akhil Reed. Choosing Representatives by Lottery Voting. *Yale Law Journal*, New Haven, v.93, n.7, p.1283-308, 1984.

ANSELL-PEARSON, Keith. *Nietzsche como pensador político*: uma introdução. Rio de Janeiro: Jorge Zahar, 1997 [1994].

ARATO, Andrew. Representação, soberania popular e *accountability*. *Lua Nova*: Revista de Cultura e Política, São Paulo, n.55-6, p.85-103, 2002 [2000].

ARENDT, Hannah. *A condição humana*. Rio de Janeiro: Forense-Universitária, 1987 [1958].

_____. *Da revolução*. São Paulo: Companhia das Letras, 2011 [1963].

ARISTÓTELES. *Política*. São Paulo: Martins Fontes, 1991 [c. 330 a.C.].

312   LUIS FELIPE MIGUEL

ARONOWITZ, Stanley. *The Politics of Identity*: Class, Culture, Social Movements. New York: Routledge, 1992.

AVRITZER, Leonardo. Sociedade civil, instituições participativas e representação: da autorização à legitimidade da ação. *Dados*, Rio de Janeiro, v.50, n.3, p.443-64, 2007.

BACHRACH, Peter. *The Theory of Democratic Elitism*: a Critique. Lanham: University Press of America, 1980.

_____.; BARATZ, Morton S. Two faces of power. *American Political Science Review*, Denton, v.56, n.4, p.947-52, 1962.

_____.; _____. Decisions and Nondecisions: an Analytical Framework. *American Political Science Review*, Denton, v.57, n.3, p.632-42, 1963.

BAGDIKIAN, Ben. *The Media Monopoly*. Boston: Beacon Press, 1997.

BAIER, Annette. Le besoin de plus que de la justice. In: COLLIN, Françoise; DEUTSCHER, Penélope. (Dir.). *Repenser le politique*: l'apport du féminisme. Paris: Campagne Première, 2004 [1994].

BAKER, Dana Lee. Neurodiversity, Neurological Disability and the Public Sector: Notes on the Autism Spectrum. *Disability & Society*, Newcastle, v.21, n.1, p.15-29, 2006.

BAKHTINE, Mikhaïl. *Esthétique et théorie du roman*. Paris: Gallimard, 1978 [1975].

BANCO MUNDIAL. Fostering Institutions to Contain Corruption. *Prem-Notes*, [S.l.], n.24, p.1-4, 1999.

BARCLAY, Linda. Autonomy and the Social Self. In: MACKENZIE, Catriona; STOLJAR, Natalie. (Eds.). *Relational Autonomy*: Feminist Perspectives on Autonomy, Agency and the Social Self. Oxford: Oxford University Press, 2000.

BARRY, Brian. *Culture and Equality*: an Egalitarian Critique of Multiculturalism. Cambridge: Harvard University Press, 2001.

BEAUVOIR, Simone de. *O segundo sexo*. Rio de Janeiro: Nova Fronteira, 2009 [1949].

BELL, Daniel A. Democratic Deliberation: the Problem of Implementation. In: MACEDO, Stephen. (Ed.). *Deliberative Politics*: Essays on Democracy and disagreement. Oxford: Oxford University Press, 1999.

BENHABIB, Seyla. Toward a Deliberative Model of Democratic Legitimacy. In: _____. (Ed.). *Democracy and Difference*: Contesting the Boundaries of the Political. Princeton: Princeton University Press, 1996.

_____. Sobre um modelo deliberativo de legitimidade democrática. In: WERLE, Denílson; MELO, Rúrion Soares. (Orgs.). *Democracia deliberativa*. São Paulo: Esfera Pública, 2007 [1994].

DEMOCRACIA E REPRESENTAÇÃO **313**

BERELSON, Bernard R.; LAZARSFELD, Paul F.; MCPHEE, William. *Voting*: a Study of Opinion Formation in a Presidential Campaign. Chicago: University of Chicago Press, 1954.

BICKFORD, Susan. *The Dissonance of Democracy*: Listening, Conflict and Citizenship. Ithaca: Cornell University Press, 1996.

BIROLI, Flávia. Agentes imperfeitas: contribuições do feminismo para a análise da relação entre autonomia, preferências e democracia. *Revista Brasileira de Ciência Política*, Brasília, n.9, p.7-38, 2012a.

_____. Autonomia, responsabilidade e desigualdades no debate contemporâneo sobre justiça. In: ENCONTRO DA ASSOCIAÇÃO BRASILEIRA DE CIÊNCIA POLÍTICA, 8, 2012b, Gramado. *Paper...*

BOBBIO, Norberto. *Liberalismo e democracia*. São Paulo: Brasiliense, 1988 [1986].

BOHMAN, James. *Public Deliberation*: Pluralism, Complexity and Democracy. Cambridge: MIT Press, 1996.

BOLAÑO, Roberto. *2666*. Barcelona: Anagrama, 2009 [2004].

BOORSTIN, Daniel J. *The Image*: a Guide to Pseudo-Events in America. Reed. New York: Vintage, 1992 [1961].

BOTTOMORE, Thomas B. *As elites e a sociedade*. 2.ed. Rio de Janeiro: Zahar, 1974 [1964].

BOURDIEU, Pierre. *La distinction*: critique sociale du jugement. Paris: Minuit, 1979.

_____. *Le sens pratique*. Paris: Minuit, 1980.

_____. La représentation politique: eléments pour une théorie du champ politique. *Actes de la Recherche en Sciences Sociales*, [S.l.], v.36-7, p.3-24, 1981.

_____. A delegação e o fetichismo político. In: _____. *Coisas ditas*. São Paulo: Brasiliense, 1990 [1984].

_____. *A economia das trocas lingüísticas*. São Paulo: Edusp, 1996a [1982].

_____. *Sur la télévision, suivi de L'emprise du journalisme*. Paris: Liber, 1996b.

_____. *Méditations pascaliennes*. Paris: Seuil, 1997.

_____. *Le règles de l'art*: genèse et structure du champ littéraire. Edição revista. Paris: Seuil, 1998.

_____. *Propos sur le champ politique*. Lyon: Presses Universitaires de Lyon, 2000.

_____. The Political Field, the Social Science Field and the Journalistic Field. In: BENSON, Rodney; NEVEU, Erik. (Eds.). *Bourdieu and the Journalistic Field*. Cambridge: Polity, 2005 [1995].

314 LUIS FELIPE MIGUEL

BOURDIEU, Pierre. *Sur l'État*: cours au Collège de France 1989-1992). Paris: Seuil, 2012.

_____.; PASSERON, Jean-Claude. *La reproduction*: éléments pour une théorie du système d'enseignement. Paris: Minuit, 1970.

BROWN, L. David; FOX, Johnatan A. Accountability within Transnational Coalitions. In: _____.; _____. (Eds.). *The Struggle for Accountability*: the World Bank, NGOs, and Grassroots Movements. Cambridge: MIT Press, 1998.

BURKE, Edmund. Discurso a los electores de Bristol. In: _____. *Textos políticos*. México: Fondo de Cultura Económica, 1942 [1774].

BURNHEIM, John. *Is Democracy Possible?* The Alternative to Electoral Politics. Berkeley: University of California Press, 1985.

CALLENBACH, Ernest; PHILLIPS, Michael. *A Citizen Legislature*. Berkeley: Banyan Tree, 1985.

CAPPELLA, Joseph N.; JAMIESON, Kathleen H. *Spiral of Cynicism*: the Press and the Public Good. Oxford: Oxford University Press, 1997.

CAREY, James. *Os intelectuais e as massas*. São Paulo: Ars Poetica, 1993 [1991].

CATEPHORES, George. The Imperious Austrian: Schumpeter as Bourgeois Marxist. *New Left Review*, London, n.205, p.3-30, 1994.

CHAMPAGNE, Patrick. *Faire l'opinion*: le nouveau jeu politique. Paris: Minuit, 1990.

CHEIBUB, José Antônio; PRZEWORSKI, Adam. Democracia, eleições e responsabilidade política. *Revista Brasileira de Ciências Sociais*, São Paulo, v.12, n.35, p.49-61, 1997.

COHEN, Bernard. *The Press and Foreign Policy*. Princeton: Princeton University Press, 1969.

COHEN, Joshua. Deliberation and Democratic Legitimacy. In: BOHMAN, James; REHG, William. (Eds.). *Deliberative Democracy*: Essays on Reason and Politics. Cambridge: MIT Press, 1997.

_____. Democracy and liberty. In: ELSTER, Jon. (Ed.). *Deliberative Democracy*. Cambridge: Cambridge University Press, 1998.

COMTE, Auguste. *Système de politique positive*: plan des travaux scientifiques nécessaires pour réorganiser la société. Reproduzido no Appendice général. 3.ed. Paris: Carilian-Gœury et Dalmont, 1895 [1822]. t.4.

COOK, Deborah. The Talking Cure in Habermas's Republic. *New Left Review*, London, segunda série, n.12, p.135-51, 2001.

COOK, Timothy E. *Governing With the News*: the News Media as a Political Institution. Chicago: University of Chicago Press, 1998.

DEMOCRACIA E REPRESENTAÇÃO **315**

CROZIER, Michael J.; HUNTINGTON, Samuel P.; WATANUKI, Joji. *The Crisis of Democracy*: Report on the Governability of Democracies to the Trilateral Comission. New York: New York University Press, 1975.

DAHL, Robert A. A Critique of the Ruling Elite Model. *American Political Science Review*, Denton, v.52, n.2, p.463-9, 1958.

_____. *Who Governs?* Democracy and Power in an American City. New Haven: Yale University Press, 1961.

_____. *Polyarchy*: Participation and Opposition. New Haven: Yale University Press, 1971.

_____. *Democracy and Its Critics*. New Haven: Yale University Press, 1989.

_____. *Um prefácio à democracia econômica*. Rio de Janeiro: Jorge Zahar, 1990a [1985].

_____. *After the Revolution?* Authority in a Good Society. Revised edition. New Haven, Yale University Press, 1990b.

_____. A Democratic Paradox? *Political Science Quarterly*, New York, v.115, n.1, p.35-40, 2000.

_____. *A Preface to Democratic Theory*. Reed. Chicago: University of Chicago Press, 2006 [1956].

DALCASTAGNÈ, Regina. Contas a prestar: o intelectual e a massa em A hora da estrela, de Clarice Lispector. *Revista de Crítica Literária Latinoamericana*, Medford, n.51, p.83-98, 2000.

_____. Uma voz ao sol: representação e legitimidade na narrativa brasileira contemporânea. *Estudos de Literatura Brasileira Contemporânea*, Brasília, n.20, p.33-77, 2002.

_____. A personagem do romance brasileiro contemporâneo: 1990-2004. *Estudos de Literatura Brasileira Contemporânea*, Brasília, n.26, p.13-71, 2005.

_____. Imagens da mulher na narrativa brasileira. *O Eixo e a Roda*, Belo Horizonte, n.15, p.127-35, 2007.

_____. Quando o preconceito se faz silêncio: relações raciais na literatura brasileira contemporânea. *Gragoatá*, Niterói, n.24, p.203-19, 2008.

DIAMOND, Edwin; BATES, Stephen. *The Spot*: the Rise of Political Advertising on Television. Edição atualizada. Cambridge: MIT Press, 1988.

DIAMOND, Irene; HARTSOCK, Nancy. Beyond Interest in Politics. *American Political Science Review*, Denton, v.75, n.3, p.717-2, 1981.

DOCTOROW, Edgar Lawrence. *A mecânica das águas*. São Paulo: Companhia das Letras, 1996 [1995].

316 LUIS FELIPE MIGUEL

DOSTOIÉVSKI, Fiódor. *Crime e castigo*. São Paulo: Editora 34, 2001 [1866].

DRYZEK, John. *Deliberative Democracy and beyond*: Liberals, Critics, Contestations. Oxford: Oxford University Press, 2000.

_____. Legitimacy and Economy in Deliberative Democracy. *Political Theory*, [S.l.], v.29, n.5, p.651-69, 2001.

_____. *Foundations and Frontiers of Deliberative Governance*. Oxford: Oxford University Press, 2010.

_____.; NIEMEYER, Simon. Discursive Representation. *American Political Science Review*, Denton, v.102, n.4, p.481-93, 2008.

DUMONT, Louis. *Essais sur l'individualisme*: une perspective anthropologique sur l'idéologie moderne. Paris: Seuil, 1983.

DWORKIN, Ronald. *Taking Rights Seriously*. Cambridge: Harvard University Press, 1977.

_____. *Sovereign Virtue*: the Theory and Practice of Equality. Cambridge: Harvard University Press, 2000.

_____. *Uma questão de princípio*. São Paulo: Martins Fontes, 2005 [1985].

_____. *O império do direito*. 2.ed. São Paulo: Martins Fontes, 2007 [1986].

EAGLETON, Terry. *Ideologia*: uma introdução. São Paulo: Unesp; Boitempo, 1997 [1991].

ECO, Umberto. *Apocalittici e integrati*: comunicazioni di massa e teorie della cultura di massa. Reed. Milano: Bompiani, 1993 [1964].

ELSHTAIN, Jean Bethke. *Public Man, Private Woman*: Women in Social and Political Thought. Princeton: Princeton University Press, 1981.

_____. The Power and Powerlessness of Women. In: BOCK, Gisela; JAMES, Susan. (Eds.). *Beyond Equality and Difference*: Citizenship, Feminist Politics and Female Subjectivity. London: Routledge, 1992.

_____. Reflection on War and Political Discourse: Realism, Just War and Feminism in a Nuclear Age. *Political Theory*, [S.l.], v.13, n.1, p.39-57, 1995.

_____. *Real Politics*: at the Center of Everyday Life. Baltimore: Johns Hopkins University Press, 1997.

ELSTER, Jon. *Sour Grapes*. Cambridge: Cambridge University Press, 1983.

_____. *Ulises y las sirenas*: estudios sobre racionalidad e irracionalidad. Ciudad de México: Fondo de Cultura Económica, 1989 [1984].

_____. Selfishness and Altruism. In: MANSBRIDGE, Jane J. (Ed.). *Beyond Self-Interest*. Chicago: University of Chicago Press, 1990.

_____. *Local Justice*: How Institutions Allocate Scarce Goods and Necessary Burdens. New York: Russell Sage, 1992.

DEMOCRACIA E REPRESENTAÇÃO 317

ELSTER, Jon. The Market and the Forum: Three Varieties of Political Theory. In: BOHMAN, James; REHG, William. (Eds.). *Deliberative Democracy*: Essays on Reason and Politics. Cambridge: MIT Press, 1997.

_____. Introduction a. In: _____. (Ed.). *Deliberative Democracy*. Cambridge: Cambridge University Press, 1998a.

_____. Deliberation and Constitution Making. In: _____. (Ed.). *Deliberative Democracy*. Cambridge: Cambridge University Press, 1998b.

ENTMAN, Robert M. *Democracy without Citizens*: Media and the Decay of American Politics. Oxford: Oxford University Press, 1989.

FINEMAN, Martha Albertson. *The Autonomy Myth*: a Theory of Dependency. New York: New Press, 2004.

FISHKIN, James S. *Democracy and Deliberation*: New Directions for Democratic Reform. New Haven: Yale University Press, 1989.

_____. *The Voice of the People*: Public Opinion and Democracy. New Haven: Yale University Press, 1997.

FOUCAULT, Michel. *Isto não é um cachimbo*. Rio de Janeiro: Paz e Terra, 1988 [1973].

FOX, Richard L.; LAWLESS, Jennifer L. Entering the Arena? Gender and the Decision to Run for Office. *American Journal of Political Science*, Malden, v.48, n.2, p.264-80, 2004.

FRASER, Nancy. Rethinking the Public Sphere: a Contribution to the Critique of Actually Existing Democracy. In: CALHOUN, Craig. (Ed.). *Habermas and the Public Sphere*. Cambridge: MIT Press, 1992.

_____. *Justice Interruptus*: Critical Reflections on the Postsocialist Condition. New York: Routledge, 1997.

_____. Social Justice in the Age of Identity Politics: Redistribution, Recognition and Participation. In: _____.; HONNETH, Axel. *Redistribution or Recognition?* A Political-Philosophical Exchange. London: Verso, 2003.

_____. *Scales of Justice*: Reimagining Political Space in a Globalizing World. New York: Columbia University Press, 2009.

GABLER, Neal. *Vida, o filme*: como o entretenimento conquistou a realidade. São Paulo: Companhia das Letras, 1999 [1998].

GAMBETTA, Diego. Claro! An Essay on Discursive Machismo. In: ELSTER, Jon. (Ed.). *Deliberative Democracy*. Cambridge: Cambridge University Press, 1998.

GAMSON, William A.; MEYER, David S. Framing Political Opportunity. In: McADAM, Doug; McCARTHY, John D.; ZALD, Mayer N. (Eds.). *Comparative Perspectives on Social Movements*: Political Opportunities,

318 LUIS FELIPE MIGUEL

Mobilizing Structures, and Cultural Framings. Cambridge: Cambridge University Press, 1996.

GAXIE, Daniel. Les logiques du recrutement politique. *Revue Française de Science Politique*, v.30, n.1, p.5-45, 1980.

GIDDENS, Anthony. *The Consequences of Modernity*. Stanford: Stanford University Press, 1990.

_____. A vida em uma sociedade pós-tradicional. In: _____.; LASH, Scott; BECK, Ulrich. *Modernização reflexiva*: política, tradição e estética na ordem social moderna. São Paulo: Unesp, 1997 [1995].

GITLIN, Todd. *The Whole World is Watching*: Mass Media in the Making & Unmaking of the New Left. Berkeley: University of California Press, 1980.

GOFFMAN, Erving. *Frame Analysis*: an Essay on the Organization of Experience. Reedição. Boston: Northeastern University Press, 1986 [1974].

GOODIN, Robert E. Democratic Deliberation within. *Philosophy & Public Affairs*, Malden, v.29, n.1, p.81-109, 2000.

_____. Representing Diversity. *British Journal of Political Science*, Cambridge, v.34, n.3, p.453-68, 2004.

GOODWIN, Barbara. *Justice by Lottery*. Chicago: University of Chicago Press, 1992.

GORZ, André. *Adeus ao proletariado*: para além do socialismo. Rio de Janeiro: Forense-Universitária, 1982 [1980].

_____. *Métamorphoses du travail*: quête du sens - critique de la raison économique. Paris: Galilée, 1988.

_____. *Capitalisme, socialisme, écologie*: désorientations, orientations. Paris: Galilée, 1991.

_____. *Misères du présent, richesses du possible*. Paris: Galilée, 1996.

GOULD, Carol C. Diversity and Democracy: Representing Differences. In: BENHABIB, Seyla. (Ed.). *Democracy and Difference*: Contesting the Boundaries of the Political. Princeton: Princeton University Press, 1996.

GRAMSCI, Antonio. *Cadernos do cárcere*: Maquiavel – notas sobre o Estado e a política. COUTINHO, C. N. (Ed.). Rio de Janeiro: Civilização Brasileira, 2000 [1932-4]. v.3.

_____. *Cadernos do cárcere*: temas de cultura – ação católica, americanismo e fordismo. COUTINHO, C. N. (Ed.). Rio de Janeiro: Civilização Brasileira, 2001 [1933-4]. v.4.

GURZA LAVALLE, Adrian; CASTELLO, Graziella. Sociedade civil, representação e a dupla face da *accountability*: cidade do México e São Paulo. *Caderno CRH*, Salvador, n.52, p.67-86, 2008.

GURZA LAVALLE, Adrian; CASTELLO, Graziella; BICHIR, Renata M. Protagonistas na sociedade civil: redes e centralidades de organizações civis em São Paulo. *Dados*, Rio de Janeiro, v.50, n.3, p.465-98, 2007.

_____.; _____.; _____. Atores periféricos na sociedade civil: redes e centralidades de organizações civis em São Paulo. *Revista Brasileira de Ciências Sociais*, São Paulo, n.68, p.73-96, 2008.

_____.; HOUTZAGER, Peter P.; CASTELLO, Graziella Representação política e organizações civis: novas instâncias de mediação e os desafios da legitimidade. *Revista Brasileira de Ciências Sociais*, São Paulo, n.60, p.43-66, 2006.

GUTMANN, Amy; THOMPSON, Dennis. *Democracy and Disagreement*. Cambridge: Belknap, 1996.

HABERMAS, Jürgen. *Problemas de legitimación en el capitalismo tardío*. Buenos Aires: Amorrortu, 1975 [1973].

_____. O conceito de poder de Hannah Arendt. In: FREITAG, Barbara; ROUANET, Sérgio Paulo. (Orgs.). *Habermas*: sociologia. São Paulo: Ática, 1980 [1976].

_____. *Mudança estrutural da esfera pública*. Rio de Janeiro: Tempo Brasileiro, 1984 [1962].

_____. *Consciência moral e agir comunicativo*. Rio de Janeiro: Tempo Brasileiro, 1989 [1983].

_____. *Direito e democracia*: entre facticidade e validade. Rio de Janeiro: Tempo Brasileiro, 1997 [1992]. 2v.

_____. *Teoría de la acción comunicativa*. 4.ed. Buenos Aires: Taurus, 2003 [1981]. 2v.

HAMILTON, Alexander; MADISON, James; JAY, John. *The Federalist*. Chicago: Encyclopædia Britannica, 1990 [1788].

HAYEK, Friedrich A. *Economic Freedom and Representative Government*. London: Institute of Economic Affairs, 1973.

_____. *O caminho da servidão*. 5.ed. Rio de Janeiro: Instituto Liberal, 1990 [1944].

HELD, David. Democracy, the Nation-State and the Global System. In: _____. (Ed.). *Political Theory Today*. Stanford: Stanford University Press, 1991).

_____. *Models of Democracy*. Stanford: Stanford University Press, 1996.

HERRNSTEIN, Richard J.; MURRAY, Charles. *The Bell Curve*: Intelligence and Class Structure in American Life. New York: Free Press, 1984.

320 LUIS FELIPE MIGUEL

HIRSCHMAN, Albert O. *As paixões e os interesses*: argumentos políticos a favor do capitalismo antes de seu triunfo. Rio de Janeiro: Paz e Terra, 1979 [1977].

_____. *De consumidor a cidadão*: atividade privada e participação na vida pública. São Paulo: Brasiliense, 1983 [1982].

_____. *A retórica da intransigência*: perversidade, futilidade, ameaça. São Paulo: Companhia das Letras, 1992 [1991].

HOBBES, Thomas. *Leviatã*. São Paulo: Nova Cultural, 1997 [1651].

HONNETH, Axel. Redistribution as Recognition: a Response to Nancy Fraser. In: FRASER, Nancy; _____. *Redistribution or Recognition?* A Political-Philosophical Exchange. London: Verso, 2003.

_____, Recognition as Ideology. In: VAN DEN BRINK, Bert; OWEN, David. (Eds.). *Recognition and Power*: Axel Honneth and the Tradition of Critical Social Theory. Cambridge: Cambridge University Press, 2007.

_____. *Luta por reconhecimento*: a gramática moral dos conflitos sociais. 2.ed. São Paulo: Editora 34, 2009 [1992].

HUNTINGTON, Samuel P. *A ordem política nas sociedades em mudança*. Rio de Janeiro: São Paulo: Forense-Universitária; Edusp, 1975a [1968].

_____. The United States. In: CROZIER, Michel J.; _____.; WATANUKI, Joji. *The Crisis of Democracy*: Report on the Governability of Democracies to the Trilateral Comission. New York: New York University Press, 1975b.

_____. *A terceira onda*: a democratização no final do século XX. São Paulo: Ática, 1994 [1991].

IYENGAR, Shanto. *Is Anyone Responsible?* How Television Frames Political Issues. Chicago: University of Chicago Press, 1991.

JACKSON, W. M. John Rawls e Robert Nozick. In: FITZGERALD, Ross. (Org.). *Pensadores políticos comparados*. Brasília: UnB, 1983 [1980].

JESUS, Carolina Maria de *Quarto de despejo*: diário de uma favelada. Rio de Janeiro: Francisco Alves, 1983 [1960].

_____. *Meu estranho diário*. In: MEIHY, João Carlos Sebe Bom; LEVINE, Robert M. (Orgs.). São Paulo: Xamã, 1996.

JOHNSON III, Ollie A. Representação racial e política no Brasil: parlamentares negros no Congresso Nacional 1983-99). *Estudos Afro-Asiáticos*, Rio de Janeiro, n.38, p.7-29, 2000.

KAFKA, Franz. Relatório a uma academia. In: _____. *Um médico rural*. São Paulo: Brasiliense, 1990 [1919].

KEANE, John. *The Media and Democracy*. Cambridge: Polity, 1991.

DEMOCRACIA E REPRESENTAÇÃO 321

KLINGEMANN, Hans-Dieter. Mapping Political Support in the 1990s: a Global Analysis. In: NORRIS, Pipa. (Ed.). *Critical Citizens*: Global Support for Democratic Governance. Oxford: Oxford University Press, 1999.

KNIGHT, Jack; JOHNSON, James. What Sort of Political Equality Does Deliberative Democracy Require? In: BOHMAN, James; REHG, William. (Eds.). *Deliberative Democracy*: Essays on Reason and Politics. Cambridge: MIT Press, 1997.

KUCINSKI, Bernardo. *A síndrome da antena parabólica*: ética no jornalismo brasileiro. São Paulo: Fundação Perseu Abramo, 1998.

LACLAU, Ernesto. Os novos movimentos sociais e a pluralidade do social. *Revista Brasileira de Ciências Sociais*, São Paulo, n.2, p.41-7, 1986 [1983].

_____.; MOUFFE, Chantal. *Hegemonía y estrategia socialista*: hacia una radicalización de la democracia. Madrid: Siglo Veintiuno, 1987 [1985].

LAGOS, Marta. Between Stability and Crisis in Latin America. *Journal of Democracy*, Washington, v.12, n.1, p.137-45, 2001.

LASH, Scott. A reflexividade e seus duplos. In: GIDDENS, Anthony; _____.; BECK, Ulrich. *Modernização reflexiva*: política, tradição e estética na ordem social moderna. São Paulo: Unesp, 1997 [1995].

LAZARSFELD, Paul F.; BERELSON, Bernard; GAUDET, Hazel. *The People's Choice*: How the Voter Makes up His Mind in a Presidential Election. 3.ed. New York: Columbia University Press, 1969 [1944].

_____.; MERTON, Robert K. Comunicação de massa, gosto popular e a organização da ação social. In: LIMA, Luiz Costa. (Org.). *Teoria da cultura de massa*. 2.ed. Rio de Janeiro: Paz e Terra, 1978 [1948].

LEFORT, Claude. *Le travail de l'œuvre*: Machiavel. Paris: Gallimard, 1986 [1972].

_____. *Pensando o político*: ensaios sobre democracia, revolução e liberdade. Rio de Janeiro: Paz e Terra, 1991 [1986].

_____.; GAUCHET, Marcel. Sur la démocratie: le politique et l'institution du social. *Textures*, [S.l.], n.2-3, p.7-78, 1971.

LÊNIN, Vladimir Ilitch. Sobre as tarefas do proletariado na presente revolução. In: _____. *Teses de abril*. Lisboa: Avante, 1978 [1917].

_____. Sobre a dualidade de poderes. In: _____. *Obras escolhidas em seis tomos*. Moscou: Lisboa: Progresso; Avante, 1985 [1917]. v.3.

LÉVY, Pierre. *L'intelligence collective*: pour une anthropologie du cyberspace. Paris: La Découverte, 1994.

_____. *Cyberculture*. Paris: Odile Jacob, 1997.

322 LUIS FELIPE MIGUEL

LEWIS, Justin; JHALLY, Sut. The Struggle over Media Literacy. *Journal of Communication*, Malden, v.48, n.1, p.109-20, 1998.

LINS, Paulo. *Cidade de Deus*. São Paulo: Companhia das Letras, 1997.

LINZ, Juan J.; STEPAN, Alfred. *A transição e consolidação da democracia*: a experiência do Sul da Europa e da América do Sul. São Paulo: Paz e Terra, 1999 [1996].

LIPPMANN, Walter. *Public Opinion*. Reed. New York: Free Press, 1997 [1922].

LIPSET, Seymour Martin. *Political Man*: The Social Bases of Politics. Reed. Garden City: Anchor Books, 1963 [1960].

LOCKE, John. *Dois tratados sobre o governo*. São Paulo: Martins Fontes, 1998 [1690].

LÖWY, Michael. A Escola de Frankfurt e a modernidade: Benjamin e Habermas. *Novos Estudos Cebrap*, São Paulo, n.32, p.119-27, 1992.

LUKES, Steven. Of Gods and Demons: Habermas and Practical Reason. In: THOMPSON, John B.; HELD, David. (Eds.). *Habermas*: Critical Debates. Cambridge: MIT Press, 1982.

_____. *El poder*: un enfoque radical. Madrid: Siglo Veintiuno, 1985 [1974].

MAAR, Wolfgang Leo. Habermas e a questão do trabalho social. *Lua Nova: Revista de Cultura e Política*, São Paulo, n.48, p.33-61, 1999.

MACKIE, Gerry. All Men Are Liars: Is Democracy Meaningless? In: ELSTER, Jon. (Ed.). *Deliberative Democracy*. Cambridge: Cambridge University Press, 1998.

MACPHERSON, Crawford Brough. *A democracia liberal*: origens e evolução. Rio de Janeiro: Zahar, 1978 [1977].

MAIAKÓVSKI, Vladimir. Maravilhoso. In: _____. *Antologia Poética*. 3.ed. São Paulo: Max Limonad, 1984 [1927].

MANIN, Bernard. On Legitimacy and Democratic Deliberation. *Political Theory*, [S.l.], v.15, n.3, p.338-68, 1987.

_____. *The Principles of Representative Government*. Cambridge: Cambridge University Press, 1997.

_____.; PRZEWORSKI, Adam; STOKES, Susan C. Introduction. In: _____.; _____.; _____. (Eds.). *Democracy, Accountability and Representation*. Cambridge: Cambridge University Press, 1999.

MANSBRIDGE, Jane J. *Beyond Adversary Democracy*. Reed. Chicago: University of Chicago Press, 1983 [1980].

MARX, Karl. *Contribuição à crítica da economia política*. São Paulo: Martins Fontes, 1983 [1859].

DEMOCRACIA E REPRESENTAÇÃO **323**

McBRIDE, Cillian. Deliberative Democracy and the Politics of Recognition. *Political Studies*, Malden, v.53, n.3, p.497-515, 2005.

McCHESNEY, Robert. W. *Rich Media, Poor Democracy*: Communication Politics in Dubious Times. Urbana: University of Illinois Press, 1999.

McCOMBS, Maxwell; SHAW, Donald. The Agenda-Setting Function of Mass Media. *Public Opinion Quarterly*, [S.l.], v.36, n.2, p.176-87, 1972.

MENDUS, Susan. Losing the Faith: Feminism and Democracy. In: DUNN, John. (Ed.). *Democracy*. Oxford: Oxford University Press, 1993.

MEYROWITZ, Joshua. *No Sense of Place*: the Impact of Electronic Media on Social Behavior. Oxford: Oxford University Press, 1985.

MICHELS, Robert. *Sociologia dos partidos políticos*. Brasília: UnB, 1982 [1911].

MIGUEL, Luis Felipe. De que falam os marxistas quando falam em classes? *Mediações*, Londrina, v.3, n.1, p.23-9, 1998.

_____. O jornalismo como sistema perito. *Tempo Social*, São Paulo, v.11, n.1, p.197-208, 1999.

_____. *Mito e discurso político*: uma análise a partir da campanha eleitoral de 1994. Campinas: Unicamp, 2000.

_____. Política de interesses, política do desvelo: representação e singularidade feminina. *Revista Estudos Feministas*, Florianópolis, v.9, n.1, p.253-67, 2001.

_____. Uma democracia esquálida: a teoria de Anthony Downs. *Política & Trabalho*, João Pessoa, n.18, p.125-34, 2002.

_____. Democracia na periferia: receitas de revitalização democrática à luz da realidade brasileira. *Mediações*, Londrina, v.8, n.1, p.9-23, 2003.

_____. Teoria democrática atual: esboço de mapeamento. *BIB – Revista Brasileira de Informação Bibliográfica em Ciências Sociais*, São Paulo, n.59, p.5-42, 2005.

_____. A mídia e o declínio da confiança na política. *Sociologias*, Porto Alegre, n.19, p.250-73, 2008a.

_____. Political Representation and Gender in Brazil: the Quotas for Women and Their Impact. *Bulletin of Latin American Research*, Malden, v.27, n.2, p.197-214, 2008b.

_____. *Accountability* em listas abertas. *Revista de Sociologia e Política*, Curitiba, n.37, p.183-200, 2010.

_____. Falar bonito: o Kitsch como estratégia discursiva. *Revista Brasileira de Ciência Política*, Curitiba, n.6, p.183-202, 2011.

MIGUEL, Luis Felipe. Democracia e sociedade de classes. *Revista Brasileira de Ciência Política*, Curitiba, n.9, p.93-117, 2012a.

_____. Policy Priorities and Women's Double Bind in Brazil. In: FRANCESCHET, Susan; KROOK, Mona Lee; PISCOPO, Jennifer M. (Eds.). *The Impact of Gender Quotas*. Oxford: Oxford University Press, 2012b.

_____. O representante como protetor: incursões na representação política vista de baixo. *Revista Brasileira de Ciências Sociais*, São Paulo, n.79, p.31-47, 2012c.

_____.; BIROLI, Flávia. *Caleidoscópio convexo*: mulheres, política e mídia. São Paulo: Unesp, 2011.

_____.; FEITOSA, Fernanda. O gênero do discurso parlamentar: mulheres e homens na tribuna da Câmara dos Deputados. *Dados*, Rio de Janeiro, v.52, n.1, p.201-21, 2009.

MILIBAND, Ralph. *O Estado na sociedade capitalista*. Rio de Janeiro: Zahar, 1972 [1969].

MILL, James. [Essay on] Government. In: _____. *Political Writings*. Cambridge: Cambridge University Press, 1992 [1820].

MILL, John Stuart. *Sobre a liberdade*. 2.ed. Petrópolis: Vozes, 1991 [1989].

_____. *O governo representativo*. São Paulo: Ibrasa, 1995 [1861].

MILLS, C. Wright. *A elite do poder*. Rio de Janeiro: Zahar, 1981 [1956].

MOISÉS, José Álvaro. *Os brasileiros e a democracia*: bases sócio-políticas da legitimidade democrática. São Paulo: Ática, 1995.

MONTESQUIEU. De l'esprit des lois. In: _____. *Œuvres complètes*. Paris: Gallimard, 1951 [1748]. t.2.

MOSCA, Gaetano. *The Ruling Class*. New York: McGraw-Hill, 1939 [1896].

MOUFFE, Chantal. *The Democratic Paradox*. London: Verso, 2005 [2000].

NIETZSCHE, Friedrich. *La volonté de puissance*: essai d'une transmutation de toutes les valeurs. 10.ed. Paris: Mercure de France, 1918 [1901]. 2v.

_____. *Além do bem e o do mal*: prelúdio a uma filosofia do futuro. São Paulo: Companhia das Letras, 1992 [1886].

_____. *Genealogia da moral*: uma polêmica. São Paulo: Companhia das Letras, 1998 [1887].

_____. *Humano, demasiado humano*: um livro para espíritos livres. São Paulo: Companhia das Letras, 2000 [1878].

_____. *A gaia ciência*. São Paulo: Companhia das Letras, 2001 [1882].

_____. *Aurora*: reflexões sobre os preconceitos morais. São Paulo: Companhia das Letras, 2004 [1881].

DEMOCRACIA E REPRESENTAÇÃO 325

NIETZSCHE, Friedrich. *Assim falou Zaratustra*. São Paulo: Companhia das Letras, 2011 [1883-5].

NORMAN, Wayne. Inevitable and Unacceptable? Methodological Rawlsianism in Anglo-American Political Philosophy. *Political Studies*, Malden, v.46, n.2, p.276-94, 1998.

NORRIS, Pippa. Introduction: the Growth of Critical Citizens? In: _____. (Ed.). *Critical Citizens*: Global Support for Democratic Governance. Oxford: Oxford University Press, 1999.

NOVARO, Marcos. O debate contemporâneo sobre a representação política. *Novos Estudos Cebrap*, São Paulo, n.42, p.77-90, 1995.

NOZICK, Robert. *Anarchy, State and Utopia*. New York: Basic Books, 1974.

NUNES, Felipe; CASTRO, Mônica Mata Machado de. Corrupção e *accountability* na eleição nacional brasileira de 2006. In: CONGRESSO MUNDIAL DA INTERNATIONAL POLITICAL SCIENCE ASSO-CIATION (IPSA), 21, 2009, Santiago. *Paper...*

NUSSBAUM, Martha C. *Sex and Social Justice*. Oxford: Oxford University Press, 1999.

OATES, Joyce Carol. *A filha do coveiro*. Rio de Janeiro: Alfaguara, 2008 [2007].

OBER, Josiah. *Mass and Elite in Democratic Athens*: Rhetoric, Ideology and the Power of the People. Princeton: Princeton University Press, 1989.

O'CONNOR, James. *The Fiscal Crisis of State*. New York: St. Martin, 1973.

O'DONNELL, Guillermo. Democracia delegativa? *Novos Estudos Cebrap*, São Paulo, n.31, p.25-40, 1991.

_____. Teoria democrática e política comparada. *Dados*, Rio de Janeiro, v.42, n.4, p.577-654, 1999.

OFFE, Claus. Dominação de classe e sistema político: sobre a seletividade das instituições políticas. In: _____. *Problemas estruturais do Estado capitalista*. Rio de Janeiro: Tempo Brasileiro, 1984 [1972].

_____. Trabalho como categoria sociológica fundamental? In: _____. *Trabalho & sociedade*: problemas estruturais e perspectivas para o futuro da sociedade do trabalho. Rio de Janeiro: Tempo Brasileiro, 1989 [1984]. v.1.

_____.; WIESENTHAL, Helmut. As duas lógicas da ação coletiva. In: _____. *Problemas estruturais do Estado capitalista*. Rio de Janeiro: Tempo Brasileiro, 1984 [1980].

OKIN, Susan Moller. *Justice, Gender and the Family*. New York: Basic Books, 1989.

_____. Is Multiculturalism Bad for Women? In: _____.; et al. *Is Multiculturalism Bad for Women?* Princeton: Princeton University Press, 1999.

326 LUIS FELIPE MIGUEL

OLSON, Mancur. *The Logic of Collective Action*: Public Goods and the Theory of Groups. 2.ed. Cambridge: Harvard University Press, 1971 [1965].

O'NEILL, Daniel I.; SHANLEY, Mary Lyndon; YOUNG, Iris Marion (Eds.). *Illusion of Consent*: Engaging with Carole Pateman. University Park: Pennsylvania State University Press, 2008.

ORTEGA, Francisco. O sujeito cerebral e o movimento da neurodiversidade. *Mana*, Rio de Janeiro, v.14, n.2, p.477-509, 2008.

_____. Deficiência, autismo e neurodiversidade. *Ciência & Saúde Coletiva*, Rio de Janeiro, v.14, n.1, p.67-77, 2009.

ORTEGA Y GASSET, José. La deshumanización del arte. In: _____. *Meditaciones del Quijote*. Buenos Aires: Espasa-Calpe, 1942 [1925].

_____. *A rebelião das massas*. São Paulo: Martins Fontes, 1987 [1937].

PAGE, Benjamin I. *Who Deliberates?* Mass Media in Modern Democracy. Chicago: University of Chicago Press, 1996.

PARETO, Vilfredo *The Mind and Society*: a Treatise on General Sociology. New York: Harcourt; Brace, 1935 [1916]. 4v.

PATEMAN, Carole. *The Problem of Political Obligation*: a Critique of Liberal Theory. Reed. Berkeley: University of California Press, 1985 [1979].

_____. *The Sexual Contract*. Stanford: Stanford University Press, 1988.

_____. The Civic Culture: a philosophic critique. In: _____. *The Disorder of Women:* Democracy, Feminism and Political Theory. Stanford: Stanford University Press, 1989.

_____. *Participação e teoria democrática*. São Paulo: Paz e Terra, 1992 [1970].

_____. Soberania individual e propriedade na pessoa: democratização e um conto de dois conceitos. *Revista Brasileira de Ciência Política*, Brasília, n.1, p.171-218, 2009 [2002].

PERUZZOTTI, Enrique; SMULOVITZ, Catalina. *Accountability* social: la otra cara del control. In: _____.; _____. (Eds.). *Controlando la política:* ciudadanos y medios en las nuevas democracias latinoamericanas. Buenos Aires: Temas, 2001.

PETERS, John Durham. Distrust of Representation: Habermas on the Public Sphere. *Media, Culture and Society*, [S.l.], v.15, n.4, p.541-71, 1993.

PHILLIPS, Anne. *Engendering Democracy*. Cambridge: Polity, 1991.

_____. *Democracy and Difference*. University Park: Pennsylvania State University Press, 1993.

_____. *The Politics of Presence*. Oxford: Oxford University Press, 1995.

_____. *Which Equalities Matter?* London: Polity, 1999.

DEMOCRACIA E REPRESENTAÇÃO **327**

PHILLIPS, Anne. *Multiculturalism without Culture*. Princeton: Princeton Univesity Press, 2007.

_____. *Gender and Culture*. Cambridge: Polity, 2010.

PINHEIRO, Luana S. *Vozes femininas na política*: uma análise sobre mulheres parlamentares no pós-Constituinte. Brasília: Secretaria Especial de Políticas para as Mulheres, 2007.

PITKIN, Hanna Fenichel. *The Concept of Representation*. Berkeley: University of California Press, 1967.

PIZZORNO, Alessandro. Limiti alla razionalità della scelta democrática. In: _____. *Le radici della politica assoluta e altri saggi*. Milano: Feltrinelli, 1993.

PLATÃO. *A república*. Belém: UFPA, 1988 [c. 375 a.C.].

POCOCK, John Greville Agard *The Machiavellian Moment*: Florentine Political Thought and the Atlantic Republican Tradition. Princeton: Princeton University Press, 1975.

POWELL Jr., G. Bingham. *Elections as Instruments of Democracy*: Majoritarian and Proportional Visions. New Haven: Yale University Press, 2000.

PRZEWORSKI, Adam. Ama a incerteza e serás democrático. *Novos Estudos*, São Paulo, n.9, p.36-46, 1984 [1983].

_____. *Capitalismo e social-democracia*. São Paulo: Companhia das Letras, 1989 [1985].

_____. *Estado e economia no capitalismo*. Rio de Janeiro: Relume-Dumará, 1995 [1990].

PUTNAM, Robert D. *Bowling Alone*: the Collapse and Revival of American Community. New York: Simon & Schuster, 2000.

_____.; PHARR, Susan J.; DALTON, Russell J. Introduction: What's Troubling the Trilateral Democracies? In: _____.; _____. (Eds.). *Disaffected Democracies*: What's Troubling the Trilateral Countries? Princeton: Princeton University Press, 2000.

RAMONET, Ignacio. *La tyrannie de la communication*. Paris: Galilée, 1999.

RAWLS, John. *A Theory of Justice*. Cambridge: Harvard University Press, 1971.

_____. *Political Liberalism*. Expanded edition. New York: Columbia University Press, 2005 [1993].

RIKER, William H. *Liberalism against Populism*: a Confrontation between the Theory of Democracy and the Theory of Social Choice. Prospect Heights: Waveland, 1982.

328   LUIS FELIPE MIGUEL

ROCHA, Glauber (Dir.) *Terra em transe*. Filme de longa-metragem. Produção brasileira. [Rio de Janeiro]: Mapa Filmes, 1967.

ROSANVALLON, Pierre. *La nouvelle question sociale*: repenser l'état-providence. Paris: Seuil, 1995.

_____. *Le peuple introuvable*: histoire de la représentation démocratique en France. Paris: Gallimard, 1998.

_____. *La contre-démocratie*: la politique à l'âge de la défiance. Paris: Seuil, 2006.

_____. *La légitimité démocratique*: impartialité, réflexivité, proximité. Paris: Seuil, 2008.

_____. *La société des égaux*. Paris: Seuil, 2011.

ROUSSEAU, Jean-Jacques. Du contrat social. In: _____. *Œuvres complètes*. Paris: Gallimard, 1964a [1757]. v.3.

_____. Discours sur l'origine et les fondemens de l'inégalité parmi les hommes. In: _____. *Œuvres complètes*. Paris: Gallimard, 1964b [1755]. v.3.

RUBIM, Antônio Albino Canelas. *Comunicação e política*. São Paulo: Hacker, 2000.

RUDDICK, Sara. *Maternal Thinking*: towards a Politics of Peace. Boston: Beacon Press, 1989.

SANDEL, Michael. *Liberalism and the Limits of Justice*. Cambridge: Cambridge University Press, 1998 [1982].

_____. *Justiça*: o que é fazer a coisa certa. Rio de Janeiro: Civilização Brasileira, 2012 [2009].

SANDERS, Lynnn. Against Deliberation. *Political Theory*, [S.l.], v.25, n.3, p.347-76, 1997.

SANTOS, Wanderley Guilherme dos. Poliarquia em 3-D. *Dados*, Rio de Janeiro, v.41, n.2, p.207-81, 1998.

SAPIRO, Virginia. When Are Interests Interesting? The Problem of Political Representation of Women. *The American Political Science Review*, Denton, v.75, n.3, p.701-16, 1981.

SARTI, Ingrid. A construção midiática da política e a crise da representação. In: ENCONTRO ANUAL DA ANPOCS, 24, 2000, Petrópolis. *Paper...*

SARTORI, Giovanni. *A teoria da democracia revisitada*. São Paulo: Ática, 1994 [1987]. 2v.

SAWARD, Michael. *The Representative Claim*. Oxford: Oxford University Press, 2010.

SCHEDLER, Andreas. Conceptualizing Accountability. In: _____.; DIAMOND, Larry; PLATTNER, Marc F. (Eds.). *The Self-Restraining State*: Power and Accountability in New Democracies. Boulder: Lynne Rienner, 1999.

SCHEFFLER, Samuel. What is Egalitaranism? *Philosophy and Public Affairs*, Malden, v.31, n.1, p.5-39, 2003.

SCHUDSON, Michael. *The Power of News*. Cambridge: Harvard University Press, 1995.

_____. *The Sociology of News*. New York: W. W. Norton, 2003.

SCHUMPETER, Joseph A. *Capitalism, Socialism and Democracy*. New York: Harper Perennial, 1976 [1942].

SCOTT, James C. *Seeing Like a State*: How Certain Schemes to Improve the Human Condition Have Failed. New Haven: Yale University Press, 1998.

SHAH, Anwar. (Ed.). *Performance Accountability and Combating Corruption*. Washington: World Bank, 2007.

SHAPIRO, Ian. Enough of Deliberation: Politics is about Interests and Power. In: MACEDO, Stephen. (Ed.). *Deliberative Politics*: Essays on Democracy and Disagreement. Oxford: Oxford University Press, 1999.

SORJ, Bernardo. *Civil Societies North–South Relations*: NGOs and Dependency. Rio de Janeiro: Edelstein Center for Social Research, 2005.

SPELMAN, Elisabeth V. *Inessential Woman*: Problems of Exclusion in Feminist Thought. Boston: Beacon, 1988.

SPIVAK, Gayatri Chakravorty. Can the Subaltern Speak? In: NELSON, Cary; GROSSBERG, Lawrence. (Eds.). *Marxism and the Interpretation of Culture*. Urbana: University of Illinois Press, 1998.

SQUIRES, Judith. Representing Groups, Desconstruting Identities. *Feminist Theory*, [S.l.], v.2, n.1, p.7-27, 2001.

STOKES, Susan C. Pathologies of Deliberation. In: ELSTER, Jon. (Ed.). *Deliberative Democracy*. Cambridge: Cambridge University Press, 1998.

SUNSTEIN, Cass R. Preferences and Politics. *Philosophy & Public Affairs*, Malden, v.20, n.1, p.3-34, 1991.

_____. *Free Markets and Social Justice*. Oxford: Oxford University Press, 1997.

TAYLOR, Charles. *A ética da autenticidade*. São Paulo: É, 2011 [2010].

TCHAKHOTINE, Serge. *Le viol des foules par la propagande politique*. 10.ed. Paris: Gallimard, 1952 [1939].

TOCQUEVILLE, Alexis de. De la démocratie en Amérique. In: _____. *Œuvres*. Paris: Gallimard, 1992 [1835-40]. t.2.

TULLY, James. Recognition and Dialogue: the Emergence of a New Field. *Critical Review of International Social and Political Philosophy*, [S.l.], v.7, n.3, p.84-106, 2004.

330 LUIS FELIPE MIGUEL

UNONEGRO (União de Negros pela Igualdade). Balanço eleitoral do voto étnico negro e presença dos negros no parlamento, 2011. Disponível em: <http://congressoemfoco.uol.com.br/upload/congresso/arquivo/balanco%20negro%20eleicoes.pdf>. Acesso em: 9 maio 2012.

URBINATI, Nadia. Representation as Advocacy: a Study of Democratic Deliberation. *Political Theory*, [S.l.], v.28, n.6, p.758-86, 2000.

_____. *Representative Democracy*: Principles & Genealogy. Chicago: University of Chicago Press, 2006.

_____. Unpolitical Democracy. *Political Theory*, [S.l.], v.38, n.1, p.65-92, 2010.

_____.; WARREN, Mark E. The Concept of Representation in Contemporary Democratic Theory. *Annual Review of Political Science*, Palo Alto, v.11, p.387-412, 2008.

VAN DER VEEN, Robert J.; VAN PARIJS, Phillipe. A Capitalist Road to Communism. *Theory and Society*, [S.l.], v.15, n.5, p.635-55, 1987.

VAN PARIJS, Phillipe. Basic Income Capitalism. *Ethics*, Washington, v.102, n.3, p.465-84, 1992.

VARGAS LLOSA, Mario. *La civilización del espectáculo*. Buenos Aires: Alfaguara, 2012.

VARIKAS, Eleni. Refundar ou reacomodar a democracia? Reflexões críticas acerca da paridade entre os sexos. *Revista Estudos Feministas*, Florianópolis, v.4, n.1, p.65-94, 1996 [1884].

VITA, Álvaro de. *O liberalismo igualitário*: sociedade democrática e justiça internacional. São Paulo: Martins Fontes, 2008.

VITULLO, Gabriel. O lugar do conflito na teoria democrática contemporânea. *Tomo*, Aracajú, n.10, p.59-83, 2007.

WALZER, Michael. *Spheres of Justice*: a Defense of Pluralism and Equality. New York: Basic Books, 1983.

WATTENBERG, Martin P. *The Decline of American Political Parties*: 1952-1996. Cambridge: Harvard University Press, 1998.

WEBER, Max. *Ciência e política*: duas vocações. 5.ed. São Paulo: Cultrix, 1985 [1919].

_____. *Parlamento e governo na Alemanha reordenada*. Petrópolis: Vozes, 1993 [1918].

WEFFORT, Francisco. *Qual democracia?* São Paulo: Companhia das Letras, 1992.

WILKIE, Tom. *Perilous Knowledge*: the Human Genome Project and Its Implications. Berkeley: University of California Press, 1993.

DEMOCRACIA E REPRESENTAÇÃO **331**

WILLIAMS, Melissa S. *Voice, Trust and Memory*: Marginalized Groups and the Failings of Liberal Representation. Princeton: Princeton University Press, 1998.

WOOD, Ellen Meikisins. *Democracy against Capitalism*: Renewing Historical Materialism. Cambridge: Cambridge University Press, 1995.

_____. *The Retreat from Class*: a New True Socialism. Reedição. London: Verso, 1998 [1986].

YOUNG, Iris Marion. *Justice and the Politics of Difference*. Princeton: Princeton University Press, 1990a.

_____. *Throwing Like a Girl and Other Essays in the Feminist Philosophy and Social Theory*. Bloomington: Indiana University Press, 1990b.

_____. *Intersecting Voices*: Dilemmas of Gender, Political Philosophy and Policy. Princeton: Princeton University Press, 1997.

_____. *Inclusion and Democracy*. Oxford: Oxford University Press, 2000.

_____. Activist Challenges to Deliberative Democracy. *Political Theory*, [S.l.], v.29, n.5, p.670-90, 2001.

_____. *On Female Body Experience*: Throwing Like a Girl and Other Essays. Oxford: Oxford University Press, 2005.

_____. *Responsibility for Justice*. Oxford: Oxford University Press, 2011.

ŽIŽEK, Slavoj. Multiculturalism or the Cultural Logic of Multinational Capitalism. *New Left Review*, London, n.225, p.28-51, 1999.

SOBRE O LIVRO

Formato: 14 x 21 cm
Mancha: 23,7 x 42,5 paicas
Tipologia: Horley Old Style 10,5/14
Papel: Off-white 80 g/m² (miolo)
Cartão Supremo 250 g/m² (capa)
1ª edição: 2014
1ª reimpressão: 2019

EQUIPE DE REALIZAÇÃO

Capa
Camila Sipahi Pires

Edição de texto
Miguel Yoshida (Copidesque)
Camilla Bazzoni (Revisão)

Editoração Eletrônica
Sergio Gzeschnik

Assistência Editorial
Alberto Bononi